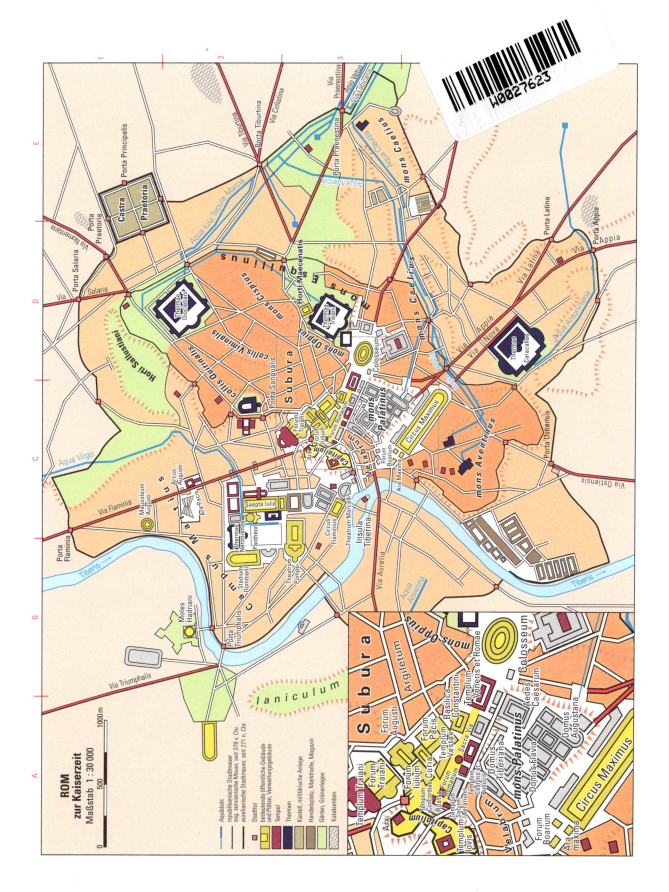

CURSUS 1

Texte und Übungen
Ausgabe B

Herausgegeben von Prof. Dr. Friedrich Maier und
Dr. Stephan Brenner

Bearbeitet von Britta Boberg, Reinhard Bode,
Dr. Stephan Brenner, Prof. Andreas Fritsch,
Michael Hotz, Prof. Dr. Friedrich Maier,
Wolfgang Matheus, Ulrike Severa,
Hans Dietrich Unger, Dr. Sabine Wedner-Bianzano,
Andrea Wilhelm

Berater: Hartmut Grosser

Oldenbourg
C. C. Buchner
Lindauer

CURSUS – Dreibändiges Unterrichtswerk für Latein

herausgegeben von Prof. Dr. Friedrich Maier und Dr. Stephan Brenner
und bearbeitet von
Britta Boberg, Reinhard Bode, Dr. Stephan Brenner, Prof. Andreas Fritsch, Michael Hotz,
Prof. Dr. Friedrich Maier, Wolfgang Matheus, Ulrike Severa, Hans Dietrich Unger,
Dr. Sabine Wedner-Bianzano, Andrea Wilhelm

Berater: Hartmut Grosser

Redaktion: Andrea Forster, Cornelia Franke (Assistenz)
Illustration: Michael Heinrich, München
Umschlagkonzept: Mendell & Oberer, München
Umschlaggestaltung: Groothius, Lohfert, Consorten GmbH, Hamburg
Technische Umsetzung: Setzerei Vornehm GmbH, München

www.oldenbourg.de
www.ccbuchner.de

1. Auflage, 8. Druck 2016

Alle Drucke dieser Auflage sind inhaltlich unverändert
und können im Unterricht nebeneinander verwendet werden.

© 2005 Oldenbourg Schulbuchverlag GmbH, München
© 2016 Cornelsen Verlag GmbH, Berlin
© 2005 C.C. Buchner Verlag, Bamberg

Das Werk und seine Teile sind urheberrechtlich geschützt.
Jede Nutzung in anderen als den gesetzlich zugelassenen Fällen bedarf
der vorherigen schriftlichen Einwilligung des Verlages.
Hinweis zu den §§ 46, 52 a UrhG: Weder das Werk noch seine Teile dürfen ohne eine
solche Einwilligung eingescannt und in ein Netzwerk eingestellt oder sonst öffentlich
zugänglich gemacht werden.
Dies gilt auch für Intranets von Schulen und sonstigen Bildungseinrichtungen.

Druck: Firmengruppe APPL, aprinta Druck, Wemding

ISBN   978-3-637-80851-5 (Oldenbourg Schulbuchverlag)
        978-3-7661-5311-1 (C.C. Buchner Verlag)
        978-3-87488-351-1 (J. Lindauer Verlag)

PEFC zertifiziert
Dieses Produkt stammt aus nachhaltig
bewirtschafteten Wäldern und kontrollierten
Quellen.

www.pefc.de

Liebe Schülerinnen und Schüler!

Herzlich willkommen zu einer Entdeckungsreise durch die Welt der Antike. Rom und andere Städte des riesigen Römischen Reiches erwarten euch. Ihr reist im Jahre 124 n. Chr. zur Zeit des Kaisers Hadrian und werdet Flavia und Quintus kennen lernen, ein römisches Mädchen und einen römischen Jungen. Die Familien beider Kinder, die Flavier und die Domitier, sind eng miteinander befreundet. Da sie wohlhabend sind, besitzt jede Familie ein großes Stadthaus in Rom und ein schönes Landhaus in den nahe gelegenen Albanerbergen. Wie jedes Jahr verbringen Quintus und Flavia den August auf dem Landgut ihrer Familie. Damit ihnen die Ferienzeit nicht zu langweilig wird, haben sie verabredet, sich zu besuchen und einen Teil der Ferien gemeinsam zu verbringen. Beide freuen sich schon sehr darauf. Plötzlich jedoch ereignet sich etwas, das ihr Leben ganz schön durcheinanderbringt …

Folgende Personen treten in der Geschichte auf:

Gnaeus Domitius Macer	Marcus Flavius Lepidus
Sulpicia, seine Frau	Caecilia, seine Frau
Quintus, ihr Sohn	Flavia, Marcus und Aulus, ihre Kinder
Lucius und Gaius, Freunde des Quintus	Galla und Syrus, Sklaven der Flavier
	Tiberius Flavius Calvus, Onkel der Flavia
Titus Aufidius Aridus, gallischer Weinhändler	Aemilia, seine Frau
Maronilla, seine Frau	
Publius, ihr Sohn	

Alexander, Sklave

Bevor ihr euch aber auf die Reise macht, möchten wir euch einige Tipps mit auf den Weg geben.
- Auf der ersten Seite jeder Lektion werdet ihr durch Informationen zum Inhalt, Abbildungen und eine Grammatikeinführung auf den Lektionstext vorbereitet.
- Diesen findet ihr jeweils auf der folgenden Seite, auf der ihr die aufregenden Erlebnisse von Quintus und Flavia lesen könnt.
- Das Gelernte könnt ihr mit den Übungen auf der dritten Seite festigen.
- Interessantes und Wissenswertes über die Antike erwartet euch auf der vierten Seite einer jeden Lektion.
- Die Vokabeln, die zum Verständnis der Geschichte notwendig sind, findet ihr auf den Wortschatzseiten am Ende des Buches. Sie sind in der Reihenfolge ihres Vorkommens im Lektionstext und in überschaubaren Einheiten dargeboten, damit ihr sie besser lernen könnt. In Wortschatzübungen werden sie zusätzlich aufbereitet.
- Nach jeweils vier Lektionen haben wir für euch eine „Leseinsel" eingerichtet.
- Außer den Vokabeln braucht ihr auch Grammatikwissen. Das wird euch in der Begleitgrammatik kapitelweise erklärt.

Jetzt kann es losgehen, eine gute Reise wünschen euch die Autorinnen und Autoren.

Das Autorenteam, das Rückmeldungen aus der Praxis gerne berücksichtigt, bittet Lehrer/innen und Schüler/innen, ihre Wünsche und Beobachtungen dem federführenden Verlag* mitzuteilen. Es dankt allen für solche Mühe im Voraus.

*Oldenbourg Schulbuchverlag, Lektorat Alte Sprachen, Postfach 80 13 60, 81613 München

Inhalt

Lektion	Texte / Kulturbereich	Seite	Formenlehre	Satzlehre
1	△ Wo bleibt sie denn? ○ Ein Haus auf dem Land	9	Verb (V): 3. Person Singular Präsens (ā-/ē-/ĭ-Konjugation/*esse*); Infinitiv Nomen (N): Substantive der ā-/o-Deklination: Nominativ Singular	*Prädikat;* *Subjekt*
2	△ Überraschungen ○ Die römische Familie und ihre Kleidung	13	V: 3. Person Plural Präsens (ā-/ē-/ĭ-Konjugation/*esse*) N: Nominativ Plural und Vokativ der ā-/o-Deklination	*Aussagesatz;* *Ausrufesatz;* *Fragesatz*
3	△ Ein Befehl des Kaisers ○ Das Römische Reich	17	V: 1./2. Person Singular/Plural Präsens (ā-/ē-/ĭ-Konjugation/*esse*) N: Akkusativ Singular/Plural der ā-/o-Deklination	*Akkusativ-Objekt;* *Angabe der Richtung*
4	△ Ein letztes Mal im Circus Maximus ○ Freizeitspaß in Rom	21	N: Genitiv Singular/Plural der ā-/o-Deklination; Kons. Deklination: Nominativ/Genitiv/Akkusativ Singular/Plural	*Genitiv-Attribut*
1–4	LESEN – VERTIEFEN I	24		
5	△ Der Juwelendieb ○ Römisches Recht	31	V: Kons. Konjugation: Präsens N: Dativ Singular/Plural der ā-/o-/Kons. Deklination	*Dativ-Objekt*
6	△ Auf hoher See ○ Reisen zur See	35	V: Imperativ Singular/Plural (ā-/ē-/ĭ-/Kons. Konjugation/*esse*) N: Adjektive der ā-/o-Deklination	*Adjektive als Attribut oder Prädikatsnomen*
7	△ Tod in den Thermen ○ Thermen in Rom	39	N: Ablativ Singular/Plural der ā-/o-/Kons. Deklination	*Adverbiale: Ablativ in präpositionalen Verbindungen;* *Grundfunktionen des Ablativs;* *Fragesätze*
8	△ Menschenhandel ○ Leben der Sklaven	43		*Adverbiale: Ablativ ohne Präposition;* *Praedicativum*
5–8	LESEN – VERTIEFEN II	46		

Lektion	Texte / Kulturbereich	Seite	Stoffe – Formenlehre	Satzlehre
9	△ In der Arena ○ Brot und Spiele im Kolosseum	53	N: Substantive und Adjektive auf -(e)r	Satzreihe – Satzgefüge
10	△ „Ihr wart Barbaren!" ○ Gaius Julius Cäsar	57	V: Imperfekt (ā-/ē-/ī-/ Kons. Konjugation/esse)	Verwendung des Imperfekts; Ortsangaben
11	△ Griechen haben Römer gerettet! ○ Griechische Schrift	61	V: Perfekt (Bildung mit -v-, -u- und -s- der ā-/ē-/ī-/ Kons. Konjugation/esse)	Verwendung des Perfekts
12	△ Die Götter werden helfen. ○ Die olympischen Götter	65	V: Perfekt (Bildung durch Dehnung, Reduplikation, ohne Veränderung) N: Neutra der Kons. Deklination	Infinitiv als Subjekt oder Objekt
9 – 12	LESEN – VERTIEFEN III	68		
13	△ „Ich bin eine römische Bürgerin!" ○ Schreiben in der Antike	75	V: Plusquamperfekt (ā-/ē-/ī-/ Kons. Konjugation/esse) N: Personal-Pronomen der 1. und 2. Person	Verwendung des Plusquamperfekts
14	△ Gefährliche Reise ○ Alle Wege führen nach Rom.	79		Accusativus cum Infinitivo (AcI)
15	△ Wiedersehensfreude ○ Der Krieg um Troia	83	N: Adjektive der Kons. Deklination; Possessiv-Pronomen; reflexives Personal- und Possessiv-Pronomen	
16	△ Den Göttern sei Dank! ○ Römische Religion	87	N: is, ea, id	Accusativus cum Infinitivo (AcI): gleichzeitiges und vorzeitiges Zeitverhältnis (Infinitiv der Gleichzeitigkeit/ Vorzeitigkeit); is, ea, id als Personal-Pronomen
13 – 16	LESEN – VERTIEFEN IV	90		

Lektion	Texte Kulturbereich	Seite	Formenlehre	Satzlehre
			Stoffe	
17	△ Besuch aus der Provinz ○ Trajans Neubauten in Rom	97	V: Futur I (ā-/ē-/ĭ-/ Kons. Konjugation/*esse*) N: Interrogativ-Pronomen	*Wortfragen*
18	△ Eine heiße Diskussion ○ Die Römer in Bayern	101	V: *īre* und Komposita N: Relativ-Pronomen	*Relativsatz;* *is, ea, id als Demonstrativ-Pronomen*
19	△ Eine ungewisse Zukunft ○ Leben römischer Frauen	105	V: Futur II (ā-/ē-/ĭ-/ Kons. Konjugation/*esse*), *velle/nōlle* N: Grundzahlen 1–3	*Verwendung des Futur II;* *Dativ des Besitzers*
20	△ Abschiedsfest ○ Speisen bei den Römern	109	V: Kurzvokalische ĭ-Konjugation; Komposita von *esse; posse* N: Grundzahlen 4–10; Ordnungszahlen 1–10	

Kultur-Quiz 112
Wortschatz 114
Eigennamenverzeichnis 154
Vokabelverzeichnis Deutsch – Lateinisch 162
Vokabelverzeichnis Lateinisch – Deutsch 166
Zeitleiste

Hinweise zur Benutzung des Buches

6   Übungen zum Stoff der Lektion

▶   kennzeichnet ein Arbeitsbeispiel in den Übungen.

?   kennzeichnet eine Lücke im Text, die nicht im Buch ausgefüllt werden soll. Der Text soll ins Heft übertragen werden, sodass die Lücken dort ergänzt werden können.

7   Die farbige Nummerierung kennzeichnet deutsch-lateinische Übersetzungsübungen.

       Blau unterlegter Text kennzeichnet Übungen zum Übersetzen aus dem Lateinischen.

L   kennzeichnet Lerntipps auf den Wortschatzseiten.

Ü   kennzeichnet Übungen zu den Wortschatz-Lerntipps.

!   kennzeichnet leicht ableitbare Wörter, die auch in späteren Lektionen nicht gelernt werden, z. B. *circum*!.

→   kennzeichnet einen Verweis auf eine Lektion, in der eine nicht zum Lernwortschatz gehörige Vokabel in den Fußnoten erläutert wird, z. B. *in laconicis* (→ 7 L): Diese Wendung wird in den Fußnoten zum Lektionstext 7 erläutert.

-     Ein Bindestrich kennzeichnet erschließbare Komposita bereits gelernter Verben, z. B. *ex-portant*: *ex-* (hinaus) und *portant* (sie tragen).

°   kennzeichnet Wörter, die nicht übersetzt werden müssen.

Eigennamen werden nicht an der jeweils gegebenen Stelle erklärt, sondern im Eigennamenverzeichnis.

Lektion 1

Raus aus der Großstadt!

Zur Zeit des Kaisers Hadrian ist Rom eine dicht bevölkerte Großstadt mit über einer Million Einwohnern. Theater und Tempel, Märkte und Geschäfte jeder Art ziehen viele Menschen an. Fußgänger und Sänften drängeln sich auf den engen Straßen, die oftmals durch Tierherden verstopft sind. Überall hört man Lärm von Baustellen und das Schreien von Händlern, die ihre Waren anpreisen. Auch nachts kommt die Stadt nicht zur Ruhe: Fuhrwerke, die tagsüber nicht in die Innenstadt fahren dürfen, rumpeln über die Straßen.

Nur wenige Straßen sind gepflastert und manche Menschen werfen Abfälle einfach aus den Fenstern. So sind Staub und Gestank besonders im Sommer sehr unangenehm für die meisten Römer, die in mehrstöckigen Mietshäusern ohne Bad, Toilette und Küche wohnen. Auch reichere Römer, die in Einfamilienhäusern wohnen, fühlen sich oft von Lärm und Hitze belästigt. Sie besitzen aber meist ein Landhaus (*villa*) in den nahe gelegenen Albanerbergen, wohin sie sich zurückziehen können, um Ruhe und Erholung zu finden.

Die ersten kleinen Sätze...

a Baue nach dem Muster der „ersten kleinen Sätze" die blauen Bausteine an die blau umrahmten Bedeutungsteile an. Überlege dir, welche Aufgabe die jeweiligen Bausteine haben.
b Für welche Wortart und welche Formen sind die gelben Bausteine zuständig? Baue sie an die gelb umrahmten Bedeutungsteile an und lies die entstandenen Wörter.
c Das Baukastensystem funktioniert auch im Englischen und Deutschen. Die weißen Bedeutungsteile haben jeweils ihren Baustein verloren. Ergänze ihn.

Wo bleibt sie denn?

In den Morgenstunden war die Hitze auf dem Landgut in den Albanerbergen noch erträglich; jetzt, am frühen Nachmittag, ist es selbst im Schatten kaum noch auszuhalten.

Sol ardet, silentium est; villa sub sole[1] iacet.
Etiam canis tacet, asinus non iam clamat.
3 Quintus stat et exspectat.
Ubi est Flavia?
Cur amica non venit? Cur venire cessat?
6 Non placet stare et exspectare,
non placet esse sine amica[2],
non placet villa sine amica[2],
9 non placet sol,
non placet silentium.
Subito canis latrat[3], etiam asinus clamat.
12 Quid est? Ecce! Quis venit?

1) **sub sōle:** in der Sonne 2) **sine amīcā:** ohne die Freundin
3) **lātrāre:** bellen

▶ Stelle die Wörter und Wendungen zusammen, durch die der Eindruck von Stille entsteht.
▶ Beschreibe, wodurch im Text das Warten des Quintus ausgedrückt wird. Achte dabei auf die Wortwahl und die Wortstellung.

1 Wörter-Labyrinth

Du kannst 15 Wörter finden, die von links nach rechts und von oben nach unten zu lesen sind. Eines kommt mehrfach vor. Welches?

i	a	s	i	n	u	s	t	z	u
c	l	a	m	a	t	u	a	e	b
r	a	m	i	c	a	x	c	t	i
w	v	e	n	i	t	k	e	i	d
y	e	x	s	p	e	c	t	a	t
u	s	k	a	e	e	n	k	m	c
c	v	e	n	i	r	e	h	q	a
s	i	l	e	n	t	i	u	m	n
s	t	a	t	a	r	d	e	t	i
w	m	c	e	s	s	a	t	e	s

2 Anfang und Ende

Verbinde, was zusammenpasst.

| exspecta- veni- sta- amic- vill- cessa- silenti- iace- clama- asin- arde- place- | + | -us -t -re -a -um |

3 Wähle aus und übersetze die Sätze.

1. Silentium (ardet/et/est). 2. Canis (venire/stat/etiam). 3. Asinus (placet/clamare/amica) cessat. 4. (Cur/Quintus/Ubi) est Flavia? 5. Subito (canis/non iam/exspectat) clamat.

4 Übertrage in dein Heft, ergänze und übersetze.

1. Silenti ? es ? .
2. Quint ? sta ? et exspecta ? .
3. Ubi es ? Flavi ? ?
4. Cur amic ? veni ? cessa ? ?

5 Gleich und ungleich

Suche Wortpaare, die
a zu einer Gruppe gehören können,
b Gegensätzliches ausdrücken.
Wie viele findest du?

amica – tacere – ardere – clamare – venire – exspectare – stare – asinus – silentium – sol – canis

6 Satz-Rezept

Man nehme ein Substantiv, suche dazu ein passendes Verb (oder auch zwei) und garniere mit „unveränderlichen" Wörtern.

Bilde aus folgenden „Zutaten" zehn verschiedene sinnvolle Sätze.

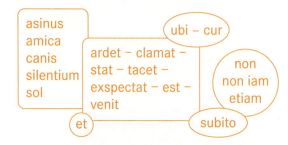

7

1. Wo ist die Freundin? 2. Quintus steht da und wartet. 3. Warum kommt sie nicht? 4. Die Sonne brennt. 5. Der Hund ist still. 6. Auch der Esel schreit nicht. 7. Plötzlich ist keine Stille mehr. 8. Was ist los°? 9. Wer kommt?

Wo steckt bloß wieder der Hund?

1. Quintus exspectat. 2. Ubi canis est? 3. Quintus clamat: „Hylax!" 4. Silentium est. 5. Cur canis non venit? 6. Quintus iterum[1] clamat. 7. Ecce, subito canis venit! 8. Nunc[2] Hylax stat et exspectat.

1) **iterum:** wieder, noch einmal 2) **nunc:** jetzt

villa – Ein Haus auf dem Land

Seitdem Flavia weiß, dass sie Quintus besuchen wird, interessiert sie natürlich, wie das neue Haus aussieht, in dem er wohnt. Quintus hat ihr in einem Brief alles erklärt. Ungefähr Folgendes hat in diesem Brief gestanden.

Quintus grüßt seine Flavia.

Ich freue mich schon darauf, dir unsere neue Villa zu zeigen. Schon von weitem siehst du die strahlende Eingangsfassade mit den nagelneuen Marmorsäulen. Wenn dich unser Türsklave hereingelassen hat, betrittst du zuerst das Atrium, wo Vater manchmal Besucher aus Rom empfängt. Mir ist der Raum zu feierlich. Geht man durch das Atrium hindurch, gelangt man in das Tablinum. Hier werden die Eltern meistens sitzen, wenn sie sich unterhalten. Der Raum ist wunderbar hell, denn er ist durch einen breiten Säulendurchgang direkt mit unserem riesigen Peristyl verbunden, einem weiten Säulenhof, wo es überall Blumen und Sträucher gibt. In der Mitte des Peristyls ist ein lang gestreckter Teich. Wenn sich die Figuren am Rand im Wasser spiegeln, fühlt sich Vater immer an seine Ägyptenreise erinnert, von der er heute noch schwärmt. Vom Atrium aus erreicht man auch unser prächtiges Triklinium. Von dort hat man beim Essen einen herrlichen Ausblick. Neben dem Triklinium ist rechts Vaters Bibliothek: Stell dir vor, an allen Wänden Bücherschränke bis hoch zur Decke!
Natürlich gibt es bei uns auch Schlafräume, mehrere Gästezimmer, drei Badezimmer (für kaltes, warmes und heißes Baden), eine Küche (mit Toilette), Vorratsräume und kleine Kammern für die Sklaven. Und nicht zu vergessen: einen kleinen Sportplatz, wo man Ball spielen kann.
Aber das wirst du ja bald selbst sehen. Wir freuen uns schon alle sehr auf dich. Bleib gesund und gute Reise.

Einige Räume werden im Brief mit ihrem römischen Namen genannt. Übertrage die Namen in dein Heft und schreibe dazu, wozu die Räume dienten oder wann man sich dort aufhielt.

Namen, Namen, Namen

Nun kommt Flavias Familie endlich zum Landgut der Familie des Quintus: der Vater, Marcus Flavius Lepidus, die Mutter Caecilia, deren Tochter Flavia und die Söhne Marcus und Aulus sowie zahlreiche Sklaven. Der Vater, das Oberhaupt der Familie, hat tatsächlich drei Namen: einen Vornamen, Marcus, einen Familiennamen, Flavius, und einen Beinamen, Lepidus. Mutter und Tochter haben – wie alle Frauen – keine Vornamen: Die Mutter ist die Tochter eines gewissen Caecilius; daher bekommt sie die weibliche Form des Namens ihres Vaters. Und so heißt die Tochter des Flavius einfach Flavia. Wenn sie eine Schwester hätte, dann hieße diese auch Flavia, mit einem Zusatz wie Minor, die Jüngere, oder Maior, die Ältere. Auch bei den Vornamen der Jungen sind die Römer nicht sehr einfallsreich. Nur rund ein Dutzend Vornamen sind in Gebrauch. Deshalb kann man die Vornamen auch nicht verwechseln, wenn sie abgekürzt werden: Z. B. steht M. für Marcus, A. für Aulus, Q. für Quintus, C. für Gaius, P. für Publius.

Ara Pacis in Rom (Grundsteinlegung 13 v. Chr.), Mitglieder der kaiserlichen Familie.

Die Bausteine vermehren sich.

1 *In der* villa *der Domitier warten alle auf die Ankunft der Flavier…*
Tacet servus, tacet serva, tacet et Quintus. Exspectat. Ubi est Flavia? Cur non venit?

2 *Große Aufregung! Da sind sie endlich!*
Gaude**nt** serv**i**, clama**nt** serv**ae**, clamat et Quintus: „Ibi su**nt** Flavi**i**! Ibi veniu**nt**!"

a Übersetze Text **1**.
b Wofür sind die gelben Bausteine in Text **2** zuständig?
c Nenne zu den folgenden Substantiv-Bausteinen ihre Entsprechung im Singular.

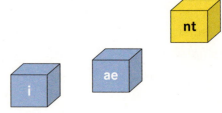

Einen Substantiv-Baustein bekommst du als **Geschenk:** don-**um**!

die Geschenke: don-

Überraschungen

Rasch läuft Quintus in die villa *und meldet die Ankunft der Gäste. Sein Vater Gnaeus Domitius Macer kommt aus der Bibliothek und ruft die Sklaven, seine Mutter Sulpicia gibt letzte Anweisungen. Quintus eilt wieder nach draußen, um seine Freundin Flavia als Erster begrüßen zu können.*

Ibi venit Flavia – sed non sola[1].
Etiam M. Flavius Lepidus et Caecilia matrona veniunt,
3 veniunt Syrus servus atque Galla serva et alii[2] servi ac servae.
Etiam Marcus et Aulus, Flaviae fratres[3], ibi sunt.
Apparet tota[4] familia.
6 Cuncti[5] gaudent, rident, clamant.
Marcus et Aulus cito appropinquant et iam procul salutant: „Salve, Quinte!"
Tum Quintus: „Salvete, amici!"
9 Cur Flavia non properat?
Nunc et Flavia appropinquat et Quintus: „Salve, Flavia!"
Quid apportat? Certe donum est.
12 Quintus gaudet, nam crustula[6] sunt.
Tum Aulus et Marcus: „Hic sunt alia[2] dona. Sunt … ranae[7]."
Tota[4] familia ridet et Quintus: „Etiam ranae[7] placent."
15 Subito procul equus apparet.

1) **sōla:** allein 2) **aliī/alia:** andere 3) **Flāviae frātrēs:** Flavias Brüder
4) **tōta:** die ganze 5) **cūnctī:** alle 6) **crūstulum:** Zuckerplätzchen 7) **rāna:** Frosch

▶ Nenne die Namen der Personen im Text. Gib an, in welcher Beziehung sie zueinander stehen.
▶ Stelle die Wörter zusammen, durch die Sätze jeweils miteinander verknüpft sind. Welcher gedankliche Zusammenhang wird dabei von Fall zu Fall zum Ausdruck gebracht?

Lektion 2

1 Was gehört wohin?

Ordne nach Singular- und Pluralformen.

iacet – stant – silentium – villae – est – asini – amicae – placent – servus – ardent – familiae – serva – venit

2 Hin und her

Setze jeweils in den anderen Numerus und übersetze dann.

servus – gaudent – familiae – clamat – matronae – ridet – veniunt – sunt

3 Bestimme die Wortarten.

1. Nunc servi ac servae appropinquant.
2. Tum familia gaudet.

4 Wandle um.

Vorsicht bei ✎, denn hier musst du die Form beibehalten, aber das Verb wechseln.

▶ stat ⇨ ✎(clamare) clamat

venit ⇨ Pl. ⇨ ✎ gaudere ⇨ Sg. ⇨ ✎ esse ⇨ Pl. ⇨ ✎ appropinquare ⇨ Sg. ⇨ ✎ ridere ⇨ Pl. ⇨ ✎ salutare ⇨ Sg. ⇨ ✎ placere ⇨ Pl. ⇨ ✎ apparere ⇨ ✎ exspectare ⇨ Sg. ⇨ ✎ stare ⇨ Pl.

5 Endung gut, alles gut

Übertrage den Text in dein Heft, setze ein und übersetze.

1. Quintus exspecta ? , sed servi et serv ? non appropinqua ? . 2. Cur veni ? cessa ? ? 3. Ecce! Ibi veni ? etiam familia, ibi veni ? servi. 4. Nunc Flavia appare ? et iam procul saluta ? . 5. Nunc Quintus gaude ? , nam exspecta ? non iam place ? .

6 Quintus ist neugierig.

a Übersetze ins Lateinische.

QUID
1. rufen Marcus und Aulus
2. bringt die Familie mit

QUIS
3. freut sich jetzt nicht
4. kommt schnell näher

UBI
5. ist das Geschenk
6. sind die Sklavinnen

CUR
7. beeilt sich der Sklave nicht
8. lacht die Sklavin

b Setze die Sätze in den Plural, wo dies möglich ist.

7

1. Quintus freut sich, denn dort erscheinen bereits die Sklaven und Sklavinnen. 2. Bestimmt beeilen sie sich näher zu kommen. 3. Nun kommt auch Flavia und lacht schon von weitem. 4. Quintus freut sich und grüßt. 5. Auch die Geschenke gefallen.

Die Gäste kommen schon.

1. Matrona: „Amici iam veniunt. Sed ubi servi sunt, Lydia?" 2. Lydia: „Ecce, servi ibi laborant[1] atque etiam servae hic sunt." 3. Matrona gaudet. 4. Nunc cuncti[2] laborant[1], nam cena[3] appropinquat. 5. Non iam silentium est, sed cuncti[2] properant, clamant, rident.

1) **labōrāre:** arbeiten 2) **cūnctī:** alle 3) **cēna:** das Essen (*die Hauptmahlzeit der Römer am späten Nachmittag*)

familia Romana – Die römische Familie und ihre Kleidung

1 Familienmitglieder

Der *pater familias* war das Oberhaupt der Familie. In früheren Zeiten hatte er die absolute Macht über die anderen Familienmitglieder. In der Kaiserzeit war sie durch gesetzliche Bestimmungen eingeschränkt. Doch er konnte immer noch über das Leben seiner neugeborenen Kinder entscheiden. Das Baby wurde direkt nach der Geburt dem Vater zu Füßen gelegt. Hob dieser es auf, war es damit offiziell in die Familie aufgenommen. Er konnte es aber auch aussetzen und so dem Tod ausliefern.

Marmorrelief von einem Sarkophag, Louvre/Réunion des Musées.

Die *matrona*, die Ehefrau des *pater familias*, hatte die Aufsicht über alles, was im Hause geschah, auch über die Hausklaven, die ebenfalls zur *familia* gehörten. Die Frauen wirkten im Allgemeinen nur innerhalb der Familie. Die Frauen der höheren Schicht hatten jedoch oft auch großen gesellschaftlichen und politischen Einfluss. Römerinnen heirateten meist sehr jung, viele waren erst zwölf Jahre alt.

a Das Relief zeigt vier Stationen aus dem Leben eines Jungen. Beschreibe sie.
b Vergleiche die römische Familie mit einer heutigen. Worin bestehen die Hauptunterschiede?

2 Kleidung für Männer und Frauen

Männer trugen einen Lendenschurz und eine kurzärmelige Tunika (*tunica*), die mit einem Gürtel zusammengehalten wurde. Der römische Bürger hatte bei besonderen Anlässen darüber die Toga (*toga*), ein großes, meist weißes Stück Stoff. Socken oder Strümpfe gab es nicht. Frauen trugen Unterwäsche und eine Tunika. Vornehme Römerinnen zogen darüber ein langes, schlichtes Kleid (*stola*) an und manchmal zusätzlich einen bunten Umhang (*palla*). Kinder und Sklaven trugen im Allgemeinen nur eine Tunika. Söhne vornehmer Familien hatten außerdem eine Toga mit rotem Streifen.

Könntest du dir vorstellen, dich wie die Römer zu kleiden? Begründe deine Meinung.

Lektion 3

Rom – Zentrum der Macht

Im Laufe der Jahrhunderte haben die Römer ihre Macht auch über Italien hinaus ausgedehnt.

Daher ist Rom zur Zeit Hadrians die Hauptstadt eines Weltreichs, das sich von Spanien bis Syrien und von Nordafrika bis Schottland erstreckt. Ihre Gebiete außerhalb Italiens nennen die Römer Provinzen (*provinciae*).

Aus diesen Provinzen gelangen viele Handelsgüter nach Rom. So kann man auf dem Markt schöne Stoffe aus Syrien, Keramik aus Spanien oder Bernstein und Leder aus dem Norden des Reiches erstehen.

Zur Verwaltung schickt der Kaiser Beamte in die einzelnen Provinzen, die dort verschiedene Regierungsaufgaben übernehmen. Prokuratoren z. B. sind entweder für die Verwaltung der Provinz oder die Steuern zuständig, welche die Provinzbewohner an Rom zahlen müssen.

Der Reiseweg von Rom nach Kreta.

Zuerst die richtigen Fragen...

Flavia ① sieht ein Pferd ②. Bringt der Bote ③ Flavia eine Nachricht ④? Gefahren ⑤ fürchten die Sklaven ⑥ nicht. Caecilia ⑦ erwartet die Sklavinnen ⑧.

Entscheide jeweils, wie du nach den nummerierten Substantiven fragen musst:
Wer oder **Was** (*Subjekt im Nominativ*)? bzw. **Wen** oder **Was** (*Objekt im Akkusativ*)?

...dann neue Substantiv-Bausteine...

Flavia macht mit ihren Sklaven Galla und Syrus einen kleinen Spaziergang. Plötzlich bleibt sie wie angewurzelt stehen...

Equus appropinquat. Quis est? Flavia stat et tacet. Non equ**um** timet, sed pericul**um**. Galla et Syrus servi sunt. Pericul**a** non timent, sed Caecili**am** matron**am**. Subito Caecilia clamat, nam serv**os** et serv**as** iam exspectat.

...und ein Geheimcode: OSMUSTIS – Kannst du ihn entschlüsseln?

Dieselbe Geschichte noch einmal und doch anders:

Galla: Cur hic sta**s**, Flavia? Cur non ride**s**? *Flavia:* Equus appropinquat. *Syrus:* Cur equum time**s**? *Flavia:* Non time**o** equum, sed periculum. *Galla et Syrus:* Servi su**mus**. Pericula non time**mus**, sed Caeciliam matronam. *Caecilia:* Flavia, ubi e**s**? Cur venire cessa**tis**? Servos et servas exspect**o**. Ubi es**tis**? *Flavia:* Iam veni**o**, iam propera**mus**.

Ein Befehl des Kaisers

Alle blicken gespannt zur Toreinfahrt, während die Sklaven damit beschäftigt sind, das Gepäck abzuladen. Quintus legt sanft einen Arm um Flavias Schultern, Flavia lächelt.

Equus appropinquat, fremit[1], stat; eques salutat.
Statim Quintus rogat: „Quis es? Unde venis? Quid apportas?"
3 Eques respondet: „Nuntius sum.
Venio ex urbe[2] et nuntium apporto.
Ubi est M. Flavius Lepidus?
6 Statim Romam properare debet."
Nunc Flavius Lepidus: „Ego sum M. Flavius Lepidus.
Quid audio? Cur Romam properare debeo?"
9 Tum nuntius: „Imperator Hadrianus te exspectat."
Flavius stat et stupet[3]. Tum: „Quid iubet?"
Nuntius: „Tu nunc procurator[4] es
12 et in insulam Cretam navigare debes."
Flavius Lepidus: „Valde gaudeo.
Nam mihi[5] placet provinciam administrare."
15 Tum Caecilia: „Pericula timeo, Marce."
Sed Flavius Lepidus: „Ego nullum[6] periculum timeo."

Tum clamat: „Creta me exspectat",
18 et servos ac servas vocat.
„Syre, Galla, ubi estis? Cur non venitis?
Cur non paretis? Cur non raedam[7] paratis?"
21 Servi respondent: „Hic sumus.
Iam paremus, iam venimus, iam raedam[7] paramus."
Nunc Marcus et Aulus clamant: „Euax[8]! In Cretam navigare valde placet."
24 Sed Flavia stat et tacet.
Tum Quintus amicam rogat: „Quid est, amica?"
Nunc Flavia lacrimas non iam tenet.

1) **fremit:** (es) schnaubt 2) **ex urbe:** aus der Hauptstadt 3) **stupēre:** staunen 4) **prōcūrātor:** Verwalter, Statthalter
5) **mihī:** mir 6) **nūllum:** keine 7) **raeda:** Reisewagen 8) **euax:** toll! super!

▶ Wie reagieren die einzelnen Familienmitglieder der Flavier auf die Nachricht des Boten? Gib die lateinischen Ausdrücke als Beleg an.

▶ Der Text enthält viele Fragesätze. Nicht immer wird wirklich eine Antwort erwartet. Warum werden diese Fragen gestellt?

1 Ordnung schaffen

Lege eine Tabelle an und sortiere ein.

| Nom. Sg. | Nom. Pl. | Akk. Sg. | Akk. Pl. |

amicum – asinus – servas – familia – equi – donum – amicae – asinos – matronam – canis – servi – amicam – dona – sol – villas – servum – silentium

2 Und am Ende…?

Ergänze die Verbformen.

ich … rid ? , du … clam ? , er … tac ? , wir … ven ? , ihr … exspect ? , sie … salut ? , er … cess ? , ich … apport ? , ihr … gaud ? , du … tac ? , sie … ven ?

3 Warum? – Darum!

Stellt euch gegenseitig die Fragen und gebt Antworten nach dem Beispiel.

▶ Cur properas, Karin? –
Propero, nam properare placet.

C
U   rides – clamatis – taces –
R   ibi statis – gaudetis – paretis – , …?
    non respondetis – non audis

4 Formenkreis

Führe die Verbform durch die weiteren Personen.

venio – ridemus – est – rogas – appropinquat – auditis – teneo

(1. Sg. → 2. Sg. → 3. Sg. → 1. Pl. → 2. Pl. → 3. Pl. → 1. Sg.)

5 ← !kcüruz heG

Lege eine Tabelle an und trage ein.

▶ | | Lernform | deutsche Bedeutung |
|---|---|---|
| rident | ridere | lachen |
| dona | ? | ? |

tacetis – servos – ardent – estis – appares – sto – nuntium – debemus – servae – exspectatis – lacrimas – navigo

6 Wen oder Was hätten sie denn gern?

Die Sätze wünschen sich ein Objekt. Suche eins aus dem Kasten aus; achte dabei auf die Form und die Bedeutung.

1. Imperator ? exspectat, Lepide.
2. ? non timeo.
3. Matrona ? vocat.
4. ? audio?
5. Amici ? rogant.
6. ? administrat.
7. Serva ? non iam tenet.
8. Amicae ? apportant.
9. Eques ? audit.

lacrimas – quid – navigas – te – equi – pericula – audis – ego – provinciam – servas – canis – asinos – dona – nuntium – quis

7 SmS

Zehn **S**ätze **m**it **S**inn sollen hieraus entstehen:

Servus	lacrimas	rogant
Amici	equos	audit
Servae	villam	navigant
Nuntii	amicum	vocat
Amica	Romam	tenet
		timent

8

1. Flavia wartet auf Quintus. 2. Sie hört die Sklaven und die Sklavinnen, sie hört den Esel und die Pferde. 3. Quintus hört sie° nicht. 4. Flavia ruft: „Quintus, wo bist du? 5. Warum kommst du nicht? 6. Es gefällt mir° nicht, zu warten!" 7. Jetzt antwortet der Freund: „Ich komme schon. 8. Ich bin nicht mehr weit weg." 9. Da freut sich Flavia.

Der Kaiser ruft.

1. Flavius nuntium rogat: „Ubi imperator Hadrianus nunc est?" 2. Nuntius respondet: „Cur rogas? Imperator te exspectat." 3. Flavius ridet et respondet: „Imperator Hadrianus saepe[1] procul est et provincias peragrare[2] debet." 4. Nuntius: „Sed saepe[1] etiam Romam venit; nunc ibi est et te vocat."

1) **saepe:** oft 2) **peragrāre:** bereisen

provinciae – Das Römische Reich

1 In die Provinz – wo ist denn das?

Das Römische Reich hatte sich in alle Himmelsrichtungen ausgedehnt. Auf der Karte in der hinteren Umschlagseite des Buches kannst du sehen, welche Gebiete es umfasste.

a Lege einen Atlas daneben mit Karten, die die heutige Aufteilung der Länder zeigen, und schreibe mindestens zwölf Länder auf, die heute zum Römischen Reich gehören würden.
b Schreibe für Deutschland genauer auf, welche Teile zum Römischen Reich gehörten.

2 Spuren

haben die Römer überall hinterlassen.

Pont du Gard, Südfrankreich.

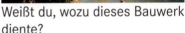

Weißt du, wozu dieses Bauwerk diente?

Porta Nigra.

Dieses imposante Tor steht in einer Stadt, die die Römer *Augusta Treverorum* nannten. Wie heißt sie heute?

Hadrianswall: nördlichste Grenze des Imperium Romanum.

In welchem heutigen Land kannst du die Reste dieses Bauwerks sehen?

Bibliothek des Celsus in Ephesus.

Informiere dich, in welchem Land die Reste des antiken Ephesus heute zu besichtigen sind.

3 Nicht nur geliehen

Die Spuren der Römer sind auch in den Sprachen anderer Völker enthalten: In der deutschen Sprache gibt es zahlreiche Lehnwörter aus dem Lateinischen. Diese Wörter sind dem Lateinischen „entliehen" (entlehnt) und dem Deutschen angepasst.

Ordne die Wörter zu lateinisch-deutschen Paaren.

caseus – pondus – vinum – crux – moneta – brevis – tegula – fenestra – coquere – murus – tectum – carcer – laurea – porta – pilarium – radix – fructus – speculum

Fenster – Münze – Pforte – Kreuz – Rettich – Pfeiler – Wein – Mauer – Dach – Käse – Frucht – Lorbeer – Brief – Ziegel – Pfund – Spiegel – kochen – Kerker

Lektion 4

Auf zum Wagenrennen!

An vielen Tagen im Jahr strömen die Zuschauer in eine der vier großen Rennbahnen Roms, um spannende Wagenrennen zu erleben. Die bedeutendsten Rennen finden in dem 250 000 Zuschauer fassenden Circus Maximus statt. Am Morgen bewegt sich die *pompa circensis* vom Kapitol zum Circus: Wagenlenker, Musikanten und Priester, die Bilder von Gottheiten mit sich führen, bilden einen prächtigen Festzug. Nach dem Festzug beginnt das Rennen, wenn der Veranstalter, meist der Kaiser, ein weißes Tuch auf die Rennbahn fallen lässt. Auf dieses Startsignal hin stürmen die vier bis zwölf Wagenlenker mit ihren Viergespannen (*quadrigae*) aus den Boxen. Sieben Mal müssen sie den Mittelstreifen (*spina*) an den Wendemarken (*metae*) umrunden.

Rekonstruktionsmodell des Circus Maximus.

Die Gedanken fliegen.

Flavia träumt noch vom Landgut **der Domitier** und dem Geschenk ihres **Freundes Quintus**. Quintus erinnert sich an **Flavias** Tränen, aber auch an Venus, die Göttin **der Liebe**. Marcus Flavius hat nur eines im Kopf: die Botschaft **des Reiters**. Er ist schon gespannt auf die Worte **des Kaisers**, **der Konsuln** und **Senatoren** und auf den Lärm **der Menschen** auf dem Forum. Caecilia denkt lieber nicht an die Reise nach Kreta und die Gefahren **der Provinzen**.

… villa Domiti**orum**
… donum Quint**i** amic**i**
… lacrimae Flavi**ae**
… dea amor**is**
… nuntius equit**is**
… verba imperator**is**,
consul**um**, senator**um**
… clamor homin**um**
… pericula provinci**arum**

In den Gedanken unserer Hauptpersonen finden sich auch die Signalteile der ā-, o- und der Konsonantischen Deklination für den **Genitiv Singular** und **Plural**. Nenne die Substantive jeweils im Nominativ mit dem dazugehörigen Genitiv.

Auf Bausteinsuche im Lektionstext

Gehe in den ersten zehn Zeilen des Lektionstextes auf die Suche nach neuen Substantiv-Bausteinen für die Konsonantische Deklination. Gesucht werden der **Akkusativ Singular** und **Plural** sowie der **Nominativ Plural**. Vorsicht, Falle!

Ein letztes Mal im Circus Maximus

Der Besuch der Flavier ist nur von kurzer Dauer. M. Flavius Lepidus möchte möglichst schnell nach Rom zurück, um die nötigen Vorbereitungen für die Reise nach Kreta zu treffen. Flavia ist sehr still, denn sie ist nicht davon begeistert, die Hauptstadt verlassen zu müssen. – Nun ist alles gepackt, die Abreise aus Rom steht unmittelbar bevor. Ein letztes Mal treffen sich Quintus und Flavia, um sich im Circus Maximus die Wagenrennen anzusehen.

Quintus Domitius et Flavia Circum Maximum intrant.
Ibi iam multi[1] homines sedent; iam diu spectaculum exspectant.
3 Ecce! Ibi sedet M. Annius consul;
non procul sedent Flavius senator, avus Flaviae,
et Servilius senator, amicus Domitiorum.
6 Quintus et Flavia senatores salutant.
Tum Corneliam et Claudiam, amicas Flaviae, vident et iis innuunt[2].
Iam imperator apparet – Caesar Traianus Hadrianus Augustus.
9 „Ave, Caesar!", populus imperatorem salutat, „ave, Caesar!"
Tum homines tacent et verba imperatoris Hadriani audiunt.
Nunc pompa[3] venit.
12 F: „Ecce simulacra deorum!
Ibi est Iuppiter, imperator hominum atque deorum,
ibi Iuno, regina dearum."
15 Q: „Et ibi etiam Venus apparet, dea amoris."
Flavia ridet et Quintus gaudet.
Tandem quadrigae[4] apparent;
18 imperator signum spectaculi dat.
Statim aurigae[5] equos incitant, statim equi evolant[6].
Quantus[7] ardor equorum! Quantus[7] clamor hominum!
21 Quantus[7] furor populi!
Homines non iam sedent, sed stant et clamant.
Spectaculum placet, placet Circus Maximus.
24 Etiam Quintus et Flavia clamant et aurigas[5] incitant
neque Cretam cogitant.

1) **multī:** viele 2) **iīs innuunt:** (sie) winken ihnen zu
3) **pompa, -ae** f: Festzug (*bei dem die Bilder der wichtigsten Götter mitgeführt wurden*)
4) **quadrĭga, -ae** f: Viergespann 5) **aurīga, -ae** m: Wagenlenker
6) **ēvolāre:** losstürmen 7) **quantus:** was für ein(e)

▶ Vor dem eigentlichen Wagenrennen passierten viele Dinge. Welche davon würdest du in ein Programmheft aufnehmen?

▶ Wodurch wird im Text die Begeisterung während des Rennens ausgedrückt? Achte auf die Wortwahl und die Wortstellung.

1 Ordnung muss sein!

Sortiere die Substantive nach Nominativ, Genitiv und Akkusativ. Bei welchen Wörtern gibt es zwei Möglichkeiten?

equi – amicum – senatorum – equorum – equitem – imperatoris – donum – servae – periculi – amicarum – canum – solis – equitum – consulis – homines – dona

2 Numerus-Ping-Pong

Schreibe die Verbformen in dein Heft und ergänze das passende Gegenstück.

▶ clamo → clamamus

intrant →	?	exspectamus →	?
sedet →	?	salutas →	?
apparetis →	?	tacet →	?
audit →	?	venimus →	?
rides →	?	gaudeo →	?

3 Ein anderer Fall

Suche aus dem Lektionstext alle 15 verschiedenen Substantive im Nominativ heraus, die keine Eigennamen sind, und bilde jeweils den Genitiv und den Akkusativ.

4 Attribut gesucht

Welche der folgenden Wörter lassen sich zu sinnvollen Substantiv-Attribut-Paaren verbinden? Übersetze.

Nominativ	Nom./Gen.	Genitiv
verba	amici	hominum
avus	lacrimae	hominis
canis	amicae	dearum
equus	deae	avorum
imperator	dei	consulis
regina		equitis
canes		amicarum
simulacra		
simulacrum		

5 Ab in den Plural!

Setze in den Plural, wo das **möglich** und **sinnvoll** ist, und übersetze.

1. Verbum amici audio.
2. Avus amicae venit.
3. Homo clamare cessat.
4. Simulacrum deae amoris placet.
5. Servus canem et equum incitat.
6. Cur signum non das?

6

1. Quintus und Flavia betreten den Circus[1]. 2. Der Senator Flavius, Flavias Großvater, sitzt schon dort. 3. Und wer erscheint jetzt? 4. Der Kaiser erscheint und das Volk grüßt den Kaiser. 5. Jetzt schweigt das Volk. 6. Die Leute hören die Worte des Kaisers. 7. Jetzt kommt der Festzug[2]. 8. Die Menschen lachen und freuen sich, denn sie sehen die Bilder der Götter und Göttinnen. 9. Endlich erscheinen die Viergespanne[3].

1) **Circus:** circus, -ī m 2) **Festzug:** pompa, -ae f
3) **Viergespann:** quadrīga, -ae f

Wann geht's denn endlich los?

1. Populus Romae spectacula amat[1]. 2. Etiam Quintus, amicus Flaviae, saepe[2] spectacula videt, ardorem equorum exspectat, clamorem populi libenter[3] audit. 3. Homines in circum[1] properant. 4. Flavia amicum rogat: „Ubi-nam sunt equi? Unde intrant circum[1]? Cur non veniunt?" 5. Quintus respondet: „Ecce, ibi iam veniunt! Iam audis clamorem hominum." 6. Sed Flavia verba amici non iam audit et clamat: „Quantus[4] clamor! Quid est, Quinte? Ego te non audio. Sed ecce, nunc tandem equos video."

1) **amāre:** lieben 2) **saepe:** oft 3) **libenter:** gern
4) **quantus:** was für ein

Circus Maximus – Freizeitspaß in Rom

a Vergleiche die Größe des Circus Maximus (630 m lang und 110 m breit) mit der eines Fußballfeldes. Wie viele Fußballfelder passen in den Circus?

b Das Wagenrennen war bei den Römern so beliebt, dass sie es auf vielen Gegenständen des Alltags darstellten. Beschreibe möglichst genau, was auf dem Tonrelief zu sehen ist.

c Gestalte eine Rundfunk- oder Zeitungsreportage über ein Wagenrennen. Verwende dafür die Abbildungen dieser Seite, den Info-Text und den Lektionstext als Anregungen. Versuche, die Spannung eines solchen Rennens einzufangen. Verwende möglichst lateinische Fachbegriffe.

d Vergleiche ein römisches Wagenrennen mit einem Formel-1-Rennen von heute und nenne Gemeinsamkeiten und Unterschiede.

Tonrelief mit einer Szene im Circus.

Spinnen denn die Römer?

Die Römer waren im wahrsten Sinne des Wortes ganz verrückt nach den Wagenrennen im Circus Maximus. Dies kann man auch den folgenden Texten zweier römischer Schriftsteller entnehmen:

Zwei Dinge nur wünscht sich ängstlich das Volk: *panem et circenses* – Brot und Spiele. Jede Sekunde ihres Lebens verbringen sie mit Wein und Würfelspiel, bei Spaß und Spektakel! Für sie ist der Circus Maximus Heiligtum und Wohnstätte, Treffpunkt und Ziel all ihrer Wünsche. Überall auf den Foren, Kreuzungen, Plätzen und wo man sich sonst noch so trifft, bilden sich kleine Grüppchen, in denen die Leute über die kommenden Rennen hitzig diskutieren und im Streit einander fast an den Kragen gehen, denn der eine vertritt die, der andere jene Meinung. Bei diesen Diskussionen sind meistens die Älteren die Wortführer, verweisen auf ihre grauen Haare und ihre Falten und regen sich auf. Sie tun, als ob der Staat nicht weiter bestehen kann, wenn beim nächsten Wagenrennen nicht gerade der, auf den sie wetten, als Erster aus den Startboxen kommt und mit den Pferden nicht eng genug um die Wendemarke fährt.

Im Alltag kümmert sich keiner mehr um etwas, aber am heiß ersehnten Renntag, da stürzen alle noch vor dem ersten Sonnenstrahl von allen Seiten wie die Verrückten in Richtung Circus. Man hat den Eindruck, dass sie sogar die Wagen selbst, die gleich im Rennen starten werden, noch überholen wollen.

Voller Spannung über den Ausgang dieser Rennen und aus Angst, ihre Wünsche könnten nicht in Erfüllung gehen, können die meisten schon Nächte vor dem Rennen nicht mehr schlafen.
(nach Ammianus Marcellinus, 2. Hälfte 4. Jh. n. Chr.)

Ich wundere mich wirklich immer wieder, dass so viele tausende erwachsene Menschen so kindisch sind und immer wieder sehen wollen, wie Pferde laufen oder Menschen auf Wagen stehen. Wenn sie wenigstens durch die Schnelligkeit der Pferde oder die Fahrkunst der Lenker fasziniert würden, so könnte man das ja noch einigermaßen verstehen: Aber sie feuern die Farbe ihres Rennstalls an, sie lieben diese ihre Farbe. Wenn von Rennen zu Rennen die Fahrer einmal für die eine, dann für die andere Farbe starten, dann sind ihnen auf einmal die Fahrer und die Pferde, die sie so genau kennen und deren Namen sie gerade noch lauthals gebrüllt haben, völlig egal – nur ihre Farbe und der Sieg ihrer Farbe zählen!
(nach Plinius d. J., 62 – ca. 114 n. Chr.)

Quintus ist der Größte!

Der Esel steht vor der villa. *Quintus liegt in der Sonne und träumt.*

Auriga[1] est; modo[2] circum[1] intrat.
Sed cur homines non gaudent?
3 Cur non clamant: „Quinte, Quinte!"?
Tum equos videt; stant et valde rident.
Rogat: „Quid ridetis? Sum Quintus auriga[1],
6 amor hominum atque deorum. Parere debetis."
Sed equi rident usque ad[3] lacrimas.
Tandem: „Quid audimus, homulle[4]?
9 Aurigam[1] non videmus. Quid iubere cogitas, homuncule[4]?"
Subito imperator signum dat.
Quintus equos incitat, sed equi stant.
12 Tum clamorem dat. Nunc equi parent, nunc evolant[5],
nunc homines non iam tacent.
Quantus[6] furor populi, quantus[6] ardor equorum!
15 Citius[7] atque citius[7] properant,
Quintus pericula non timet.
Subito audit: „Ave, Quinte victor[8],
18 ave, amor hominum atque deorum!"
Iam imperator appropinquat,
iam Quintus verba imperatoris audit:
21 „Caesar victorem[8] salutat", iam tubae[9] sonant[10].
Hic asinus clamat et Quintum excitat[11].
Statim clamat: „Victor[8] sum, ego victor[8] sum!",
24 et videt ... asinum.

1) **auriga, -ae** m: Wagenlenker
2) **modo:** gerade eben

3) **ūsque ad** (*m. Akk.*): bis hin zu
4) **homullus/homunculus, -ī** m: Menschlein, Schwächling, Winzling

5) **ēvolāre:** losstürmen

6) **quantus:** was für ein(e)
7) **citius:** schneller

8) **victor, -ōris** m: Sieger; siegreich

9) **tuba, -ae** f: Trompete
10) **sonāre:** erklingen, ertönen
11) **excitāre:** (auf)wecken

Mecum cantate! – Singt mit mir!

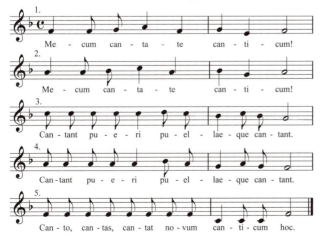

Wissenswertes aus dem römischen Alltag

1 Kleidung

Um eine Toga anzulegen, braucht man Hilfe.
Und so viel Stoff benötigt ihr, um eine Toga zu wickeln.
Probiert es doch einmal aus!

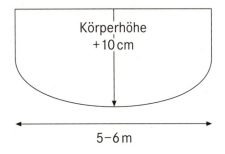

Einfache Sonnenuhr

Ein Stock, senkrecht in der Erde, wirft einen Schatten, der im Lauf des Tages wandert, je nachdem, wie die Sonne gerade steht. Um den Stock herum ist ein Zifferblatt angebracht, auf dem die Stunden abgelesen werden können.

2 Zeitrechnung

Für die Römer dauerte ein Tag von Sonnenauf- bis Sonnenuntergang. Der Tag wurde ebenso wie die Nacht in zwölf gleich lange Einheiten eingeteilt. Da es im Sommer viel länger hell ist als im Winter, dauerte im Sommer eine Stunde deutlich länger als an einem Wintertag. Ging die Sonne um 6.00 Uhr auf, war dies die erste Stunde. Die dritte Stunde begann dann um 8.00 Uhr. Im Winter entsprach die dritte Stunde eher der Zeit zwischen 9.00 und 10.00 Uhr. Für die Zeitbestimmung benutzte man Sonnen-, später auch Wasseruhren. Es gab so kleine Sonnenuhren, dass die Besitzer sie wie eine Taschenuhr bei sich tragen konnten.

Die Römer hatten also eine andere Vorstellung von dem Begriff Stunde. Worin besteht der Unterschied zu unserer heutigen Vorstellung?

sine tempore – „ohne Zeit"
cum tempore – „mit Zeit"

3 Zahlen

Die Zahlzeichen der Römer werden auch heute noch benutzt, z. B. an Gebäuden, bei der Bezeichnung von Herrschern (z. B. Elisabeth II.) oder auf Uhren.

a Der wievielte Heinrich war Heinrich VIII.?
b Erkläre, wie die römischen Zahlzeichen aufgebaut sind.

XIII	13	XVII	17	XXX	30	LXX	70	CC	200
XIV	14	XVIII	18	XL	40	LXXX	80	CD	400
XV	15	XIX	19	L	50	XC	90	D	500
XVI	16	XX	20	LX	60	C	100	M	1000

c Schreibe dein Geburtsdatum und das heutige Datum in römischen Zahlen.
d Suche in deiner Umgebung römische Zahlen, z. B. auf Gebäuden, und schreibe sie in unseren Zahlen.

4 Spiele

Die Radmühle

Zwei Spieler spielen gegeneinander.
Jeder hat drei Spielsteine, z. B. gleichfarbige Steine, Geldstücke oder Nüsse. Abwechselnd wird je ein Stein auf einen Punkt gesetzt. Wenn alle Steine platziert sind, wird gezogen. Der Spieler gewinnt, dem es gelingt, eine Mühle zu schließen (also drei Steine in eine gerade Linie zu bekommen).

Zeichnet das Spiel ab und spielt es zu zweit.

Das Delta-Spiel

Ein Spiel für zwei oder mehr Spieler.
Das Dreieck wird auf den Boden gezeichnet. Jeder Spieler hat fünf Spielsteine. Aus einer Entfernung von ca. 2 m wird reihum geworfen. Ziel ist es, die Steine auf Felder mit möglichst hohen Nummern zu werfen. Am Ende werden die Punkte zusammengezählt. Sieger ist, wer die meisten Punkte hat.

Über folgende Begriffe und Themen weißt du nun Bescheid:

> ▶ Großstadt Rom; villa (Atrium, Triklinium, Peristyl)
> ▶ familia, pater familias, matrona
> ▶ toga, tunica
> ▶ provincia, imperium Romanum, procurator
> ▶ Circus Maximus
> ▶ Namensgebung; Zeitrechnung; Zahlzeichen

Lektion 1

1 Setze *-t* oder *-re* ein, übertrage die Sätze in dein Heft und übersetze sie.

1. Ubi Quintus exspecta ? ?
2. Non place ? tace ? .
3. Asinus non cessa ? clama ? .
4. Cur canis sub sole¹ iace ? ?
5. Amica veni ? cessa ? .
6. Exspecta ? non place ? .

1) **sub sōle:** in der Sonne

2 Bilde sinnvolle Sätze, übertrage sie in dein Heft und übersetze sie.

amica		venit
Quintus	subito	est
canis	non	ardet
sol	non iam	exspectat
silentium		tacet

3 Welche Prädikate passen zum Subjekt? Schreibe die passenden Sätze in dein Heft.

Asinus

ardet
placet
tacet
iacet
exspectat
est

4 Zum Knobeln

Füge die kleinen Wörter passend in die Lücken. Ein Wort bleibt übrig. Die fett gedruckten Buchstaben ergeben in der Reihenfolge der Sätze ein dir bereits bekanntes Wort.

subito – e**cc**e – no**n** iam – **c**ur – eti**a**m – ub**i**

? Quintus stat et clamat?
? asinus clamat.
? placet exspectare.
? est Flavia?
? amica venit.

Lektion 1–2

5 Setze in den Plural und übersetze.

1. Equus appropinquat.
2. Villa placet.
3. Servus venit.
4. Ubi donum est?
5. Amicus gaudet.
6. Serva venire properat.
7. Amica non iam procul est.
8. Matrona gaudet.

6
1. Marcus und Aulus freuen sich.
2. Die Freundin erscheint nicht.
3. Die Sklaven nähern sich.
4. Flavia und ihre¹ Familie kommen.
5. Der Sklave und die Sklavin grüßen.
6. Wo sind die Geschenke?
7. Hund und Esel schweigen.
8. Warum lachen die Sklavinnen?

1) **ihre:** eius

7 Gesucht

Übersetze die Wörter. Welches weitere „kleine Wort" ergeben die bezifferten Buchstaben in den lateinischen Entsprechungen? Was bedeutet es?

aber (1.) – fern (5.) – dort (2.) – auch (3.) – sicherlich (4.) – nicht (2.)

8 Füge die zerrissenen Teile wieder zu passenden Sätzen zusammen. Schreibe die Übersetzung jeweils in dein Heft.

Lesen und Vertiefen I

Lektion 1–3

9 a Setze in den Akkusativ Singular und Plural.

insula – periculum – servus – matrona – donum

b Setze in den Akkusativ Singular.

equos – asinus – amicas – familia – nuntios

10 a Bilde die im Konjugationsschema jeweils folgende Form und übersetze.

iubeo – ridet – venis – properamus – estis – auditis – voco – parat – debes – parent – sum – respondetis – tacemus

b Wie lautet jeweils der Infinitiv der Formen?

11 Welches „Satzbild" gehört zu welchem Satz? S = Subjekt, P = Prädikat, O = Objekt

1. Quintus Flaviam vocat.
2. Nam amicam exspectat.
3. Sed Flavia non audit amicum.
4. Cur timet insulam Cretam?

12 Erzähle mit den angebotenen Wörtern zu diesem Bild eine Geschichte, die aus fünf kleinen Sätzen besteht.

eques
equus
equum
cuncti[1]
canis
periculum

... statim ... iubet
... valde latrat[2]
... non iam paret
nam timet
sed ... timent ...

1) **cūnctī:** alle 2) **lātrat:** (er) bellt

Lektion 1–4

13 Die nebeneinanderstehenden Wörter entsprechen sich in Kasus und Numerus. Füge den entsprechenden Signalteil an. Wo sind zwei Lösungen möglich?

amicorum	homin ?
servum	ardor ?
populi	senator ?
amicum	sol ?
nuntiorum	imperator ?
equos	consul ?

14 Setze die Wörter in Klammern in den Genitiv und übersetze die Verbindung.

regina (deae) – furor (homines) – amor (avus) – dea (amor) – ardor (spectacula) – equus (nuntius) – signa (dei) – verbum (imperator) – dona (amici) – periculum (furor)

15 Venus

1. Schau, da ist Venus, die Göttin der Liebe! 2. Welche[1] Begeisterung der Menschen! 3. Auch Quintus und Flavia sehen das Bild der Göttin. 4. Sie sitzen da° und hören kaum[2] das Toben des Volkes. 5. Warum gefällt ihnen° das Schauspiel der Pferde nicht?

1) **welche:** quantus 2) **kaum:** vix

16 Setze die richtigen Signalteile ein und übersetze.

-ant -arum -em -em -ent -es -et -i -is -iunt -orum -um -um

Homin ? imperator ? salut ? . Tum verba imperator ? aud ? et simulacra de ? atque de ? vid ? . Subito imperator sign ? spectacul ? dat. Quis furor ? homin ? tim ? ?

Treffpunkt Forum Romanum

Das ungefähr 480 m lange und 180 m breite Forum Romanum ist einer der wichtigsten Plätze in Rom. Hier spielt sich alles Leben ab. In Läden und an Ständen bieten Händler aus aller Welt ihre Waren an. Wahrsager und Wunderheiler machen Geschäfte, Musiker und Pantomimen sorgen für Unterhaltung. Prominente Politiker eilen zur Senatsversammlung in der Kurie oder stehen mit ihren Parteifreunden zusammen. Prozessionen und Festzüge überqueren den Platz, auf dem sich prächtige Tempel und Standbilder befinden. Kandidaten bewerben sich in scharfzüngigen Reden und mit Geschenken um ein Amt. Mächtige Basiliken (*basilicae*), zweistöckige Hallen, laden zum Besuch ein, denn in ihnen finden täglich Gerichtsprozesse statt. Stundenlang bleiben die Leute bei wichtigen Fällen dort stehen, um von Skandalen zu erfahren, über die Streitfälle mitzudiskutieren oder auch um die Redekunst der Anwälte zu bewundern.

Rekonstruktion des Forum Romanum, Soprintendenza alle Antichità, Rom.

LACHEN und SPIELEN –

ridere und *ludere*.   Die Infinitive sehen gleich aus!
ridē-re   *lud-ĕ-re*   Jetzt auch noch?

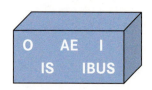

Bilde Verbformen mit den Bedeutungsteilen *ride-* und *lud-*. Die Signalteile für die Personen findest du in der gelben Kiste. Vorsicht: Bei *lud-* musst du (außer in der 1. Person Singular) „Hilfsbausteine" (Sprechvokale) einsetzen, damit die Formen keine Zungenbrecher werden:

u in der 3. Person Plural,   i in allen anderen Personen.

Wer gehorcht gerne? Es kommt darauf an, WEM!

Imperatori parere non semper placet. Senatores consulibus parent. Servi Domitio parere debent et servae matronae. Equus signo equitis statim paret. Equi equitibus parent. Quis paret asinis? Homines deis parere debent. Sed valde placet deae amoris parere.

Ordne mithilfe des Textes den Bedeutungsteilen *popul-, famili-, pericul-, homin-* die richtigen Signalteile für den **Dativ Singular** und **Plural** zu. Alle notwendigen Bausteine befinden sich in der blauen Kiste.

Der Juwelendieb

In Gedanken versunken, geht Quintus zum Forum Romanum. Immer wieder bleibt er kurz stehen und liest in einem Brief, den er soeben erhalten hat. Doch schließlich beschleunigt er seine Schritte, denn seine Freunde Gaius und Lucius erwarten ihn bestimmt ungeduldig.

Gaius et Lucius ante basilicam Iuliam[1] sedent et Quintum exspectant.
Ludunt, nam ludere amicis semper placet.
3 Lucius: „Quintus venire cessat. Cur basilicam[1] non intramus?
Pater Quinti, patronus causae, iam dicit."
Tum Quintum vident. Dum basilicae[1] appropinquat, epistulam legit.
6 Gaius: „Salve, amice! Cur cessas? Properare debemus."
Quintus: „Salvete, amici! Iam propero, sed epistulam lego, epistulam Flaviae."
Tandem amici basilicam[1] intrant et audiunt:
9 „… Nox est, iudices, cuncti[2] dormiunt.
Aliquis[3] in villam Rutilii invadit, cubiculo[4] Semproniae appropinquat, intrat.
Nunc homo smaragdos[5] sumit et decedit.
12 Statim Sempronia hominem audit et clamat.
Dum servi accurrunt, Sempronia stat et lacrimas dat.
Tandem etiam dominus accurrit.
15 Tum: ‚Sulpicium non video. Ubi est?'
Servi, dum furem quaerunt, etiam cubiculum[4] rei intrant.
Subito clamant: ‚Hic sunt smaragdi[5]!'
18 Sed reus arte et graviter[6] dormit.
Sulpicius fur non est, iudices, nam fures, dum fugae se[7] dant, dormire non solent."
Homines rident et Domitio oratori plaudunt.
21 Sed iudicibus verba patroni non placent – sedent et tacent.

1) **basilica (-ae) Iūlia (-ae)** f: Basilica Iulia (*ein von C. Julius Cäsar errichtetes Gebäude, in dem u. a. Gerichtsverhandlungen durchgeführt wurden*) 2) **cūnctī:** alle 3) **aliquis:** (irgend)jemand 4) **cubiculum, -ī** n: Schlafzimmer
5) **smaragdus, -ī** m: Smaragd 6) **artē et graviter:** tief und fest 7) **sē:** sich

▶ Worum geht es in diesem Kriminalfall? Erkläre, wie die einzelnen Personen in den Fall verwickelt sind.
▶ Wie würdest du als Richter urteilen? Begründe deine Antwort.

Lektion 5

1 Verbschlange

a Trenne die Verbformen, übersetze sie und nenne jeweils den Infinitiv.

LEGUNTSEDENTDICUNTDOSTASLEGOLU DIMUSAUDIMUSVENIUNTDEBETTIMETIS

b Setze die Formen in die entsprechende Form des Plurals bzw. Singulars und übersetze wieder.

2 WEM? WEM? WEM? WEM?

Setze in den Dativ und bilde einen Satz im Deutschen, in dem das Wort im Dativ vorkommt.

amici – patronus – iudex – homo – servae – senatores – avus – consul – regina – patres

3 Hier fehlt etwas!

Sicher entdeckst du sofort, welches Wort in den Sätzen fehlt. Mache die Sätze mithilfe der folgenden Wörter wieder vollständig und übersetze sie.

cessat – ante – pater – et – legit – plaudunt – epistula

1. Gaius et Lucius … basilicam¹ exspectant. 2. Quintus venire … 3. Tandem Quintus basilicae¹ appropinquat: Epistulam … 4. … Flaviae est! 5. Amici basilicam¹ intrant … audiunt: 6. … Quinti, patronus causae, iam dicit. 7. Homines rident et Domitio …

4 Verben im Team

Arbeitet zu dritt, höchstens zu viert. Jedes Team legt mit dem bisherigen Wortschatz eine Liste mit 20 deutschen Verbformen an (z. B. er liest). Die Listen werden unter den Teams ausgetauscht.
Welches Team hat zuerst alle Formen richtig ins Lateinische übersetzt?

5 Jeder hat so seine Gewohnheiten.

Bilde vier sinnvolle Sätze und übersetze sie.

	Dativ oder Akkusativ?		Singular oder Plural?
Eques Homines Servi Fur	villae gladiatores¹ equus dominus	plaudere incitare intrare parere	solere

6 Wer hält den Dieb?

Der Sklave Callidus wird Zeuge des Überfalls im Hause des Rutilius …

1. „Die Familie schläft, aber was höre ich? Wer dringt in die Villa des Herrn ein? 2. Ich sehe dort einen Menschen: Woher kommt er? Was sucht er? 3. Sieh da! Sempronia kommt angelaufen und schreit: ‚Sklaven! Sklavinnen! Wer hält den Dieb?' 4. Ich fürchte die Gefahren und mache mich davon (gebe mich der Flucht hin°), denn wir gehorchen unseren° Herren nicht immer."

Eine unangenehme Überraschung

1. Quintus Gaium amicum in forum¹ ducit¹. 2. Amici forum¹ intrant et Quintus Gaio simulacra deorum et imperatorum monstrat². 3. Appropinquant simulacro equitis. Simulacrum amico valde placet. 4. Subito homo apparet et dicit: „Quid quaeritis?" 5. Quintus homini respondet: „Nihil³ quaerimus, domine." 6. Homo non decedit, sed Gaium invadit, pecuniam⁴ sumit, tum fugae se⁵ dat. 7. Gaius clamat: „Furem captare⁶ debemus, Quinte." 8. Nunc simulacra amicis non iam placent, hominem quaerunt. Sed ubi est?

1) **dūcere:** führen 2) **mōnstrāre:** zeigen
3) **nihil:** nichts 4) **pecūnia, -ae** f: Geld
5) **fugae sē dare:** sich auf die Flucht begeben, sich davonmachen 6) **captāre:** fangen

In dubio pro reo – Römisches Recht

1 Geschriebene Gesetze

In jeder Gesellschaft werden Regeln für das Zusammenleben als Gesetze festgehalten. Die Römer taten dies zum ersten Mal im 5. Jh. v. Chr. Sie ließen ihre Gesetze in zwölf große Tafeln aus Bronze eingravieren. Diese Tafeln wurden auf dem Forum aufgestellt, damit jeder sie sehen konnte. Im Laufe der Jahrhunderte wurden viele Gesetze geändert und viele hinzugefügt. So entstand allmählich eine riesige Gesetzessammlung. Das römische Recht trat in Italien, Südfrankreich und Spanien nie ganz außer Kraft. Aber auch in fast allen anderen heutigen Ländern Europas entwickelte sich das Recht aus jener Gesetzessammlung. Sie ist damit eine grundlegende Voraussetzung für den Zusammenschluss der europäischen Länder in der Europäischen Union.

Überlegt, was für die Menschen in einer Gesellschaft durch aufgeschriebene Gesetze anders wird. Als Beispiel dafür könnt ihr auch über euch in der Schule sprechen: Habt ihr Regeln in der Klasse aufgeschrieben oder gibt es eine Schul- oder Hausordnung?

2 *In dubio pro reo* – „Im Zweifel für den Angeklagten"

Das ist ein wichtiger Grundsatz des römischen Rechts, der auch heute noch gilt.

Erkläre, was damit gemeint ist.

3 IUSTITIA

So wird die *Iustitia*, die Gerechtigkeit, oft dargestellt.

Beschreibe, was du siehst, und erkläre es.

Justitia, Brunnenfigur in Nürnberg.

4 Basilika: vom Gerichtssaal zu …?

Ursprünglich war eine Basilika eine öffentliche Versammlungshalle. Sie hatte mehrere Bereiche, die durch Säulenreihen abgetrennt waren. Oft fanden in ihr Gerichtsverhandlungen statt. Heute wird der Begriff Basilika meist für andere Gebäude verwendet.

Informiert euch darüber in einem Nachschlagewerk.

Reste der Basilica Iulia auf dem Forum Romanum.

Wie kommt man in die Provinz?

Wer durch das Römische Reich reisen will, kann das zu Wasser oder zu Lande tun. Zu Lande existiert ein ausgezeichnetes Straßensystem von ca. 85 000 km Gesamtlänge, sodass man mit Pferd oder Wagen in die entlegensten Winkel des Reiches gelangt. Allerdings kostet dies viel Zeit und es besteht die Gefahr, in die Hände von Straßenräubern zu geraten.

Wer sich für die Seereise entscheidet, sucht sich in Ostia, dem Hafen Roms, oder in Brundisium ein Handelsschiff. Passagierschiffe gibt es nämlich nicht und Kriegsschiffe nehmen natürlich keine Gäste mit. Kabinen haben die Frachtschiffe meist nicht. Daher halten sich die Reisenden während der Fahrt an Deck auf, was nicht immer angenehm ist. Da die Segel neben Rudern das einzige Antriebsmittel sind, muss man auf günstige Winde warten, um die Reise durchzuführen. Bei allzu heftigen Winden und Stürmen droht allerdings ein Schiffbruch.

Ein Schiff wird beladen, Wandmalerei aus Ostia.

Auf nach Kreta!

Im Hause der Flavier herrscht große Aufregung, denn man trifft Reisevorbereitungen.
Caecilia führt ein strenges Regiment: „**Parete** statim, servae! **Propera** tandem, Galla, **quaere** dominum! Et tu, Flavia, **tene** lacrimas!"
Der Hausherr ist ungeduldig: „**Dic**, Syre, cur equos non paras? **Accurrite**, servi, **properate**! Creta insula Flavios exspectat!"
Unsere Flavia hat andere Sorgen: „**Audite** me, o dei! Cur patri parere et in Cretam navigare debeo? **Audi** me, Venus, dea amoris! Ubi est Quintus amicus?"

Endlich Adjektive!

DOMINUS LAETUS   MATRONA MAESTA   MAGNUM DONUM   -us, -a, -um

Auf hoher See

Das Schiff der Flavier ist vor fünf Tagen aus dem Hafen von Brundisium ausgelaufen und befindet sich auf hoher See. Die Flavier stehen an Deck und atmen die salzige Meeresluft ein. Die Sonne strahlt vom wolkenlosen Himmel, Wellen klatschen an die Planken des Schiffes.

Iam diu Flavii in alto mari[1] navigant.
Flavius laetus est, Aulus et Marcus laeti sunt, nam ad terram novam cursum tenent;
3 neque Caecilia matrona iam maesta est.
Ventus est secundus et magister[2] navis ac nautae gaudent.
Sola Flavia maesta est, nam Quintum amicum cogitat.
6 Subito magna navis procul apparet.
Tum Aulus: „Vide, Marce! Pater, mater, videte!
Navis appropinquat."
9 Iam magister[2] nautas vocat et incitat:
„Audite, nautae! Piratae appropinquant.
Arma sumite! Abducite feminas in proram[3]!
12 Navem defendite! Piratas in fugam date!"
Ubique est clamor et tumultus[4].
Flavia valde timet neque lacrimas iam tenet,
15 Caecilia Iunonem vocat:
„O regina dearum! Audi me! Benigna[5] es!
Da nobis[6] auxilium! Defende periculum!"
18 Sed Iuno Caeciliam non audit.
Iam multi piratae in navem transiliunt[7].
Magnus est furor. Nautae acerrime[8] pugnant,
21 sed piratae superant.
Alios necant, alios in mare[1] praecipitant,
alios in insulam Cyprum abducunt.

1) **mare:** Meer / **in altō marī:** auf hoher See
2) **magister** (hier): Kapitän 3) **prōra, -ae** f: Vorderschiff
4) **tumultus:** lärmende Unruhe 5) **benĭgnus, -a, -um:** gütig, gnädig
6) **nōbīs:** uns 7) **trānsilīre:** (hinüber)springen
8) **ācerrimē:** erbittert

▶ Stelle alle Wörter zum Sachfeld „Seefahrt" zusammen. Welches weitere Sachfeld kannst du in diesem Text erkennen?

▶ Wie ändert sich die Stimmung an Bord? Wie wird dies sprachlich dargestellt?

Lektion 6

1 Tust du's – oder nicht?

Einer gibt „Befehle" – ein anderer antwortet.
▶ „Veni, Max!" – Max: „Iam venio." Oder: „Non venio."

a Bilde dazu den Imperativ von:
parere – rogare – salutare – tacere – clamare – audire – legere – dicere.

b Jetzt geht der „Befehl" an zwei Mitschülerinnen oder Mitschüler.

2 „Was für ein" dazu!

Setze das Adjektiv in Klammern in die passende Form und übersetze.

1. Ad terram (novus) navigant.
2. Ibi consules (novus) stant.
3. Consules (novus) salutamus.
4. Procul serva apparet. (Solus) est.
5. Ibi rei sedent. (Maestus) sunt.
6. Eques hominibus nuntium (laetus) apportat.
7. Nunc verba (magnus) oratorum audimus.
8. Caecilia servis (magnus) dona dat.

3 Einmal zwei bei drei

Für eines der folgenden Sätzchen gibt es zwei Übersetzungsmöglichkeiten. Erkläre deren Unterschied in der Bedeutung und in der Grammatik.

1. Serva est.
2. Serva nova est.
3. Serva nova hic est.

4 Das Multi-*i*

Aud*i*, serva, da senator*i* epistulam patron*i* nov*i*!

a Welche Formen enden bei den Verben auf *-i*, welche bei den Nomina? Schreibe sie auf und suche zu jedem ein weiteres Beispiel.
b Es gibt noch mehr „Multis". Überlegt gemeinsam.
c Legt euch zu jedem „Multi" eine Übersicht an, die man noch erweitern kann. Plant sie zusammen. Diese Übersicht könnt ihr auch als Plakat im Klassenzimmer aufhängen.

5 Kombiniere!

Stelle Substantiv-Adjektiv-Paare zusammen, die nach der Form zueinander passen.

homines	laetas
deis	novi
ventum	maesto
dona	magnis
consulum	multi
imperatoris	novorum
servas	secundum
reo	magna

6 Stimmung

1. Die Freunde sitzen vor der Villa.
2. Lucius fragt: „Quintus, was ist? 3. Du lachst nicht, du schweigst, du bist nicht fröhlich." 4. Gaius ruft: „Sicher denkt er an die Insel Kreta, wo seine Freundin nun ist." 5. Darauf entgegnet Quintus: „Ich bin traurig. 6. Ich warte auf einen Brief von Flavia. 7. Während wir hier sitzen, segelt Flavia zu dem neuen Land." 8. Jetzt schweigen auch Gaius und Lucius.

Die Seeräuberplage

1. Quintus et Gaius furem non iam vident. 2. Tandem Quintus amico dicit: „Roma magna est et multi homines hic habitant[1], etiam multi fures et homines mali[2], sed non piratae." 3. Gaius ridet: „Certe, piratis alia vita[3] placet. Vita[3] piratarum laeta est. Quid cogitas, Quinte?" 4. Quintus tacet; sed Gaius amicum incitat: „Responde, Quinte! Cur taces?" 5. Tum Quintus respondet: „Audi! Piratae hominibus pericula parant; in aliorum naves invadunt, ubique novam praedam[4] quaerunt, nautas necant, homines abducunt – etiam feminas!"

1) **habitāre:** wohnen 2) **malus, -a, -um:** böse
3) **vita, -ae** f: Leben 4) **praeda, -ae** f: Beute

navis – Reisen zur See

1 Auf dem Schiff

a Mithilfe der Abbildungen kannst du die Aussagen über die Schiffe richtig ordnen, indem du zu jedem Satzanfang das passende Ende findest. Die Buchstaben in Klammern ergeben als Lösungswort eine große Gefahr auf hoher See.

b Welche Aussagen gelten nur für das Kriegsschiff, welche nur für das Handelsschiff?

1. Ruder wurden …
2. Am Bug unterhalb des Wasserspiegels befand sich …
3. In der Mitte des Schiffes gab es …
4. An Bord befand sich …
5. Das Schiff wurde …
6. Die Beförderung von Waren war …
7. Auf dem Vorschiff befand sich …

Handelsschiff.

Kriegsschiff.

A. von etwa 300 Rudern vorwärtsbewegt. (t)
B. eine Truppe von ca. 120 Marinesoldaten, die mittels Enterbrücken ein anderes Schiff erstürmten. (a)
C. 35–40-mal billiger als auf dem Landweg. (a)
D. ein Rammsporn, mit dem ein anderes Schiff beschädigt werden konnte. (i)
E. ein weiteres Segel. (e)
F. meist nur zum Steuern verwendet. (p)
G. den Hauptmast mit dem Hauptsegel. (r)

2 Wo geht's hier nach Alexandria?

Römische Seeleute mussten sich bei der Orientierung auf See hauptsächlich auf die Gestirne (besonders den Polarstern im Norden) und ihre Erfahrung verlassen. Als Hilfen standen Karten und Küstenbeschreibungen zur Verfügung, denn man fuhr zur leichteren Orientierung gern an den Küsten entlang.
In wichtigen Häfen befanden sich Leuchttürme, die mit ihrem Feuer den Weg wiesen. Der berühmteste stand in Alexandria und war ca. 130 m hoch. Er zählt zu den sieben Weltwundern der Antike.

a Wie oft müsste euer Schulgebäude aufeinandergesetzt werden, bis es so hoch wie der Leuchtturm von Alexandria wäre?
b Findet durch Nachschlagen in einem Lexikon heraus, welches die anderen sechs Weltwunder waren.

Thermen sind nicht nur zum Baden da.

Da die meisten Wohnungen in Rom keinen Wasseranschluss haben, gibt es viele private Baderäume und öffentliche Bäder, die Thermen. Meist geht man am späten Vormittag dorthin. Nachdem der Badegast ein geringes Eintrittsgeld bezahlt hat, legt er im Umkleideraum seine Kleidung ab. Sicherheitshalber bleibt ein Sklave an den Kleiderfächern stehen, um auf die Sachen seines Herrn aufzupassen. In Holzpantinen betritt man zuerst den Kaltbaderaum, das *frigidarium*, um sich zu reinigen. Da es noch keine Dusche gibt, gießt ein Sklave kaltes oder warmes Wasser über die Körper der Badegäste. Im *tepidarium*, einem durch die Fußbodenheizung auf 20–25 °C erwärmten Raum, kann man sich ausruhen, massieren oder kosmetisch behandeln lassen. Im *caldarium* sind die Holzpantinen notwendig, denn dort wird der Fußboden bis zu 60 °C warm. Im Warmbaderaum stehen große Wannen für mehrere Personen. Wer sich abhärten will, geht auch in Schwitzkammern (*laconicum*), um sich gleich danach im fließenden kalten Wasser des Frigidariums abzukühlen. Diese „Badegänge" wiederholt man beliebig oft, geht zwischendurch in die *palaestra*, einen Hof für Sport und Spiel, oder in die Bibliothek. So vergehen mehrere Stunden auf angenehme Weise.

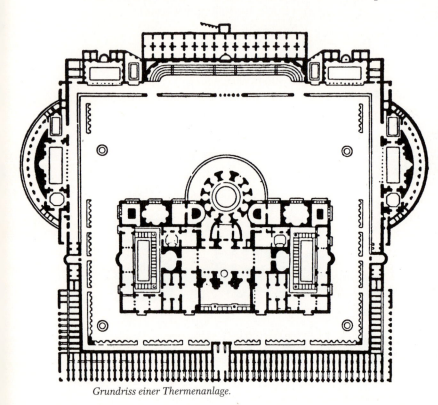

Grundriss einer Thermenanlage.

Neue Bausteine, aber nur im Singular!

Quintus *cum* Flavi**a** *in* for**o** ambulat. *Cum* Quint**o** ambulare Flaviae valde placet. Non semper placet *cum* patr**e** et matr**e** ambulare.

Während Quintus und Flavia über das Forum bummeln, vergnügen sich andere in den Thermen ...
Ecce, multi homines in therm**is**! sunt: dominus cum serv**is**, senator cum ali**is** senator**ibus**, consul cum amic**is**. Hominibus in laconic**is** (→ 7 L) sedere et in palaestra (→ 7 L) ludere placet.

Übersetze und erkläre, warum du dir für den **Ablativ Plural** keine neuen Bausteine zu merken brauchst.

Tod in den Thermen

Seit Flavias Abreise sind fast vier Wochen vergangen. Das alltägliche Leben hat Quintus wieder. Er unternimmt viel mit seinen beiden Freunden Gaius und Lucius und genießt den Spätsommer in Rom.

Quintus cum Lucio et Gaio amicis in foro ambulat,
sed nihil iucundum vident, nihil novum audiunt.
3 Itaque Quintus rogat:
„Cur non ad thermas¹ properamus? Ibi multae voluptates nos¹ exspectant."
Lucius: „Ego frigidarium² amo. Num aquam frigidam³ timetis?"
6 Amici rident et statim ad thermas¹ currunt.
Primo in palaestra⁴ pila⁵ ludunt.
Tum frigidarium² intrant neque diu in aqua manent, nam frigidissima³ est.
9 Dum in thermis¹ ambulant, in laconicum⁶ veniunt.
Ibi Tiberius Balbulus Calvus senator cum aliis senatoribus sedet.
Cum voluptate sudorem sibi absterget⁷.
12 Subito clamorem dat, oculos distorquet⁸.
Iam sine mente iacet.
Dum multi homines accurrunt et spectant, Quintus clamat:
15 „Venite, balneatores⁹! Auxilium date! Medicum vocate!"
Statim accurrunt. Tum unus e balneatoribus⁹:
„Quid video? Nonne hic iacet Balbulus Calvus senator? Iterumne sine mente est?"
18 Iam medicus accurrit. Balbulum diu spectat, sed nihil dicit.
Tandem ad balneatores⁹: „Portate Balbulum ex laconico⁶."
Dum senatorem ex-portant, medicus dicit:
21 „Tiberius Balbulus Calvus senator mortuus est."

1) **nōs:** uns 2) **frīgidārium, -ī** n: Kaltwasserbad 3) **frīgid(issim)us, -a, -um:** (sehr) kalt 4) **palaestra, -ae** f: Sportplatz
5) **pilā lūdere:** Ball spielen 6) **lacōnicum, -ī** n: Schwitzecke (*Teil des Warmbads*)
7) **sūdōrem sibī abstergēre:** sich den Schweiß abreiben 8) **distorquēre:** verdrehen 9) **balneātor, -ōris** m: Bademeister

▶ Welchen *voluptates* können die Jungen in den Thermen nachgehen?
▶ Was könnte zum Tod des Senators geführt haben?

1 Jetzt geht's rund!

Wandle um.

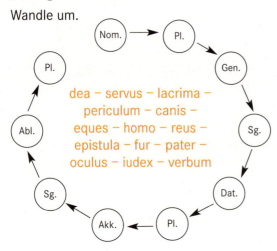

dea – servus – lacrima – periculum – canis – eques – homo – reus – epistula – fur – pater – oculus – iudex – verbum

2 Mit *cum*?

Welche der folgenden Wörter lassen sich mit *cum* verbinden?

amicis – canis – cito – equitibus – apporto – imperatore – homo – regina – roga – venis – populo – curro – matre – patronis – iudice – furis – reo – maneo – accurrere

3 Bitte mit *sine*!

pater maestus – multi homines – consul novus – mater laeta – multa arma – magnum periculum – nuntius iucundus – aliae naves – venti secundi

4 Irrläufer

Ein Wort passt nicht in die Reihe. Begründe deine Entscheidung.

in – ad – ante – cum
canis – mentis – nautis – noctis
sole – solo – soleo – signo
audis – voluptatis – navis – villis

5 Übersetze und bestimme jeweils die Sinnrichtung des Ablativs.

1. Quintus solus in foro stat. 2. Ibi sine amicis maestus est. 3. Tandem Lucius cum Gaio amico appropinquat. 4. Sed cur sine Tito veniunt? 5. Titus in thermis[1] est. 6. Ibi magna cum voluptate ludit. 7. Nunc etiam Quintus cum amicis ad thermas[1] properat.

6 In den Thermen

1. Quintus eilt mit Lucius und Gaius zu den Thermen[1]. 2. Dort erwarten die Freunde viele Vergnügungen. 3. Zuerst gehen sie in den Thermen[1] spazieren und suchen andere Freunde. 4. In der Palaestra[2] sehen sie Titus und Marcus. 5. Sofort laufen sie zu den Freunden. 6. „Worauf wartet (Was erwartet) ihr? Fürchtet ihr euch etwa vor dem Wasser?" 7. Während sie das Frigidarium[3] aufsuchen[4], hören sie großes Geschrei. 8. Ist da etwa ein Dieb?

1) **Thermen:** thermae, -ārum f 2) **Palaestra:** palaestra, -ae f 3) **Frigidarium:** frīgidārium, -ī n
4) **aufsuchen:** petere

Eine traurige Nachricht

1. Pater Quintum rogat: „Unde venis, Quinte?" 2. „Nonne vides, pater? Ex thermis[1] venio et novum nuntium apporto: Calvus senator in thermis[1] mortuus est!" 3. Pater: „Quid dicis? Est nuntius valde maestus. 4. Curre et nuntium ad matrem porta!" 5. Quintus statim ad matrem properat et dicit: „Audi, mater, nuntium maestum: Calvus, amicus patris, mortuus est." 6. Tum mater cum Quinto ad patrem venit et dicit: „Audisne, Gnaee? Num verum[1] est?" 7. Pater non sine lacrimis respondet: „Calvus iucundus homo et amicus fuit[2]!"

1) **vērus, -a, -um:** wahr
2) **fuit:** (er, sie) war, ist gewesen

thermae – Thermen in Rom

> X · K · IVL · IMP · NERVA · TRAIANVS · CAES · AVG · GERM · DACICVS ·
> THERMAS · SVAS · DEDICAVIT · ET · PVBLICAVIT
>
> *Am 22. Juni hat der Herrscher Nerva Traianus Caesar Augustus Germanicus Dacicus seine Thermen eingeweiht und dem Volk übergeben.*

1 Kaiser Trajan hatte in zwei Kriegen die Daker, die im Gebiet des heutigen Rumänien lebten, 106 n. Chr. endgültig unterworfen. Eine unermessliche Kriegsbeute strömte nach Rom. Aus dieser Beute finanzierte der Kaiser öffentliche Bauten, unter anderem eine **Thermenanlage**. Nach fünf Jahren Bauzeit wurde das riesige Bauwerk am 22. Juni 109 n. Chr. eingeweiht. Es blieb für Jahrhunderte Vorbild für gewaltige römische Bäderbauten. Nach einem ähnlichen Plan wurden später noch andere Thermen erbaut, deren kolossale Reste auch im heutigen Rom nicht zu übersehen sind. Zur Zeit des Kaisers Konstantin (um 300 n. Chr.) soll es allein in Rom 856 öffentliche Bäder gegeben haben. Natürlich gab es Thermen auch in allen anderen Teilen des Römischen Reiches, so etwa in Kempten.

2 Trajansthermen in Rom: Rekonstruktion des Caldariums

a Beschreibe die Tätigkeiten von fünf Personen, die auf dem Bild rechts abgebildet sind.
b Beschreibe die Funktionsweise der Heizung der Thermen anhand der Abbildung.
c Vergleiche das Freizeitangebot der Trajansthermen mit denen eines modernen Freizeitbades. Wo siehst du Gemeinsamkeiten, wo Unterschiede?

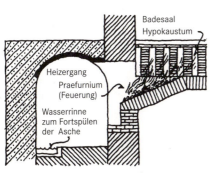

Funktionsweise der Heizungsanlagen.

Rom braucht Sklaven.

Kannst du dir ein Leben ohne Sklaven vorstellen? Ein Römer hätte sicher mit Nein geantwortet! Und tatsächlich ist Rom ohne Sklaven nicht denkbar. Etwa jeder vierte Einwohner ist Sklave. Sklaven arbeiten in der Küche oder auf dem Bau, sind Ärzte, Lehrer, Kindermädchen, Handwerker oder Künstler. Auch in der Verwaltung und in der Geschäftsführung von Unternehmen findet man Sklaven. Manche besitzen sogar das uneingeschränkte Vertrauen ihres Herrn. Dennoch sind sie rechtlich gesehen Sachen, die man kaufen und verkaufen, ja wie Maschinen benutzen kann, z. B. in Steinbrüchen oder Bergwerken. Oft werden Sklaven aber auch von ihrem Herrn freigelassen, z. B. als Belohnung für besondere Leistungen. Freigelassene haben aber noch nicht die gleichen Rechte wie ihre früheren Besitzer und sind diesen gegenüber weiterhin verpflichtet.

Sklavinnen frisieren eine Dame, Relief von einem Grabdenkmal (2./3. Jh. n. Chr.), Rheinisches Landesmuseum, Trier.

Auf dem Sklavenmarkt

① **In der ganzen Stadt** herrscht reges Treiben. Schon ② **am frühen Morgen** strömen die Römer auf den Sklavenmarkt. ③ **In Schweigen** verharren die Sklaven und Sklavinnen und warten auf ihre Käufer, während die Händler ihre „Ware" ④ **mit lauter Stimme** anpreisen: „Seht den starken Gallier! Ich gebe ihn euch für einen guten Preis!" Die Menschenmenge ist begeistert und die Sklavenhändler freuen sich ⑤ **über das gute Geschäft**. Ein Sklave klagt über sein trauriges Schicksal. Da ist so mancher Römer doch nicht frei ⑥ **von Mitleid** mit den armen Menschen.

a Finde zu jedem Kästchen das richtige Fragewort und notiere es.
b Ordne dann deine Fragewörter den folgenden Ausdrücken im **Ablativ** zu und übersetze diese nach dem Muster des Textes.

Menschenhandel

Während Quintus das Leben in Rom genießt, laufen Flavia und Galla – gekettet an andere – hinter einem Wagen her, der sie in eine kleine Stadt der Provinz Asia führt. Nach der Trennung von ihren Eltern und ihren Brüdern ist Flavia völlig verzweifelt, doch Galla kümmert sich liebevoll um sie und versucht immer wieder, ihr Mut zuzusprechen.

Tota urbe clamor ac tumultus[1] est.
Iam prima luce homines in forum conveniunt,
3   nam magnum spectaculum sperant.
Itaque mangonem[2], dum foro appropinquat, laetis clamoribus salutant.
Statim Flaviam cum aliis in catasta[3] venditioni[4] exponit.
6   Tandem magna voce clamat:
„Appropinquate, spectate, emite!
Ecce Alexander! Optime[5] valet, vitiis vacat, robustus est
9   et… magnus philosophus[1]. –
Da exemplum sapientiae, Alexander!"
Nunc Alexander: „Homines alii nati sunt domini,
12 alii servi, ut Aristoteles dicit.
Sed etiam servi homines sunt et cuncti homines sunt aequi.
Itaque nihil interest[6] inter dominos et servos …"
15 Tum homines valde rident et Alexander tacet.
„Optime[5], Alexander! Tu natus es ad servitutem.
Hic videtis Flaviam et Gallam.
18 Flavia domina esse solet, Galla serva.
Verbane Alexandri tenetis?
Nihil interest[6] inter dominos et servos.
21 Itaque hodie ambas[7] aequa servitus manet.
Nonne sunt bellae?"
Flavia stat neque verbis mangonis[2] gaudet.
24 Maesta de fortuna cogitat. Valde timet.
Subito unus ex hominibus:
„Sumo ambas[7], sed philosophus[1] non placet."

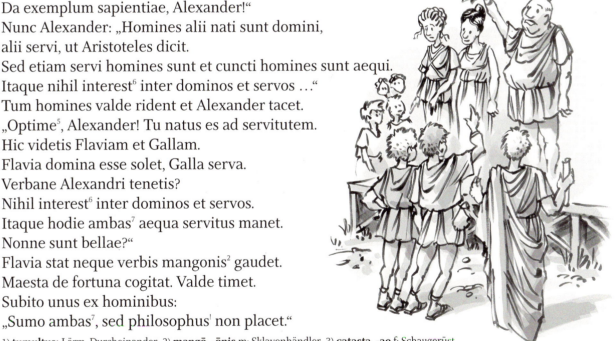

1) **tumultus:** Lärm, Durcheinander 2) **mangō, -ōnis** m: Sklavenhändler 3) **catasta, -ae** f: Schaugerüst
4) **venditiōnī:** zum Verkauf 5) **optimē:** sehr gut 6) **nihil interest:** es gibt keinen Unterschied
7) **ambās** (*Akk. Pl.*): beide

▶ Hältst du den Sklavenhändler für einen geschickten Verkäufer? Begründe deine Antwort.
▶ Wie legt der Verkäufer die Worte des „Philosophen" Alexander aus?

Lektion 8

1 Alles Ablativ oder was?

fuga – porta – quaere – patre – dono – do – ludis – venis – verbis – paratis – estis – equis – dormire – oratore – sole – soleo – vento – venio

2 *in* mit Ablativ oder mit Akkusativ?

Setze ein und übersetze:

in …
1. circ **?** venire, circ **?** pugnare, circ **?** properare
2. provinci **?** navigare, provinci **?** abducere, provinci **?** manere
3. aqu **?** praecipitare, aqu **?** ludere

3 Ein Multitalent

Der Sklavenhändler wittert heute ein besonderes Geschäft …

Seht her! Schaut ihn euch an, Cannix, den Gallier. <u>Mit dem Schiff</u> kam er aus der Provinz. Er arbeitet *mit* großem Vergnügen und stets *mit* fröhlichem Sinn. Er weiß sogar *mit* Waffen zu kämpfen. <u>Mit vielen Gladiatoren[1]</u> stand er schon in der Arena. Und hört! <u>Mit Hilfe</u> von Cannix könnt ihr eure Gäste <u>mit den Worten</u> der Philosophen erfreuen. Auch trägt er die Werke der Dichter *mit* angenehmer Stimme vor. Schickt ihn <u>mit anderen Sklaven</u> getrost auf das Forum – er wird nicht fliehen.

1) **Gladiator:** gladiātor, -ōris m

a In welchen Fällen muss *mit* mit *cum* übersetzt werden?
b Übersetze nur die unterstrichenen Wörter ins Lateinische.

4 Auf dem Sklavenmarkt

Setze die Praedicativa passend ein und übersetze.

serva – laeta – maesta – domina – primam

Spectate feminas bellas! Flavia **?** nata est, Galla **?** . Emite Gallam **?** , nam **?** parere solet. Ecce et Flavia! Non semper **?** stat et tacet, sed iucunda voce verba iucunda dicit.

5 *Quid convenit?*

Bilde möglichst viele sinnvolle Kombinationen und übersetze sie.

6 Mit oder ohne Präposition?

1. *Mit* großem Geschrei begrüßt das Volk schon *am* frühen Morgen (*beim* ersten Licht) die Händler[1] *auf* dem Forum.
2. Heute kommen sie *mit* vielen Sklaven *aus* allen Provinzen. 3. Nun warten Sklavinnen und Sklaven *auf* ihre° neuen Herren und hoffen *auf* ein günstiges Schicksal.
4. Sie sprechen bestimmt *über* das Land ihrer° Familie, denn sie sind traurig *über* die Knechtschaft. 5. Wer ist da frei *von* Tränen?

1) **Händler:** mercātor, -ōris m

Sklavenschicksal

1. Piratae nautas armis superant et multos homines in servitutem abducunt.
2. Ventis secundis in alias terras navigant et ibi captivos[1] ut asinos et equos exponunt. 3. Captivi[1] de fortuna maesta flent[2], sed alii homines laeta mente servos novos spectant et emunt.
4. Itaque quidam[3] philosophi[1] dicunt: „Homo homini lupus[4] est." 5. Est verbum maestum neque placet hominibus ad libertatem[5] natis. 6. Servi sperare non cessant. 7. Etiam Flavia inter lacrimas sperat et silentio cogitat: „Quis me e servitute liberabit[6]?"

1) **captīvus, -ī** m: der Gefangene
2) **flēre:** weinen, klagen 3) **quīdam:** manche
4) **lupus, -ī** m: Wolf 5) **lībertās, -ātis** f: Freiheit
6) **līberābit.** (er, sie) wird befreien

Et servi homines sunt. – Leben der Sklaven

1 Gespräch auf dem Sklavenmarkt

Alexander: Solche Idioten! Glauben, dass sie mit ihrem Geld alles kaufen können. Cogitationes sunt liberae! (*Die Gedanken sind frei!*)
Serva: Pst, nicht so laut. Du bekommst sonst Ärger. Woher weißt du denn so viel?
Alexander: Eigentlich stamme ich aus Griechenland. Meine Vorfahren waren reiche Grundbesitzer, die im Krieg gefangen und hierher gebracht wurden. Mein Vater arbeitete als Sklave in einer Bibliothek und so konnte ich schon als Kind lesen und schreiben lernen. Zum Glück hatte ich einen Herrn, der das erlaubte und mich sehr förderte. Und du?
Serva: Ich bin aus Germanien. Ich lebte dort mit meinen Eltern in einem kleinen Dorf. Eines Tages wurden wir von einer Räuberbande überfallen. Meine Eltern kamen um und ich wurde verschleppt und in Lugdunum (dem heutigen Lyon) als Sklavin verkauft. Viele Jahre arbeitete ich in der Weberei meines Herrn. Er gab mir immer etwas Geld, das ich auf die Seite legte, um mich irgendwann einmal freizukaufen. Dann aber verschuldete er sich und musste seinen Betrieb schließen. Er kann wirklich froh sein, dass es nicht mehr erlaubt ist, Leute wegen ihrer Schulden in die Sklaverei zu verkaufen. Sonst würde er jetzt auch hier stehen.
Da werden sie plötzlich durch den Sklavenhändler unterbrochen: Tacete, servi!

a Durch welche Umstände konnten im Römischen Reich Menschen zu Sklaven werden?
b Welche Möglichkeiten hatten Sklaven, ihre Freiheit zu erlangen?

2 Flucht

Dieser Anhänger hing am Hals eines Sklaven:

„Halte mich fest, damit ich nicht fliehe, und gib mich meinem Herrn Viventius auf dem Gut des Callistus zurück."

Welche lateinischen Wörter kannst du erkennen?

3 Sklaverei heute?

Wieso kann man auch hier von Sklaverei sprechen? Redet miteinander darüber.

Des einen Freud, des andern Leid

Der Schriftsteller und Philosoph Seneca († 65 n. Chr.) hatte eine Wohnung direkt über einer öffentlichen Thermenanlage. Seinem Freund Lucilius schildert er, was er dadurch Tag für Tag mitmachen muss.

Sieh nur: Von allen Seiten umtost mich Lärm der verschiedensten Art; ich wohne nämlich genau über einer öffentlichen Badeanstalt.
3 Stell dir einfach alle Arten von Geräuschen vor, die dich dazu bringen können, deine eigenen Ohren zu hassen:
Wenn die Muskelprotze trainieren und ihre mit Bleihanteln
6 beschwerten Hände auf und ab bewegen oder wenn sie sich mordsmäßig anstrengen oder auch nur so tun als ob, dann höre ich das Gestöhne, immer wenn sie ihren angehaltenen Atem
9 wieder ausstoßen: Ein Gezische und ganz und gar abstoßendes Geschnaufe ist das!
Und wenn ich beim Zuhören dann einmal auf einen unsportlichen
12 Faulenzer treffe, der schon mit dem ganz normalen Einsalben zufrieden ist, dann höre ich das Klatschen der Hand, wie sie auf die Schultern patscht: Je nachdem, ob die Hand flach oder mit
15 einer Wölbung aufschlägt, gibt es ein anderes Patsch-Geräusch. Wenn nun aber auch noch zufällig ein Ballspieler dazukommt und anfängt, lauthals seine Punkte zu zählen, dann ist es um mich
18 geschehen!
Jetzt tu noch einen Streithammel, einen Dieb, den sie gerade auf frischer Tat ertappt haben, und einen dazu, der sich selbst gern im
21 Bad singen hört, und dann füge denen noch diejenigen hinzu, die es lieben, mit einem gewaltigen Platscher ins Wasser zu springen, dass es nur so spritzt.
24 Na ja, bei denen sind, wenn sonst schon nichts stimmt, wenigstens die Stimmen echt, aber jetzt stell dir noch so einen schmächtigen Haarauszupfer mit seiner schrillen Stimme vor, die er immer und
27 immer wieder hervorquetscht, um größere Aufmerksamkeit zu erreichen, und der niemals Ruhe gibt, es sei denn, er zupft gerade einem die Achselhaare aus; aber dann zwingt er diesen, an seiner
30 Stelle herumzubrüllen…
Ja, und dann gibt es – jeweils mit unterschiedlichem Werbegeschrei – noch die fliegenden Getränkehändler, die Wurstverkäufer,
33 die Zuckerbäcker, die ihre Ware, jeder auf seine Art, laut anpreisen
…

Pech für die Piraten

Der bekannte römische Feldherr Cäsar traf auch einmal auf Piraten …

Caesar cum amicis nave in Graeciam navigat.
Subito magnum clamorem nautarum audiunt et vocant:
„Ecce, ibi multi piratae navi appropinquant!"
Caesar magna voce amicos et nautas incitat:
„Cur clamatis? Num timetis piratas?
Pugnate armis, defendite navem, superate piratas!"
Nam Caesar solus etiam magnis in periculis
alios mente aequa iubere potest[1].
Sed piratae cito in navem Romanorum invadunt
et magno furore cunctos fere[2] homines necant.
Caesarem in servitutem abducunt.
Sed Caesar furorem piratarum non timet.
Nam dicit: „Ego vos[3] non timeo.
Audite: Caesarem clarum[4] in servitute tenetis!
Cur non pecuniam pro captivo postulatis[5]?
Certe amici non cessant Caesari in auxilium accurrere."
Ac cito amici multas pecunias dant
et Caesarem e servitute abducunt.
Caesar vix liberatus[6]
statim cunctos amicos con-vocat et magna voce dicit:
„Populus Romanus piratis non cedit[7].
Itaque nunc mare[8] a piratis liberemus[9]!
Quid cessatis? Superate homines barbaros!"
Verba Caesaris cunctis placent.
Statim magno clamore cuncti ad naves properant
et cito ventis secundis in insulam piratarum navigant.
Ibi piratas invadunt, multos necant, cunctos superant.

1) **potest:** er kann, er vermag
2) **ferē:** fast, ungefähr
3) **vōs** (*Akk.*): euch
4) **clārus, -a, -um:** berühmt
5) **pecūniam prō captīvō pōstulāre:** Lösegeld für einen Gefangenen fordern
6) **vix līberātus:** kaum befreit (freigekommen)
7) **cēdere:** zurückweichen vor
8) **mare** (*Akk.*): Meer
9) **līberēmus ā** (*m. Abl.*): lasst uns befreien (*von*)!

„Non scholae, sed vitae discimus." – Schule und ‚Beruf' eines vornehmen Römers

1 Die Schullaufbahn

Die ersten Jahre: Jungen und Mädchen werden zu Hause meist von einer Sklavin erzogen.

Beim LUDI MAGISTER: Vom 7. bis zum 12. Lebensjahr gehen die Kinder von einem Sklaven (dem *paedagogus*) begleitet zum Unterricht in den *ludus*. In einem Laden am *forum* lehrt der *ludi magister* Lesen, Schreiben und Rechnen.

Beim GRAMMATICUS: Den Jungen erteilt bis etwa zum 17. Lebensjahr der *grammaticus* Unterricht in lateinischer und griechischer Grammatik. Die Werke griechischer und lateinischer Dichter werden gelesen, erklärt und oft auch auswendig gelernt.

Beim RHETOR: Jetzt folgt noch die Ausbildung in griechischer und lateinischer öffentlicher Rede (nur für Jungen). Meist schließt sich eine Bildungsreise nach Griechenland an.

a Worin siehst du wichtige Unterschiede zur Schule heute?
b Beschreibe, was auf der Abbildung dargestellt ist.
c „Nicht für die Schule, sondern für das Leben lernen wir." Wie lautet die lateinische Entsprechung dazu?

Libri[1] magistri[2], libri[1] amici.

1) **liber, -brī** m: Buch
2) **magister, -trī** m: Lehrer

Schulszene, Relief aus Neumagen (heute Landesmuseum Trier).

2 Berufstätigkeit?

Ein Angehöriger der römischen Oberschicht ging keinem Beruf im modernen Sinne nach. Ein Senator lebte normalerweise von den Einkünften seines landwirtschaftlichen Grundbesitzes. Angehörige der zweiten Einkommensklasse, die so genannten Ritter, verdienten ihr Geld meist als Großhändler oder Unternehmer. Man erwartete von den Vertretern der wohlhabenden Schichten, dass sie sich in politischen Ämtern in Rom, als Redner und Anwälte bei Gericht, in der Verwaltung der Provinzen und als Befehlshaber der Truppen betätigten.

3 Planspiel

Du bist ein römischer Großhändler, besitzt eine Handelsflotte und hast Geschäftspartner in Karthago, Alexandria, Tyros und Rhodos.
Alle halten wertvolle Waren für dich bereit, die in Rom reißenden Absatz finden.

a Wähle dir einen römischen Namen.
b Entnimm der Karte, welche Waren du bei den jeweiligen Händlern beziehen kannst.
c Plane eine Route für deine Handelsflotte. Bedenke dabei, dass die Schiffe vor Winterbeginn in Rom bzw. Ostia zurück sein müssen. Du hast daher noch zwei Monate Zeit. (Für das Beladen sind jeweils drei Tage einzuplanen.)

Über folgende Begriffe, Themen und Sprüche weißt du nun Bescheid:

▶ forum Romanum
▶ römisches Recht, Iustitia, basilica
▶ Reisen; navis
▶ thermae (frigidarium, caldarium)
▶ Sklaven
▶ schola (ludus, paedagogus, ludi magister, grammaticus, rhetor)

In dubio pro reo.

Lesen und Vertiefen II

Lektion 1–5

1a Setze den passenden Vokal ein und übersetze.

lud?nt, gaud?t, intr?nt, audi?nt, leg?t, s?nt, ven?t, accurr?t, cogit?nt

b Nenne die Infinitive.

2a Was signalisiert *-is* in den folgenden Formen?

dormis – servis – quis – furoris – canis – solis – dicis – deis – invadis – signis – avis – consulis – equis – ludis – estis

b Welche Formen sind Substantive, welche Verben?

3 Füge die Einzelteile zu Dativformen zusammen, schreibe sie in dein Heft und übersetze sie.

-li   -crimae   -stulis
-nis   -tibus
noc-   so-
-minibus   ho-   e-
la-   peri-   nun-
epi-   sig-   -tiis
-quo   -culis

4 Ein Brief von Flavia

1. Quintus liest Flavias Brief. 2. Der Brief gefällt Quintus sehr. 3. Briefe gefallen den Menschen nicht immer. 4. Doch Quintus sagt: „Während ich den Brief lese, ist Flavia nicht fern von mir[1]. 5. Die Freunde spielen und betrachten[2] Schauspiele. 6. Doch i c h denke an die Gefahren (Akk.) der Freundin."

1) **von mir:** ā mē 2) **betrachten:** spectāre

Lektion 1–6

5 Kombiniere sinnvoll, schreibe die Sätze in dein Heft und übersetze sie.

1. Sumite   A. auxilium!
2. Pugnate   B. arma!
3. Defendite C. piratas!
4. Superate   D. navem!
5. Date   E. tandem!

6 Suche alle Imperative heraus und bestimme die übrigen Formen.

gaude – amice – audi – furi – nauta – da – este – soli – lege – veni – ante – es – patres – equite – ecce – pugna – dare – sume – certe – dona

7 Gleiche die Adjektive an und übersetze.

1. Homines (laetus) sunt.
2. Matronam (maestus) saluto.
3. (Multus) spectacula spectamus[1].
4. Ventos (secundus) exspectant.
5. Senatores (novus) intrant.
6. Homines (magnus) oratori plaudunt.
7. Quid (solus) iudicibus non placet?

1) **spectāre:** betrachten

8 Der Überfall

1. Ein großes Schiff nähert sich. 2. Die Leute hören ungewöhnliches (neues) Geschrei. 3. Plötzlich erscheinen viele Piraten. 4. Das Toben der Waffen ist groß. 5. Die Matrosen verteidigen das Schiff. 6. Aber sie kämpfen vergeblich[1]. 7. Die Piraten besiegen die Römer.

1) **vergeblich:** frūstrā

Lektion 1–7

9 Verbinde die Präpositionen sinnvoll mit den Ablativen und übersetze.

sine
cum
e(x)
in

auxilio
amicis
asino
aqua
Creta
servis
consulibus
iudice

10 Suche die Formen heraus, die keine Ablative sind, und bestimme sie. Nenne zu den Ablativformen jeweils den Nominativ.

vento – clamo – mentis – medicis – sole – sine – voluptate – matri – terra – supera – nauta – armis – audis – lude – dicis – furibus – noctis – servis – ama – foro – primo – nonne

11 Übersetze. Welche Antwort erwartet Quintus jeweils vom Arzt?

Quintus medicum rogat:
1. Mortuusne senator est?
2. Nonne senator mortuus est?
3. Num senator mortuus est?

12 Stelle aus folgenden Sätzen einen sinnvollen Text zusammen.

1. Sed unus medicum vocat.
2. Tum sedent ante basilicam[1].
3. Lucius et Quintus in foro ambulant.
4. Tandem medicus venit, spectat, dicit:
5. Statim multi auxilium dare non cessant.
6. „Lucius dormit."
7. Subito Lucius sine mente iacet.

Lektion 1–8

13 Ablative

Finde eine sinnvolle Übersetzung.

laetum esse de silentio – tota provincia – sine periculis esse – superare alios sapientia – cum lacrimis audire – spectaculo gaudere – in Creta – vitiis vacare – cum voluptate ambulare – silentio iacere – prima luce

14 Wo werden die Substantive und Adjektive im Satz als Prädikatsnomen, wo als Praedicativum verwendet?

1. **Primus** inter aequos dico.
2. Quis **primus** inter homines est?
3. Pater **praetor**[1] est.
4. Pater Cretam **praetor**[1] administrat.
5. **Unus** e cunctis taceo.
6. Ego **solus** sum.

1) **praetor, -ōris** m: Prätor (*hoher Verwaltungsbeamter*)

15 Kombiniere die Teile zu Substantiven und übersetze diese.

specta-	-ia
sapient-	-or
volup-	-ex
nunti-	-tus
servi-	-culum
ard-	-tas
iud-	-us

16 In den Thermen

1. Schon am frühen Morgen (beim ersten Licht) sind wir in den Thermen[1]. 2. Die Sonne brennt heiß°; deshalb bleiben wir lange im Wasser. 3. Dort spielen wir nicht schweigend (in Stille), sondern feuern uns[2] mit lauter (großer) Stimme an. 4. Alle freuen sich an dem Spektakel[1]. 5. Doch die Thermen[1] sind nicht ungefährlich (frei von Gefahren).

1) **Thermen:** thermae, -ārum f 2) **uns:** nōs

Kampf auf Leben und Tod

Gladiatorenkämpfe sind in Rom so beliebt wie Wagenrennen. Speziell für diese Vorführungen haben die Kaiser Vespasian und Titus das *Amphitheatrum Flavium* erbaut, das später *Colosseum* genannt wird. Dort finden an vielen Tagen im Jahr Gladiatorenspiele statt. Nach dem Einzug der Kämpfer mit einer feierlichen *pompa* wird erst ein „Vorprogramm" geboten: Gladiatoren mit Holzschwertern liefern sich Schaukämpfe. Erst wenn Kriegstrompeten ertönen, beginnen die eigentlichen Kämpfe auf Leben und Tod. Kriegsgefangene und zum Tod Verurteilte, die in Gladiatorenschulen ausgebildet werden, kämpfen meist paarweise gegeneinander oder mit wilden Tieren. Besonders reizvoll finden es die Zuschauer, wenn unterschiedlich Bewaffnete antreten, wie z. B. Netzkämpfer gegen schwer bewaffnete Verfolger: Der Netzkämpfer (*retiarius*) kämpft mit einem Dreizack, einem Dolch und einem Wurfnetz, in das er seinen Verfolger (*secutor*) zu verwickeln sucht. Der mit Helm, Schild und Schwert schwer bewaffnete Verfolger scheint im Vorteil zu sein, ist aber aufgrund seiner Bewaffnung nicht so beweglich wie sein Gegner. Der Ausgang des Kampfes ist also ungewiss.

Deklinationsmarathon

puer laetus
ein fröhlicher Junge
Genitiv: puer-i laeti

homo pulcher
ein schöner Mensch
Genitiv: hominis pulchr-i

vir robustus
ein kräftiger Mann
Genitiv: vir-i robusti

servus miser
ein armer Sklave
Genitiv: servi miser-i

magnus ager
ein großer Acker
Genitiv: magni agr-i

a Vergleiche die *Bedeutungsteile*. Was stellst du fest?
b Setze die lateinischen Substantiv-Adjektiv-Kombinationen in alle Kasus (Singular und Plural).

In der Arena

Flavia und Galla sind an den gallischen Weinhändler Titus Aufidius Aridus weiterverkauft worden. Dieser hat sie auf sein Landgut in der Nähe von Nemausus (Nîmes im heutigen Südfrankreich) gebracht. Flavia beteuert immer wieder, sie sei eine frei geborene Römerin und dürfe deshalb nicht wie eine Sklavin behandelt werden. Um ihre Lage zu klären, darf sie einen Brief nach Rom schreiben. Sie muss aber – wenn auch leichte – Sklavendienste leisten. Gerade ist sie dabei, die Herrin zu frisieren ...

Flavia secum[1] cogitat:
„Quam pulcher est crinis[2], quam pulchra est domina! Quam bene cum servis agit.
3 Non est aspera, sed iucunda et bona.
Etsi Aufidius dominus asper et durus est, ego vitam miseram non ago.
Quam secunda fortuna est!"
6 Subito T. Aufidius Aridus cum Publio filio, puero decem annorum[3], apparet; veniunt ex agris.
Pater clamat: „Hodie gladiatores' spectare studemus."
9 Et puer: „Veni nobiscum[4], mater!"
Primo Maronilla matrona cessat, quod spectaculum gladiatorum' non amat.
Tandem Aufidii villa cedunt et amphitheatrum' petunt.
12 Dum intrant, gladiatores' iam pugnant, furor armorum iam ardet.
Homines gladiatores' magnis clamoribus incitant,
alii Columbum secutorem[5], victorem multarum pugnarum,
15 alii Pulchrum retiarium[6], virum magnum et robustum.
Ecce! Columbus retiarium[6] gladio petit sinistra, sed Pulcher ictum[7] defendit.
Tum Columbus retiarium[6] dextra petit et verbis asperis invadit.
18 Publius pugna valde gaudet.
Subito populus clamat: „Habet[8], habet[8]!"
Retiarius[6] miser in arena' iacet et mortem exspectat.
21 Maronilla horret neque iam spectat.
Tandem audit: „Mitte[9]!", et victori plaudit.
Dum Columbus arena' cedit, novi gladiatores' intrant, stant, salutant.

1) **sēcum:** im Stillen („bei sich") 2) **crīnis, -is** m: Haar 3) **decem annōrum:** zehn Jahre alt 4) **nōbīscum:** mit uns
5) **secūtor, -ōris** m: Verfolger 6) **rētiārius, -ī** m: Netzkämpfer 7) **ictum:** den Stoß 8) **habet:** er ist getroffen
9) **mitte:** lass ihn laufen! (*Aufforderung des Publikums an den Veranstalter der Spiele*)

▶ Wieso spricht Flavia in ihrer Situation von einer *fortuna secunda*?

▶ Inwiefern kann man bei diesem Gladiatorenkampf von zwei Siegern sprechen? Begründe deine Antwort.

1 Gut und schön

Setze die richtige Form von *bonus* und *pulcher* dazu.

amicus – femina – verbum – consul – pueri – nautae – verba – iudices – viris – matre – amicas – patris – hominum

2 In welche Klasse?

| ā-Dekl. | o-Dekl. m/n | Kons. Dekl. |

Lege eine Tabelle an und trage den Nominativ Singular folgender Formen ein.

terrae – senatori – nuntium – clamoris – equis – hominibus – vitium – navium – reos – regina – causis – donum – verba – vocum – sole – sapientiam – matrem – medici – signa – patrum – iudex – piratas

3 Ohne Verbindung

Wähle die passenden Konjunktionen und Subjunktionen aus, setze sie ein und übersetze die Sätze.

dum – itaque – nam – etsi – neque – quod – sed

1. In foro clamor magnus est, ? homines valde clamant. 2. Lucio placet inter homines esse, ? Gaio clamorem audire non placet. 3. ? thermas petit, ? Lucius in foro manet. 4. Placet Gaio in thermis esse, ? ibi silentium non est. 5. Lucius in foro ambulat ? laetus est: ? sine amicis esse non placet.

4 Mal unter- und mal beiordnen

Suche zur Verbindung der beiden Sätze drei geeignete Konjunktionen und drei geeignete Subjunktionen.

asinus clamat   equus tacet

5 Stimmt's?

Die Aussagen beziehen sich auf den Lektionstext. Entscheide, ob sie stimmen 👍 oder nicht 👎. Bei richtigen Antworten ergeben die Buchstaben von unten nach oben gelesen das Lösungswort.

	👍	👎
1. Aufidius dominus asper est.	M	C
2. Flavia vitam miseram agit.	A	U
3. Familia villa cedit.	E	R
4. Etiam Flavia amphitheatrum petit.	T	S
5. Dum intrant, multos gladiatores mortuos vident.	R	S
6. Maronillae spectaculum valde placet.	A	O
7. Puer pugna non gaudet.	M	L
8. Homines gladiatores incitant.	O	I
9. Maronilla victorem defendit.	R	K

6 Klage der Sklaven

1. Wir führen ein elendes Leben, denn die Herren sind hart und roh. 2. Immer befehlen sie: 3. „Komm! Lauf! Beeil dich! Schweig, denn du bist ein Sklave!" 4. Sie pflegen in der Villa zu sitzen und auf dem Forum spazieren zu gehen, während die Sklaven auf den Feldern sind, eilen und rennen. 5. Sind wir denn keine Menschen, auch wenn wir als Sklaven geboren sind? 6. Unser° Schicksal ist nicht gut!

Vor dem Gladiatorenkampf

1. Hodie in amphitheatro multi homines sedent, non solum[1] viri, sed etiam feminae et pueri. 2. Etiam Publius puer ibi est et patrem rogat: „Quid de novis gladiatoribus cogitas, pater?" 3. Pater respondet: „Novi sunt; certe viri duri ac robusti sunt. Ego spectaculum pulchrum exspecto." 4. Tum Publius matrem rogat: „Et tu, mater, quid cogitas? Nonne gaudes?" 5. Mater dicit: „Dubito[2]. Nam etsi spectatores gaudent, gladiatores mortem timere debent. Vita gladiatorum aspera et mors maesta est."

1) **solum:** nur 2) **dubitare:** Zweifel haben

panem et circenses – Brot und Spiele im Kolosseum

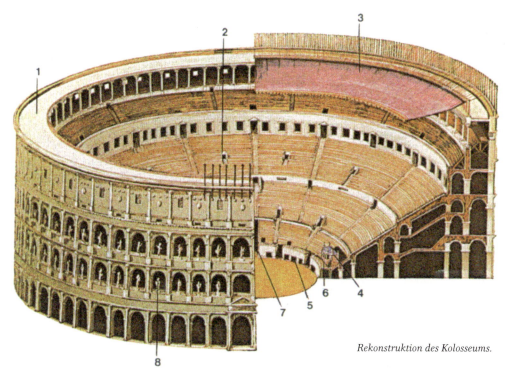

Rekonstruktion des Kolosseums.

Einlass für die wilden Tiere (T)   1 Rundgang   5 ?
Kaiserloge (I)   2 Ausgänge   6 Podium für prominente Zuschauer
Nischen mit Statuen (E)   3 ?   7 ?
Einlass für die Gladiatoren (T)   4 ?   8 ?
Sonnendach (M)

Als Vorbild für die Amphitheater in Nemausus und in anderen Städten des Römischen Reiches diente das **Kolosseum** in Rom. Dieses wurde im Jahre 80 n. Chr. eingeweiht. Es war 48 m hoch, 188 m lang und 156 m breit und fasste um die 60 000 Zuschauer. **Amphitheatrum Flavium** war sein offizieller Name, benannt nach der Kaiserfamilie der Flavier, die es errichten ließen. Später aber wurde es Kolosseum genannt nach einer kolossalen Statue, die in der Nähe stand: die 35 m hohe Statue des Kaisers Nero.

a Bei der Rekonstruktion siehst du Erklärungen für die einzelnen Bereiche. Einige musst du noch zuordnen. Die Buchstaben ergeben ein lateinisches Lösungswort.
b Vergleiche die Abbildung des modernen Fußballstadions mit der des Kolosseums. Welche Gemeinsamkeiten und welche Unterschiede stellst du fest?
c Kennst du Veranstaltungen aus unserer Zeit mit Parallelen zu den römischen Gladiatorenspielen?

Stade de France in St. Denis, Fußball-WM 1998.

Kulturloses Gallien?

Als Gallien bezeichnet man das Gebiet, das in etwa dem heutigen Frankreich entspricht. Vor der römischen Eroberung lebten dort vorwiegend Kelten, die die Römer auch Gallier nannten. Eine wichtige Person bei den Galliern ist der Druide. Er erfüllt viele Aufgaben. Er ist Richter, Lehrer, Arzt, Priester und Berater des Königs in einer Person. Er entscheidet in allen Streitfällen und setzt die Strafen fest; ohne ihn pflegt der König nichts zu unternehmen oder zu entscheiden. Als Priester ist der Druide auch für das Darbringen der Opfer zuständig. Allgemein üblich sind Tieropfer, aber es gibt auch – wie in vielen frühen Kulturen – Menschenopfer.

Im 2. Jh. v. Chr. begannen die Römer, gallische Gebiete zu erobern, und nannten das zuerst eroberte Gebiet (im heutigen Südfrankreich) *provincia*. Daraus entstand der heutige Name Provence. Der römische Feldherr Gajus Julius Cäsar dehnte später die römische Macht auf ganz Gallien aus, dessen Bewohner sich anfangs zwar heftig wehrten, sich dann aber doch schnell in das Römische Reich eingliedern ließen.

Die erste Vergangenheit

Flavia schwärmt von Rom. Die gallischen Sklaven hören gespannt zu, doch sie verstehen nicht alles …

Flavia: Semper cum Quinto amico in foro **ambulabam** et in Circo Maximo **sedebam**.
Servi: **Ambulabas**! **Sedebas**! Sed quid est ‚foro‘, quid est ‚Circo Maximo‘?
Flavia: Ibi quadrigis (→ 4 L) **plaudebamus**.
Servi: **Plaudebatis**! Sed ‚quadrigis‘, quid est?
Flavia: Semper etiam imperator in circum **veniebat**.
Servi: Quid est ‚imperator‘?
Flavia: Cuncti homines imperatori **parebant**.
Servi: Aufidio domino semper paremus. Audite, amici! Aufidius est imperator!

a Zur Bildung des **Imperfekts** verwendest du im Singular und Plural dieselben Person-Zeichen wie im Präsens, mit Ausnahme der 1. Person Singular. Woher kennst du dieses Person-Zeichen bereits?
b Welchen gemeinsamen Baustein haben die **Imperfektformen**?
Nimm bei den Imperfektformen die letzten beiden Bausteine weg und nenne die Infinitive.
c Was stellst du fest?

„Ihr wart Barbaren!"

Während T. Aufidius Aridus mit seiner Frau und seinem Sohn im Amphitheater von Nemausus den Spielen zusieht, arbeiten Flavia und Galla gemeinsam im Haus.

Flavia, dum cum Galla cenam parat, dicit:
„Domina nata sum, non serva.
3 Romae servi mihi[1] parebant;
nunc ego pareo et dominae placere studeo.
Romae non laborabam, sed servis labores imponebam;
6 nunc domina mihi[1] labores imponit",
et magna voce addit: „Libera puella sum.
Labores me[1] digni non sunt."
9 Tum Galla: „Quid dicis, Flavia?
Neque ego neque Galli ad servitutem nati sumus.
Quondam liberi eramus et…"
12 Flavia: „Homines barbari eratis et moribus asperi."
Galla: „Erras, Flavia. Galli humanitate non carebant.
Druides[2] magnum exemplum dant.
15 Nemo eos[3] sapientia superabat.
De cunctis controversiis[4] publicis ac privatis statuebant.
Nemo druides[2] non audiebat."
18 Flavia: „Sed ut reges cum populo agebant
et deis homines sacrificare solebant.
Num hic[5] mos exemplum humanitatis est?
21 Num tu hunc[5] morem humanum dicis?
Romani Gallis mores imponere debebant."
Galla nihil respondet.
24 Maesta est, quod Flavia adhuc se[6] dominam putat
neque mentem mutare cogitat.

1) **mihī/mē:** mir/für mich, meiner 2) **druidēs, -um** m: Druiden
3) **eōs:** sie (Akk. Pl.) 4) **contrōversia, -ae** f: Streitigkeit, Rechtsfall
5) **hic** (Nom. Sg. m)/**hunc** (Akk. Sg. m): diese(r)/diese(n) 6) **sē:** sich

▶ Wodurch wird deutlich, dass Flavia sich immer noch als Herrin fühlt?
▶ Warum spricht Galla von den Druiden? Wie stellt sie diese dar?

Lektion 10

1 Schneller Wechsel

Wandle um und übersetze. Vorsicht bei 🔄, denn hier musst du die Form beibehalten, aber das Verb wechseln.

a pareo ⇨ Pl. ⇨🔄 dicere ⇨ 2. P. ⇨🔄 cogitare ⇨ Sg. ⇨🔄 placere ⇨ 3. P. ⇨🔄 agere ⇨ Pl. ⇨🔄 audire ⇨ 1. P. ⇨🔄 dare ⇨ Sg. ⇨🔄 debere

b supero ⇨ Pl. ⇨🔄 esse ⇨ 2. P. ⇨🔄 parare ⇨ Sg. ⇨🔄 studere ⇨ 3. P. ⇨🔄 respondere ⇨ Pl. ⇨🔄 petere ⇨ 1. P. ⇨🔄 solere ⇨ Sg. ⇨🔄 emere

2 *Quondam…*

Setze die Verben in Klammern ins Imperfekt und übersetze.

… servi dominis (parere).
… servae cenam (parare).
… domini vitiis (vacare).
… filius verba patris (audire).
… populus miser non (esse).
… cuncti homines laeti (esse).
… vos epistulas (legere).
… homines iam prima luce (convenire) et (laborare) neque in foro (ambulare).
Sed nunc?

3 Zirkeltraining

Suche für jede Verbform die „Startposition". Konjugiere einmal im Uhrzeigersinn. Übersetze jede Form.

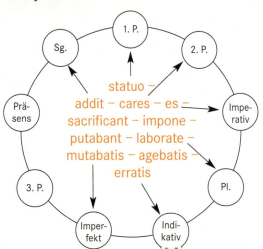

statuo – addit – cares – es – sacrificant – impone – putabant – laborate – mutabatis – agebatis – erratis

4 Verben-Puzzle

Aus elf Puzzle-Teilen kannst du 23 verschiedene Verbformen bilden.

5 Flavia klagt über ihr Schicksal.

1. In Rom war ich eine Herrin, keine (nicht eine) Sklavin. 2. Ich gehorchte keinem (nicht einem) Herrn, mir aber gehorchten die Sklaven. 3. Ich aber war eine gute Herrin, denn niemand übertraf mich an Menschlichkeit. 4. Sicherlich sind Sklaven Barbaren. 5. Deshalb musste ich den Sklaven gute römische Sitten beibringen (auferlegen) und ihre Denkweise ändern. 6. Heute aber muss i c h den rohen Galliern gehorchen, die[1] sogar Menschen zu opfern pflegten. 7. Oh ihr Götter, hört mich an!

1) **die:** quī

Ein ungelöster Streit

1. Galla maesta erat, quod Flavia Gallos detrectare[1] studebat. 2. Diu tacebat; sed nunc magna voce respondet: „Romani in multas terras invadebant et multos populos armis superabant. 3. Ubi est humanitas populi Romani? 4. Gallia erat terra libera, nunc est provincia. 5. Sed quid est ‚provincia'? Est terra capta[2]! 6. Romani multos homines necabant, aliis populis mores Romanos imponebant, homines liberos in servitutem abducebant. 7. Et nunc Romani provincias ut reges administrant." – 8. Subito domina intrat, servae tacent.

1) **dētrectāre:** herabsetzen, schlechtmachen
2) **captus, -a, -um:** (gewaltsam) erobert

„Veni, vidi, vici!" – Gajus Julius Cäsar

1 *Gajus Julius Cäsar*, der Feldherr, der in mehrjährigem Kampf die gallischen Stämme unterwarf und Gallien zur römischen Provinz machte, lebte von 100 bis 44 v. Chr.

a Von seinem Namen sind zwei Bezeichnungen für Herrscher abgeleitet: K ? und Z ?
b Cäsar ist dir sicherlich aus der Comic-Serie „Asterix" bekannt. Was ist die Ausgangssituation für die Geschichten? Beschreibe, wie die Römer dargestellt werden.

C. Iulius Caesar.

2 Berühmte Sprüche

Von Cäsar sind auch einige Aussprüche berühmt geworden:
„Veni, vidi, vici." – „Ich kam, sah und siegte", soll er nach einer Schlacht, die er schnell für sich entscheiden konnte, gesagt haben.
„Alea iacta est." – „Der Würfel ist gefallen", sollen seine Worte gewesen sein, als er von Gallien aus über den Grenzfluss Rubikon nach Italien einmarschierte.
Er begann damit einen Bürgerkrieg gegen seine politischen Gegner um die Herrschaft in Rom. Daher ist auch **„den Rubikon überschreiten"** zu einer Redewendung für eine unwiderrufliche Entscheidung geworden.

Denke dir Situationen aus, in denen jemand diese „Sprüche" Cäsars und die Redewendung verwenden könnte.

3 Tochtersprache

Der Einfluss der Römer in den von ihnen besetzten Gebieten wirkte sich in vielen Bereichen aus, natürlich auch in der Sprache.

Den folgenden französischen Wörtern liegen lateinische zugrunde. Nenne sie und ihre deutsche Bedeutung.

silence – défendre – cause – aimer – terre – nouveau – fils – apporter – vent – bien – ami – digne – répondre – public – signe – province – dur – amour – bon – entrer – femme – mort – courir – libre – humain – venir – voix

Erobert, aber nicht besiegt

Viele Römer halten die Gallier für Barbaren. Ebenso haben einst die Griechen auf die Römer herabgeblickt: Menschen, die nicht Griechisch sprachen, hielten sie für unzivilisiert. Als die Römer griechische Städte in Süditalien und später in Griechenland erobert hatten, mussten die Sieger schnell erkennen, dass ihnen die besiegten Griechen auf vielen Gebieten überlegen waren: Ob Theater oder Philosophie, Medizin oder Mathematik, Dichtung oder Malerei – die Griechen konnten es einfach besser. Darauf reagierten die Römer zunächst herablassend: Sie nannten griechische Philosophen oder Redelehrer, die in vornehmen römischen Häusern Sklavendienste leisteten, oft *Graeculi,* Griechlein. Bald aber erschienen ihnen griechische Literatur, Philosophie, Architektur oder Kunst vorbildlich. So kam griechische Lebensart allmählich in Mode, Griechisch sprechen zu können, war ein Zeichen von Bildung und wohlhabende Römer ließen ihre Söhne in Rhodos oder Athen studieren.

Das Odeion (kleines Theater) auf Rhodos.

Die zweite Vergangenheit

Aufidius Aridus ist ein strenger Herr. Auch Flavia und Galla müssen eine Strafpredigt über sich ergehen lassen...

Aufidius:	Tu, Galla, non statim **properav**`isti` cenam parare. Properasne nunc?
Galla:	Non bene **laborav**`i`, nunc autem bene laboro.
Aufidius:	Labor servarum novarum dominae non **placu**`it`. Nunc labor placet.
	Servae tacere debent. Cur non **tacu**`istis`?
Flavia et Galla:	Semper **ris**`imus`. Nunc non iam ridemus.
	Cuncti de servis non bene **dix**`erunt`. Nunc bene dicunt.

a Das **Perfekt** hat neue `Signalteile`. Ordne sie der Reihe nach.
b Was ist bei den Perfektformen im ersten Abschnitt noch verändert?
c Welche Veränderungen stellst du bei den restlichen Perfektformen fest?
d Der Bedeutungsteil im Perfektstamm von *esse* lautet `FU-`. Bilde alle Formen.

Griechen haben Römer gerettet!

M. Flavius Lepidus und sein Sohn Aulus sind gerade in Rom angekommen. Sofort begeben sie sich zum Haus des Gnaeus Domitius Macer. Dieser bittet sie höchst überrascht herein. Während die beiden Väter sich zurückziehen, bestürmt Quintus seinen Freund Aulus mit Fragen.

Q: Unde venitis? Cur non estis in insula Creta? Quid hic agitis?
A: Desine rogare et audi!
3 Iam Cretae appropinquabamus,
   cum subito piratae in navem invadere paraverunt.
   Quamquam nos[1] acerrime[2] defendebamus, piratae superaverunt.
6 Patrem et me in mare[3] praecipitaverunt.
Q: Quid de ceteris? Quis te, quis patrem servavit?
A: Sortem matris et Flaviae et fratris ignoro,
9 nos[1] autem nautae Graeci servaverunt.
Q: Hercule[4]! Graeculi[5] Romanos servaverunt!
A: Sic est. Sed audi!
12 Iam diu in aqua eramus, iam fessi[6] eramus,
   sed pater de salute non desperavit.

   Ac profecto dei auxilium non negaverunt:
15 Tabulas[7] miserunt, ad quas adhaesimus[8].
Q: Nonne timuisti?
A: Valde timui, sed fortuna secunda fuit:
18 Navis enim Graeca apparuit.
   Graeci nos[1] ex aqua traxerunt et Miletum portaverunt.
   Ibi nobis[1] magna humanitate auxilium praebuerunt.
21 Apud Apollonium enim hospitem mansimus et …
Q: Nonne Flaviam et Marcum et Caeciliam quaesivistis?
A: Ubique quaesivimus, multos interrogavimus, sed nihil audivimus.
24 Tandem Apollonius sic dixit:
   ‚Si di volunt[9], Caecilia et Flavia et Marcus adhuc vivunt.
   Certe vivunt, nam piratae pretium petere solent.
27 Proinde Romam navigate et exspectate!'
   Itaque nunc hic sumus.

1) **nōs** (*Akk.*)/**nōbīs** (*Dat.*): uns 2) **ācerrimē**: erbittert 3) **mare** (*Akk.*): Meer 4) **herculē**: beim Herkules!
5) **Graeculus, -ī** m: *abwertende Bezeichnung für einen Griechen* 6) **fessus, -a, -um**: erschöpft
7) **tabula, -ae** f: Planke, Brett 8) **ad quās adhaesimus**: an die wir uns anklammerten 9) **volunt**: (sie) wollen

▶ Wodurch drückt sich die Neugier des Quintus aus?
▶ Untersuche die Antworten des Aulus auf die Verwendung der verschiedenen Tempora hin.

Lektion 11

1 Kombiniere richtig!

Schreibe die Verbformen auf und übersetze sie.

specta / cogita / vaca

-ba- / -v-

erunt, s, it, i, mus, t, tis, isti, istis, m, nt, imus

2 Präsens sucht Perfekt und umgekehrt.

Suche zu den Formen in Spalte 1 jeweils die Entsprechung – in Person und Numerus – in Spalte 2 und notiere die zugehörigen Buchstaben der Reihe nach.
Wie lautet das Lösungswort?

1		2	
statuis	s	convenitis	a
intraverunt	p	audivit	i
mutavistis	r	addunt	e
studet	v	erravisti	u

3 Ergänze die fehlenden Formen.

?	?	studuisti
placet	placebat	?
?	parebam	?
timetis	timebatis	?
?	?	praebuimus

4 Imperfekt – Perfekt – Präteritum

plausi – iusserunt – risi – mansisti – cessistis

a Übersetze in das deutsche Präteritum.
b Bilde zu allen Formen die entsprechende Form von *esse* im Imperfekt und Perfekt.

5 Wie steht das im Wörterbuch?

Verben werden in lateinischen Wörterbüchern oft in der 1. P. Sg. Präs. angegeben. Wonach suchst du also, wenn du folgende Verben finden willst?

petivit – quaesivit – invasit – dixit – exposuit – sumpsit – arsit – lusit – misit – vixit

6 Wenn..., dann...

Setze die Verben in Klammern in die passende Form des Perfekts und übersetze.

Quintus macht sich Sorgen.
Si piratae Flaviam in aquam (praecipitare),
certe iam mortua est.
Si dei Flaviae auxilium (praebere),
de salute amicae non iam despero.
Si fortuna secunda (esse),
cuncti adhuc vivunt.

7 Eine unheimliche Begegnung

1. Schon lange segelten wir auf dem Meer[1] und suchten Land. 2. Im Morgengrauen (beim ersten Licht) erschien in der Ferne plötzlich ein großes Schiff. 3. War es ein römisches Schiff? 4. Schon näherte es sich rasch, als plötzlich einer von (aus) den Männern mit lauter Stimme rief: 5. „Seht, niemand ist auf dem Schiff! Es segelt ohne Matrosen!" 6. Wir fürchteten uns sehr, denn wie alle Seeleute kannten[2] wir das Schicksal des unglücklichen Schiffes genau[2].

1) **auf dem Meer:** in marī
2) **genau kennen:** nōn īgnōrāre

Eine sagenumwobene Insel

1. Creta est insula magna et fabulosa[1].
2. Audite fabulam[2] de insula Creta!
3. Quondam hic habitabat[3] Minotaurus, monstrum[1] asperum. 4. Rex insulae erat Minos. 5. Quod homines Minotaurum timebant, rex Minos Daedalum in insulam vocavit. 6. Daedalus Minotauro magnum labyrinthum construxit[4]. 7. Tum Daedalus cum Icaro filio ex insula decedere cogitabat. 8. Sed Minos virum et puerum tenuit. 9. Itaque Daedalus sibi[5] et filio alas[6] construxit[4] et libertatem[7] fuga petivit.
10. Icarus autem in aquam praecipitavit et pater morte filii maestus erat.

1) **fābulōsus, -a, -um:** sagenumwoben 2) **fābula, -ae** f: Sage, Geschichte 3) **habitāre:** wohnen 4) **cōnstrūxit:** (er, sie) baute, hat gebaut 5) **sibī:** (für) sich (Dat.)
6) **āla, -ae** f: Flügel 7) **lībertās, -ātis** f: Freiheit

alpha, beta, gamma – Griechische Schrift

1 Vieles lernten die Römer von den Griechen. Sogar das lateinische Alphabet ist weitgehend von den Griechen übernommen. Viele griechische Buchstaben kannst du gewiss ohne Mühe lesen.

a Wie entstand die Bezeichnung „Alphabet"?
b Schreibe die Buchstaben ab und präge dir ihre Aussprache ein.
Schreibe deinen Namen und den einiger Mitschülerinnen und Mitschüler (für u, v und w verwendest du ου).

Α α	Β β	Γ γ	Δ δ	Ε ε	Ζ ζ	Η η	Θ θ
alpha	beta	gamma	delta	e psilon	zeta	eta	theta

Ι ι	Κ κ	Λ λ	Μ μ	Ν ν	Ξ ξ	Ο ο	Π π
iota	kappa	lambda	my	ny	xi	o mikron	pi

Ρ ϱ	Σ σ ς	Τ τ	Υ υ	Φ φ	Χ χ	Ψ ψ	Ω ω
rho	sigma	tau	y psilon	phi	chi	psi	o mega

αι = ai, ει = ei, οι = oi, αυ = au, ευ = eu, ου = u, ‚h' wird nicht geschrieben.

2 An vielen Wörtern, die aus dem Griechischen ins Lateinische übernommen wurden, kann man den starken Einfluss der griechischen Sprache und Kultur erkennen.

a Griechen lebten auch in Süditalien und Sizilien. Ordne die griechischen Namen den lateinischen Varianten zu.
ΣΥΡΑΚΟΥΣΑΙ ΜΕΣΣΑΝΑ ΝΕΑΠΟΛΙΣ – NEAPOLIS SYRACVSAE MESSANA

b Griechische Wissenschaft und Dichtung haben die Römer sehr beeindruckt. Manche Fächer haben heute noch ihren griechischen Namen. Welche kennst du? Was stellst du dir unter den anderen vor? Wie heißt der berühmteste griechische Philosoph?

ΜΑΘΗΜΑΤΙΚΗ ΦΙΛΟΣΟΦΙΑ ΡΗΤΟΡΙΚΗ ΜΟΥΣΙΚΗ ΦΥΣΙΚΗ

Lies die griechischen Wörter (laut) und schreibe sie ab.

c Die Bildungsreise eines Römers führte mit Sicherheit in jene Stadt, die heute Hauptstadt Griechenlands ist. Am berühmtesten ist die Burg dieser Stadt. Wie heißen Stadt und Burg?

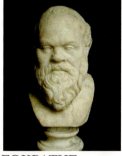

ΣΩΚΡΑΤΗΣ

ΑΘΗΝΑΙ – ΑΚΡΟΠΟΛΙΣ

Das Orakel spricht in Rätseln.

Als die Römer mit den Griechen in Berührung kommen, übernehmen sie von diesen auch viele religiöse Vorstellungen. Die römischen Götter gleichen sich dadurch den griechischen an. Zu den wichtigsten Göttern im Römischen Reich gehören Jupiter, Juno und Minerva. Daneben gibt es aber noch viele andere Götter, von denen jeder für bestimmte Bereiche zuständig ist. Manche Götter besitzen ein Orakel. Das ist ein heiliger Ort, an dem die Gottheit um Rat gefragt werden kann. Die Antwort erfolgt auf verschiedenen Wegen, z. B. durch eine Orakelpriesterin, die Pythia oder Sibylla, oder durch Träume. Häufig bestehen die Antworten aus rätselhaften oder mehrdeutigen Sprüchen, die nicht so leicht zu verstehen sind. Das berühmteste Orakel befindet sich in Delphi in Griechenland. Jahrhundertelang sind Rat Suchende aus vielen Ländern dorthin gereist, um vom Gott Apollo Hilfe zu erhalten.

Weissagende Pythia (dargestellt auf einer griechischen Trinkschale).

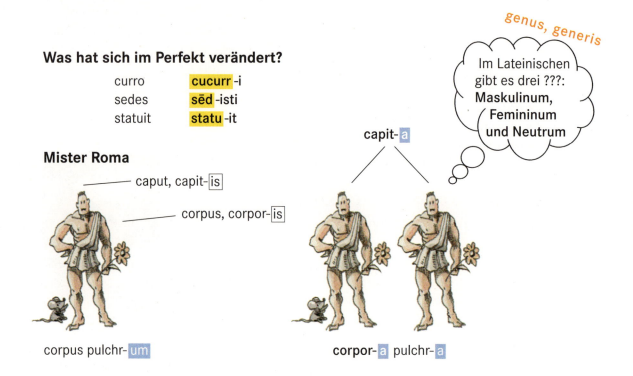

a Zu welcher Deklination gehören *caput* und *corpus* und welches Genus haben sie?
b Setze die beiden Substantive in alle Kasus und Numeri. Achte dabei auf eine Besonderheit beim Akkusativ.

Die Götter werden helfen.

Quintus ist froh, dass sein Freund und dessen Vater am Leben sind. Dass beide nichts über den Verbleib Flavias und deren Mutter und Bruder wissen, stimmt ihn aber sehr unglücklich. Alle sind ratlos, was sie als Nächstes unternehmen sollen. Da Aulus und sein Vater sich ein wenig ausruhen wollen, läuft Quintus zu seinem Hauslehrer und erzählt ihm, was er soeben erfahren hat. Der alte Mann hört ihm aufmerksam zu und versucht, ihn mit einer Geschichte zuversichtlich zu stimmen.

„Desine desperare, Quinte, et auxilium a deis pete!
Audi magnum exemplum benignitatis[1] deorum,
3 audi fabulam de Deucalione et Pyrrha:
Post diluvium[2] Deucalion et Pyrrha restabant soli ex genere humano,
nam ceteri mortui erant.
6 In monte Parnasso sedebant et flebant.
Ubique magnum silentium erat; terra desolata[3] mentem terrebat.
Tum auxilium per oraculum quaerere statuerunt.
9 Statim de monte descenderunt, diu per terras erraverunt.
Tandem ad templum[1] Themidis[4] deae venerunt.
Aram tetigerunt et sic dixerunt:
12 ‚Semper numen coluimus, semper pii in deos atque homines fuimus.
Si precibus numina movere licet, da nobis[5], Themi[4], genus humanum reparare[6]!'
Profecto Deucalion Themin[4] movit, profecto dea oraculum edidit:
15 ‚Decedite templo[1], velate[7] caput!
Ossa[8] magnae matris post tergum mittite!'
De verbis deae Deucalion et Pyrrha diu cogitabant.
18 Subito Deucalion:
‚Magna mater terra est, ossa[8] in corpore terrae sunt saxa.
Themis certe nos[5] saxa post tergum mittere iussit.'
21 Statim oraculo paruerunt et saxa post tergum miserunt.
Dei profecto saxa in corpora hominum verterunt
neque iam soli erant Deucalion et Pyrrha."
24 Quintus sedet et diu de fabula cogitat.

1) **benĭgnĭtās, -ātis** f: Güte 2) **dīluvium, -ī** n: Sintflut (*die Jupiter als Strafe über die Menschen kommen ließ*)
3) **dēsōlātus, -a, -um**: vereinsamt, verlassen 4) **Themidis** (*griech. Gen.*)/**Themi** (*griech. Vok.*)/**Themin** (*griech. Akk.*) zu Themis (*Göttin der Sitte und Ordnung, Schützerin des göttlichen Rechts*) 5) **nōbīs** (*Dat.*)/**nōs** (*Akk.*): uns
6) **reparāre**: wiederherstellen 7) **vēlāre**: verhüllen 8) **os, ossis** n: Knochen

▶ An welchen Wörtern und Wendungen wird die Verzweiflung von Deukalion und Pyrrha deutlich?
▶ Warum denkt Quintus lange über die Geschichte nach?

Lektion 12

1 Perfekt – wie?

Bilde die Präsensformen zu den Perfektformen und nenne die Art der Perfekt-Bildung.

clamavi – parui – exposui – cucurri – vidi – defendi – dixi – legi – dedi – intravi – egi – sumpsi – veni – addidi – emi – studui

2 Längst erledigt!

Antworte auf die Fragen mit „Iam ..."
▶ Studesne? – Iam studui.

Dormisne? – Legisne? – Accurrisne? – Laborasne? – Audisne? – Desinisne? – Rogasne? – Respondesne? – Ridesne?

3 Der, die oder das siegt.

Welches Genus ist am häufigsten vertreten?

ventus – epistula – signum – corpus – pretium – navis – aqua – servitus – numen – mater – mos – nauta – ager – sol – genus – verbum – templum[1]

4 Geheimschrift?

Die Römer schrieben „ohne Punkt und Komma", sie trennten die Wörter nicht voneinander ab und benutzten das Zeichen *V* sowohl für V als auch für U. Diese Schrift wurde *scriptio continua* (fortlaufende Schrift) genannt. Kannst du den Text lesen und verstehen?

```
STAETLEGEHICVIDESTEMPLVMMAGNAE
DEAEREGINAEDEARVMSIINTRASTACE
TANGEARAMSACRIFICADEAENEQVE
OCVLOSNEQVECAPVTVERTENAMDEA
PRECESNONAVDIRESOLETSIHOMINES
PIINONERANTETHOMINESINCORPORA
CANVMVERTITITAQVEPAREVERBIS
NVNCDESINEDESPERAREINTRA
TEMPLVMETNVMENCOLE
```

5 Irrläufer

Welche der Verbformen passt nicht in die Reihe? Begründe.

1. vivere – dicere – manere – vertere
2. portat – vidit – audit – dormit
3. servamus – mutavimus – tacuimus
4. rogant – sederunt – currunt – veniunt
5. rogavit – ridet – vixit – vivebat

6 Quintus sucht Hilfe.

1. Lange dachte Quintus über die Geschichte nach. 2. Dann lief er zum Tempel[1] der Venus. 3. Dort stand er vor dem Altar der Göttin und sprach so: 4. „Große Göttin, immer habe ich dich verehrt, immer habe ich geopfert. 5. Deshalb höre die Worte an! 6. Flavia ist in großer Gefahr. 7. Piraten haben das Schiff angegriffen und die Mädchen entführt (weggeführt). 8. Wenn es mit Bitten möglich ist, dich zu bewegen, gewähre der Freundin Hilfe!" 9. Plötzlich schwieg Quintus. 10. Hat nicht das (Götter-)Bild den Kopf gedreht? 11. Hat er nicht eine Stimme gehört: „Hör auf zu verzweifeln!"?

1) **Tempel:** templum, -ī n

Götter – gibt's die?

1. Quintus fabulam audivit. 2. Tum paedagogo[1] dixit: „Fabula pulchra et pia est. Sed – estne vera[2]?" 3. Paedagogus[1] respondit: „Ignoro; sed antiquitus[3] homines numina coluerunt in aqua, in ventis, in montibus. 4. Putaverunt enim: ‚Ubique sunt numina.' 5. Itaque hominibus etiam licuit deos precibus vocare. 6. Et profecto dei et deae in terram descenderunt et se[4] in corpora hominum verterunt. 7. Tum animos[5] hominum tetigerunt, moverunt, terruerunt – sed etiam hominibus auxilium dederunt. 8. Num dubitas[6], Quinte?"

1) **paedagōgus, -ī** m: Hauslehrer 2) **vērus, -a, -um:** wahr
3) **antīquitus:** (schon) seit alter Zeit 4) **sē:** sich (*Akk.*)
5) **animus, -ī** m: Sinn, Gemüt 6) **dubitāre:** zweifeln

Dei et deae – Die olympischen Götter

Die olympischen Götter sind nach dem griechischen Berg Olymp benannt, auf dem sie angeblich leben. Zu ihnen gehören u. a.:

Iuppiter (*griech.* Ζεύς), oberster Gott des Himmels und der Erde. Kennzeichen: Zepter, Blitz und Adler.
Iuno (Ἥρα), Jupiters Schwester und Ehefrau. Sie ist die Göttin der Ehe und Geburt. Der Pfau ist ihr heilig.
Mars (Ἄρης), der Gott des Krieges, Sohn des Jupiter und der Juno. Er erscheint in seiner Kriegsrüstung.
Venus (Ἀφροδίτη), die Göttin der Liebe und Schönheit, wird häufig von dem kleinen geflügelten Liebesgott Amor begleitet.

Apollo (Ἀπόλλων), Gott des Lichtes, der Weissagung, Heilkunst, Wissenschaften und Kunst. Kennzeichen: Leier und Lorbeerkranz.
Diana (Ἄρτεμις), Apollos Zwillingsschwester, die Mond- und Jagdgöttin. Daher trägt sie Pfeil und Bogen mit sich.
Mercurius (Ἑρμῆς), der Götterbote, zugleich Gott des Handels, der Diebe und der Reise. Kennzeichen: Flügelschuhe und Heroldsstab.

Minerva (Ἀθήνη), die Göttin der Weisheit und des Handwerks, trägt Speer, Helm und Schild.

a Ordne die Abbildungen den entsprechenden Göttern zu. Die Buchstaben ergeben in der richtigen Reihenfolge den lateinischen Namen des Meeresgottes (*griech.* Ποσειδῶν).
b Die griechischen Namen in Klammern lauten in lateinischer Schrift: Athene (S) – Artemis (N) – Hera (U) – Aphrodite (C) – Apollon (A) – Hermes (U) – Zeus (V) – Ares (L). Ordne sie schriftlich den lateinischen Götternamen der Reihe nach zu. Das Lösungswort ergibt den lateinischen Namen des Gottes des Feuers und der Schmiedekunst (*griech.* Ἥφαιστος).
c Die Orakelpriesterin auf Seite 64 hält einen Lorbeerzweig in der Hand. Welcher Gottheit dient diese Priesterin?

Fremde Völker

Gallier und Germanen waren für die Römer zunächst seltsame, exotische Völker. Kein Wunder also, dass man von ihnen manchmal ganz ungewöhnliche Dinge berichtete...

Gallier – Wie besiegt man ein großes Heer?

Der römische Konsul Lucius Postumius hatte vor, mit seinem Heer durch einen großen Wald zu ziehen, der von den Galliern Litana genannt wurde. Die Gallier hatten aber vorher die Bäume links und rechts des Weges so angesägt, dass sie zwar stehen blieben, aber beim ersten leichten Stoß, den sie bekamen, umstürzten.
Postumius hatte ein Heer von 25 000 Mann bei sich, mit dem er ahnungslos in den von den Feinden präparierten Wald hineinmarschierte. Als das Heer in einer langen Kolonne durch den Wald zog, stießen die Gallier am Waldrand die äußeren angesägten Bäume an. Indem der eine umfiel, warf er die anderen Bäume, die ja auch nicht mehr fest standen, wie Dominosteine um und so wurden Waffen, Menschen und Pferde von beiden Seiten her begraben. Kaum zehn Mann aus dem römischen Heer konnten entkommen! Die meisten wurden von diesen Baumstämmen und Ästen erschlagen.
(nach Livius, 59 v. Chr.–17 n. Chr.)

Germanen – Wie fängt man eigentlich einen Elch?

Es gibt Tiere, die man Elche nennt. Ihre Gestalt und die Musterung ihres Felles sind denen von Ziegen ähnlich, doch sind sie ein wenig größer als diese. Sie haben seltsam verwachsene Hörner und außerdem Beine ohne Gelenke und Knöchel. Wenn sie sich ausruhen wollen, legen sie sich deshalb auch nicht auf den Boden, weil sie wegen der Form ihrer Beine nicht mehr aufstehen können, wenn sie irgendwo umgestoßen werden und zu Boden fallen.
Bäume dienen ihnen als Schlafstätten. An diese lehnen sie sich an und erholen sich, ein wenig an diese rückwärts gestützt.
Wenn die Jäger aus ihren Spuren gelesen haben, wohin sie sich gewöhnlich zurückziehen, dann untergraben sie entweder alle Bäume bis zu den Wurzeln oder sägen sie an; und zwar nur so viel, dass sie gerade noch stehen bleiben, aber so aussehen, als wären sie unversehrt. Wenn die Elche sich dann, wie sie es gewohnt sind, rückwärts anlehnen, werfen sie die schwachen Bäume durch ihr Gewicht um und stürzen mit ihnen zu Boden.
(nach Cäsar, 100–44 v. Chr.)

Ein Angeber

In foro multi homines stabant.
Unus autem valde superbus[1] erat.
3 Dixit: „Ego in insula Rhodo fui. Ibi erant magni ludi[2],
et ego cunctos alios superavi."
Ceteri homines primo tacuerunt,
6 sed tum hominem interrogaverunt:
„Quid ibi patravisti[3]?"
Homo ridet, primo tacet, tum respondet:
9 „Iam dixi: Ego cunctos alios superavi.
Ibi cuncti debuerunt currere, et ego cunctos superavi.
Cuncti debuerunt discum mittere[4],
12 iterum ego cunctos superavi.
Cuncti debuerunt saltare in longum[5]…"
Subito alius homo: „…et tu cunctos superavisti!?"
15 Homo superbus[1] respondet: „Quid quaeris?
Certe, ceteros superare soleo; et ibi cunctos superavi."
Stabat etiam puer inter viros et cuncta audiebat.
18 Nunc puer hominem superbum[1] interrogat:
„Licetne interrogare te aliquid[6]?"
Homo superbus[1] clamat: „Certe, interroga, puer!"
21 Puer: „Quid dixisti? Tu solus cunctos superavisti?
Estne verum[7]? Ego non credo[8]; certe fabulae sunt.
Sed si profecto verum[7] est, dico:
24 Hic Rhodus, hic salta[5]!"

1) **superbus, -a, -um:** übermütig
2) **lūdus, -ī** m: Spiel

3) **patrāre:** vollbringen

4) **discum mittere:** (den) Diskus werfen
5) **saltāre (in longum):** (weit-) springen

6) **aliquid:** etwas

7) **vērus, -a, -um:** wahr
8) **crēdere:** (es) glauben

Homines sumus, non dei.

Weitspringer (dargestellt auf einer griechischen Schale).

Mythos – Sagen aus alter Zeit ...

1 Europa – so heißt unser Kontinent. Aus der Sage von **Europa** erfährst du, woher der Name kommt.

Raub der Europa (1933), Max Beckmann.

Europa war eine Königstochter und lebte in Phönizien (im heutigen Libanon). Eines Tages spielte sie mit ihren Freundinnen am Strand, als plötzlich ein großer, weißer Stier auftauchte. Die anderen Mädchen liefen erschrocken weg, doch Europa kam näher, streichelte ihn und setzte sich schließlich sogar auf seinen Rücken. Da trabte der Stier ins Meer hinein und schwamm mit Europa davon. Der Stier war nämlich kein anderer als der verwandelte Zeus, dem die hübsche Prinzessin gut gefallen hatte. Europa wurde zur Insel Kreta entführt, wo sie Kinder von Zeus bekam.

2 „Das ist ja eine Sisyphusarbeit!", hört man manchmal jemanden stöhnen. Aus der Sage von **Sisyphus** erfährst du, was damit gemeint ist.

Der griechische König Sisyphus hatte den Zorn des Zeus auf sich gezogen, denn als dieser ein Mädchen entführt hatte, verriet Sisyphus das Versteck an den Vater des Mädchens. Deshalb sollte Hades Sisyphus in die Unterwelt holen. Sisyphus jedoch überlistete den Gott der Unterwelt und band ihn mit seinen eigenen Fesseln fest. Da jetzt niemand mehr sterben konnte, musste Ares den Hades befreien und lieferte ihm Sisyphus aus. In der Unterwelt wurde Sisyphus hart bestraft: Er muss einen riesigen Stein einen Berghang hinaufrollen. Doch entgleitet ihm dieser jedes Mal kurz vor der Bergkuppe, sodass er seine Arbeit von vorne beginnen muss.

3 Den „Traum vom Fliegen" träumten auch schon Menschen in der Antike. Aus der Sage von **Dädalus und Ikarus** erfährst du, welche Idee sie dazu hatten.

Startender Ikarus (1992), Bronzeplakette von Wilfried Fitzenreiter.

Dädalus war ein sehr geschickter Handwerker und hatte für den König Minos auf Kreta ein Labyrinth gebaut. Weil der König Dädalus nicht mehr weggehen lassen wollte, baute Dädalus zur Flucht Flügel aus Vogelfedern, indem er diese mit Wachs aneinanderklebte. Tatsächlich gelang es ihm und seinem Sohn Ikarus, sich hoch in die Lüfte zu erheben und eine weite Strecke zurückzulegen. Doch da vergaß Ikarus die Anweisungen seines Vaters: Er flog zu hoch, die Sonne ließ das Wachs schmelzen und – Ikarus stürzte ab. Sein Vater landete und konnte nur noch dessen Leiche aus dem Meer bergen.

Lesen und Vertiefen III

...noch heute lebendig

4 Auch heute stoßen wir oft auf **mythologische Themen**, z. B. in der Malerei, der Musik, der Literatur und im alltäglichen Leben.

a Beim Spazierengehen in München kommt man zum Wittelsbacher Brunnen. Was ist dargestellt?

b In einer Zeitschrift fand sich diese Zeichnung. Erkläre sie. Gibt es für dich Tätigkeiten, die du als Sisyphusarbeit bezeichnen würdest?

Karikatur: Wenn Sisyphus mal muss

5 Antike Götter und Gestalten sind überall!

a Sucht sie in eurer Umgebung, z. B. im Kaufhaus oder auf Werbeplakaten. Es gibt nicht wenige Firmen und Produkte, die ihren Namen tragen. Sammelt Belege, z. B. aus Prospekten, und stellt eine Collage her.

b Ergänzt euer Plakat mit neuen Ideen: Nach welcher Gottheit könnte man ein Heiratsvermittlungsinstitut, ein Musikgeschäft, einen Schönheitssalon usw. benennen?

Über folgende Begriffe, Themen und Sprüche weißt du nun Bescheid:

> ▶ Gladiatoren, Kolosseum
> ▶ C. Iulius Caesar; Gallien, Druiden
> ▶ Griechen und Römer
> ▶ griechisches Alphabet
> ▶ olympische Götter; oraculum, Delphi
> ▶ Mythos: Europa, Sisyphus, Dädalus und Ikarus
>
> Veni, vidi, vici.   Alea iacta est.   Hic Rhodus, hic salta!

Lesen und Vertiefen III

Lektion 1–9

1 Setze die Adjektive passend in die Lücken ein und übersetze.

asperae – aspera – dextra – misera – miseri – pulchra – pulchrorum – sinistra

1. Flavia ? est. 2. Flaviae non placet verba ? audire. 3. Non cuncti servi ? sunt. 4. Gallae fortuna ? non est. 5. Pugnae gladiatorum¹ ? sunt. 6. Columbus primo¹ ? pugnat, tum ? Pulchrum petit. 7. Puellis² spectaculum equorum ? magis³ placet.

1) prīmō: zuerst 2) **puella, -ae** f: Mädchen 3) **magis**: mehr

2 Wie werden die Adjektive jeweils verwendet: als Attribut, Prädikatsnomen oder Praedicativum? Übersetze die Sätze.

1. Gladiatores¹ vitam **miseram** agunt.
2. Gladiator¹ **miser** in arena¹ iacet.
3. Gladiatores¹ **miseri** sunt.
4. **Laeti**ne gladiatores¹ arenam¹ intrant?
5. Maronilla **maesta** pugnas gladiatorum¹ spectat.
6. Columbus vir **robustus** est.
7. Fortuna gladiatorum¹ **dura** est.
8. Quis hodie **primus** pugnat?

3 Welche Form passt nicht zu den anderen?

asinorum – virorum – reorum – forum – furum – clamorum – puerorum – avorum

4 Der Philosoph im Amphitheater

1. Philosophus¹ maestus in amphitheatro¹ stat. 2. Pugnas virorum robustorum non amat. 3. Secum¹ cogitat: Homines non ad vitam tam asperam nati sunt. 4. Cur pueris spectacula tam aspera placent? 5. Cur non sapientia pulchra gaudent? 6. Ego horreo illud²: „Ave, Caesar, morituri³ te salutant!"

1) **sēcum**: bei sich 2) **illud**: jenen Ausruf
3) **moritūrī**: die Todgeweihten

Lektion 1–10

5 Welche Teile passen zusammen? Übersetze deine Kombinationen.

err – ven – sol –   -abam
st – par – dorm –   -ebam
dic – d – aud – lud   -iebam

6 Die Germanen

1. Die Männer der Germanen waren stark und frei. 2. Sie gehorchten Königen und verteidigten ihre° Gebiete immer gut. 3. In den Schlachten kämpften sie mit großer Begeisterung. 4. Deshalb fürchteten andere Völker die Germanen sehr. 5. Waren sie ohne Menschlichkeit? 6. Wir lesen: Gästen boten (gaben) sie immer Hilfe.

7 Lösungswort gesucht

Schreibe die Sätze mit jeweils passenden Prädikaten in dein Heft. Die Anfangsbuchstaben der Verben (1.–5.) ergeben das Lösungswort.

ardebat – audiebat – gaudebat – incitabat – laborabat – ludebat – vivebat – legebat

1. Quis spectaculis ? ?
2. Quis voces deorum ? ?
3. Quis in agris bene ? ?
4. Quis cum voluptate ? ?
5. Quis cunctos ad pugnam ? ?

8 Übersetze und nenne jeweils den Infinitiv.

appropinquabatis
conveniebamus
properabas
audiebam
ludebatis
tacebam
ridebant
agebat
eratis

Lesen und Vertiefen III

Lektion 1–11

9 Übersetze die Perfektformen und führe sie jeweils auf die 1. Person Singular Präsens zurück.

a spectavi – petivisti – mutavit – dormivit – quaesiverunt – audivistis – putavi – amavisti

b dixisti – iussi – fuerunt – invasit – apparuit – exposuerunt – vixistis – horrui – plausistis

10 Füge zu den angegebenen Verben im Perfektstamm den jeweils passenden Signalteil.

a quaesiv-   dormiv-   desperav-   petiv-

sie haben verlangt, ich habe geschlafen, wir sind verzweifelt, ihr habt gesucht

b plaus-   fu-   paru-   invas-   trax-   imposu-

sie haben auferlegt, ich bin eingedrungen, du hast gehorcht, sie ist gewesen, sie haben Beifall geklatscht, ihr habt gezogen

11 Übersetze und erkläre, was Imperfekt und Perfekt jeweils ausdrücken.

1. Cuncti in circo¹ sedebant, cum subito imperator intravit.
2. Equi stabant in arena¹. Aurigae¹ equos incitaverunt: Statim populus clamavit.
3. Cuncti aurigae¹ magno ardore pugnabant, sed unus primus fuit et ceteros superavit.
4. Populus stabat et clamabat; tum etiam Quintus et Flavia plauserunt.

1) aurīga, -ae m: Wagenlenker

12 Quintus berichtet.

1. „Die Veranstaltung im Circus¹ war schön. 2. Alle betrachteten mit großer Begeisterung den Kampf der Pferde. 3. Doch nicht alle sind froh aus dem Circus¹ weggegangen, weil ihre² Quadriga³ nicht die erste war. 4. Das Glück war, wie immer, nicht allen günstig."

1) **Circus:** circus, -ī m 2) **ihre:** eōrum
3) **Quadriga:** quadrīga, -ae f

Lektion 1–12

13 Übersetze die Perfektformen und verwandle sie jeweils ins Imperfekt.

tetigisti – cucurrerunt – descendimus – dedistis – legerunt – steti – tenuimus – statuimus – viderunt – vertistis – paruimus

14 In welchen sechs Formen erkennst du zwei Tempora?

sedimus – vertimus – statuit – vidit – moverunt – tenent – descendimus – accurrit – cucurrit – tetigimus – legimus – defendit – edit – respondimus – misit

15 Mädchenname gesucht

Nur drei Wörter sind der Form nach gleich. Ihre Anfangsbuchstaben ergeben einen Namen, den du auch erklären kannst.

audi – ibi – pugnavi – verbi – iussi – imperatori – ubi – addidi – ceteri – etsi

16 Philemon und Baucis

1. Philemon et Baucis iam diu vivebant.
2. Valde vir feminam amabat, femina virum. 3. Itaque deos sic petiverunt: „Semper pii in vos¹ fuimus, semper vos¹ coluimus, semper ad templa¹ deorum venimus. 4. Proinde audite preces: Eodem tempore² de vita decedere studemus."
5. Profecto mentes deorum tetigerunt et moverunt. 6. Statim dei homines pios in arbores³ verterunt.

1) **vōs:** euch 2) **eōdem tempore:** zur selben Zeit
3) **arbor, -oris** f: Baum

Lektion 13

Ein Brief ist lange unterwegs.

Flavia will ihren Angehörigen und Freunden in Rom mitteilen, dass sie noch lebt und nach Hause möchte. Sie schreibt einen Brief und – wirft ihn natürlich nicht in einen Briefkasten. Zwar gibt es den *cursus publicus*, die kaiserliche Post, die Personen und Briefe befördert, doch ist es Privatleuten bei hohen Strafen verboten, diese zu benutzen. Deshalb muss sich Flavia jemanden suchen, dem sie ihren Brief anvertrauen kann, z. B. einen Händler oder Reisenden, der ihren Brief zusammen mit der Post anderer Leute nach Rom bringt. So kann es mehrere Wochen dauern, bis Flavias Nachricht in Rom ankommt. Da das Risiko ziemlich hoch ist, dass der Brief durch einen Unfall verlorengeht, hat sie ihn zweimal abgeschrieben und diese Kopien anderen Leuten mitgegeben.

Schreibende Frau, Wandbild aus Pompeji.

Mehr als Perfekt

dix-era-t ven-era-mus timu-era-s
laborav-era-m ded-era-tis statu-era-nt

a Benenne jeweils die **drei Bausteine** der Verbformen.
b Bilde dann die entsprechenden Formen von *esse*.

Personen im Kasus

Flavia kann sich einfach nicht mit ihrem Schicksal abfinden …

Flavia: **Ego** sum nata domina, **tu** es nata serva, Galla. Itaque servitus **te** non iam terret, **me** autem valde terret. **Tibi** labor placere debet, sed non **mihi**, quod domina sum.
Galla: Quid dicis, Flavia? Nunc **mecum** serva es. Aufidius **nos** emit et domino licet labores **nobis** imponere.
Aufidius: Profecto, Flavia, **ego vos** emi. Num **vobis** labores duros imposui?
Flavia: **De me** ut de serva dicis, sed civis Romana sum.
Aufidius: Tace, serva! **Ego** sum dominus, **vos** estis servae.

Erstelle anhand des Textes eine Übersicht über die **Personal-Pronomina der 1. und 2. Person** (alle Kasus im Singular und Plural). Einige Formen findest du nicht im Text, du kannst sie aber leicht erschließen. Welcher Kasus fehlt jedoch ganz?

„Ich bin eine römische Bürgerin!"

Quintus erhält Flavias Brief.

Flavia Quinto suo[1] salutem dicit.
Certe cura te sollicitat, quod tam diu nihil de me cognovisti,
sed epistulam tibi scribere non licuit.
Quam aspera mihi est fortuna, quam adversa!
Sortem patris et matris et fratrum ignoro, ego nunc serva sum in Gallia!
Certe quaeris, Quinte: „Quare?" Audi!
Vir Gallus nomine Aufidius Aridus me una cum Galla in Africa emit
et in servitutem abduxit.
In Africam ex Asia veneramus.
Piratae enim in mari alto navem nostram[2] invaserant,
nautas per vim oppresserant,
viros necaverant aut in mare praecipitaverant.
Feminas autem primo in Cyprum insulam abduxerant,
deinde mangoni[3] vendiderant.
Is[4] nos in urbem Asiae transportavit, ubi mango[3] Afer nos emit.
Numquam adhuc homines tam inhumanos videram.
Nunc in villa ad Nemausum sita serva sum.
Etsi domina nobiscum bene agit, servitutem non sustineo.
Ego civis Romana sum, nata sum libera, serva esse non debeo.
A te, Quinte, auxilium peto, a vobis cunctis auxilium spero.
Redimite[5] me una cum Galla e servitute!
Reducite nos in patriam!
Vale!

1) **suō:** ihrem 2) **noster, -tra, -trum:** unser 3) **mangō, -ōnis** m: Sklavenhändler
4) **is:** dieser 5) **redimere:** freikaufen

▶ Auf welchem Weg ist Flavia nach dem Überfall nach Gallien gekommen? Lege dir eine Tabelle an, in der du die Personen und Orte notierst, mit denen Flavia in Kontakt gekommen ist.

▶ Warum glaubt Flavia, dass sie keine Sklavin sein darf?

1 Ordne auf dem Zeitstrahl

Plusquamperfekt – Imperfekt/Perfekt – Präsens

und übersetze.

addidisti – cedit – dederant – defendunt – desierunt – egeratis – horruit – imponit – legis – luditis – mittimus – petebat – plauseram – quaerunt – statuerat – statui – studueratis – valebat – vidit – vixerat

2 Wandle um.

Bilde zu allen Verbformen aus Übung 1, die nicht im Plusquamperfekt stehen, die entsprechenden Plusquamperfektformen.

▶ addidisti → addideras

3 Zirkeltraining

Suche für jede Verbform die „Startposition" und konjugiere sie im Uhrzeigersinn. Übersetze jede Form.

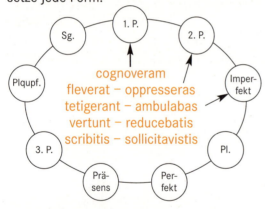

cognoveram
fleverat – oppresseras
tetigerant – ambulabas
vertunt – reducebatis
scribitis – sollicitavistis

4 Quintus ist neugierig.

Setze die passenden Personal-Pronomina ein und übersetze.

me – nobis – nos – nos – te – vobiscum

Q: Unde venistis?
A: Piratae ? oppresserunt. Patrem et ? de nave praecipitaverunt.
Q: Quis ?, quis patrem servavit?
A: Graeci ? servaverunt et ? auxilium praebuerunt.
Q: Cur mater, cur Flavia non ? venerunt?
A: Ceterorum sortem ignoro.

5 Setze in den Plural und übersetze.

ego – me – mecum – sine me – mihi
tu – de te – te – tibi – tecum

6 Irrläufer

Welche der Verbformen passt nicht in die Reihe? Begründe.

dixerant – abduxerant – vendiderant – cesserant
eram – ignorabam – egeram – trahebam
sustinui – cognovi – restiti – dormi
descendit – statuit – dedit – venit

7 Beschwerden

1. Ich habe dir einen Brief geschrieben. Warum hast du mir nicht geantwortet?
2. Ich habe von dir und deinem° Vater Hilfe erbeten. I h r aber habt mich nicht gehört. 3. Ich hatte euch immer für gute Freunde gehalten. Nun habe ich euch erkannt. 4. Deshalb bin ich jetzt mit neuen Freunden zusammen. 5. Die neuen Freunde freuen sich mit mir über das Leben. 6. Ohne euch sind wir niemals traurig.

Zu allem entschlossen

1. Iam diu Quintus nihil de Flavia audiverat. 2. Maestus cogitabat: „Quare numquam mihi scripsit?" 3. Sed subito nuntius apparuit et epistulam amicae apportavit. 4. Quam laetus erat Quintus! 5. Iterum atque iterum epistulam legebat; tandem causam silentii cognoverat. 6. Quam multa et magna pericula sustinuerat puella misera! 7. Sed quamquam piratae alios homines necaverant, Flavia in Galliam integra[1] venerat. 8. Laetus clamavit: „Vivit! – et auxilium exspectat a me! 9. Fortuna nobis secunda est, Flavia, tibi et mihi! 10. Ego paratus[2] sum terra et mari te quaerere atque etiam per vim te e servitute in patriam reducere!"

1) **integer, -gra, -grum:** unversehrt, wohlbehalten
2) **parātus, -a, -um:** bereit

epistula – Schreiben in der Antike

1 Schreib mal!

Wenn du heute einen Brief schreiben willst, brauchst du einen Bogen Briefpapier, deinen Füller und einen Briefumschlag. Ob das bei Flavia und Quintus auch so war?

Meist schrieben die Römer auf kleine Wachstäfelchen; die Wachstafel heißt *tabula cerata*. Diese Täfelchen waren aus Holz und in ihre tiefer liegende Fläche war dunkles Wachs (*cera*) eingegossen. In dieses Wachs ritzte man die Buchstaben mit dem *stilus,* einem spitzen Griffel, der aus Knochen, Holz, Eisen oder aus Bronze bestand.

Für längere Briefe wurden mehrere Wachstafeln mit einer Schnur zusammengebunden. Ein solches Päckchen aus vielen Wachstafeln wurde auch *codex* genannt. Man könnte dies als den Vorläufer unseres heutigen Buches bezeichnen.

Schreibgerät.

Um Geschriebenes zu löschen, benutzte man die spachtelartige Verbreiterung am anderen Ende des *stilus:* Man drehte den *stilus* um und glättete das Wachs wieder.

Oder man nahm einen Bogen Papyrus, eine Schreibfeder und Tinte. Die Schreibfeder, *calamus* genannt, bestand aus Schilfrohr, vergleichbar mit einem Strohhalm. Sie wurde in ein Tintenfass mit schwarzer Tinte getunkt. Als „Tintenkiller" diente ein Schwämmchen.

Wandmalerei aus Pompeji, 1. Jh. n. Chr.

2 Lies mal!

CERTECVRATESOLLICITATQVOD
TAMDIVNIHILDEMECOGNOVISTI
SEDNVNCEPISTVLAMTIBISCRIB
ERELICET

a Weißt du noch, wie man diese Art des fortlaufenden Schreibens nennt?
b Schreibt auf diese Weise kleine Passagen aus lateinischen Texten des Buches ab und tauscht sie zum Lesen untereinander aus.

Lektion 14

Unterwegs auf Römerstraßen

Die *Via Claudia*, die *Via Aurelia* und die anderen Straßen, auf denen Quintus mit seinem Vater nach Gallien reist, sind ursprünglich nicht für den Warenverkehr oder für Reisende gebaut worden, sondern für militärische Zwecke. Benannt werden sie meist nach den Konsuln, die sie erbauen ließen. Entlang den Straßen zeigen Meilensteine die Entfernungen an. An den Hauptstraßen liegen in kurzen Abständen Poststationen. Dort können die Reisenden die Pferde wechseln oder auch übernachten, wenn sie nicht bei Freunden oder Bekannten Platz finden oder lieber in Zelten schlafen.

Nachbildung eines römischen Reisewagens.

Amat, nam sCribIt!

Endlich Nachricht von Flavia! Voll Spannung öffnet Quintus den lang ersehnten Brief. Auch sein Freund Lucius ist neugierig ...

1 Was erfährt Quintus?

Lucius: Dic, Quinte: Quid Flavia scribit? Quid legis?
Quintus: <u>Flavia et Galla</u> in Gallia <u>vivunt</u> ...
Lucius: Vivunt, Quinte, vivunt!
Quintus: <u>Flavia serva</u> Aufidii Aridi <u>est</u> ... *Lucius:* Serva est, sed vivit! *Quintus:* <u>Dominus</u> bene cum Flavia <u>agit</u> ... *Lucius:* Sed manet barbarus.
Quintus: <u>Flavia</u> servitutem non iam <u>sustinet</u> ...
Lucius: Quam misera est! *Quintus:* <u>Flavia</u> auxilium <u>petit</u> ... *Lucius:* Quid nunc agere cogitas, Quinte?

2 Lucius weiß nun, dass ...

Lucius nunc scit
    Flaviam et Gallam in Gallia **vivere**.
Lucius nunc scit
    Flaviam servam Aufidii Aridi **esse**.
    ...

a Übersetze Text 1.
b Erzähle einer Mitschülerin oder einem Mitschüler, was Lucius von Quintus erfahren hat. Beginne jeweils mit „Lucius weiß nun, dass ..."
c Stelle anhand von 2 fest: Was wird im Lateinischen aus den Subjekten und Prädikaten der unterstrichenen Sätze in Text 1?
d Wandle nun die restlichen Sätze des Quintus nach diesem Muster um.

Gefährliche Reise

Domitius Macer hat von Flavius Lepidus, der sein Amt auf Kreta antreten musste, alle Vollmachten bezüglich Flavia erhalten. Mitte Dezember reist er mit Quintus und einigen Sklaven auf dem Landweg nach Gallien, da sich angesichts der drohenden Winterstürme kein Kapitän bereit gefunden hat, sie nach Massilia (dem heutigen Marseille) überzusetzen. Sie sind nun schon den fünften Tag unterwegs und nähern sich der Kleinstadt Rosellae, wo sie übernachten wollen.

Tempestas est et magnus imber[1] de caelo cadit.
Iam multas horas Quintus ventum, imbrem[1] strepitumque rotarum[2] audit.
3 Q: „Num procul sumus a Rosellis? Nox iam appropinquat."
D: „Quid dixisti, Quinte? Non bene audivi."
Q: „Noctem iam appropinquare dixi. Estne procul oppidum?"
6 D: „Quid te sollicitat, Quinte?
   Iter non longum, hospitium[3] paratum est, cena bona nos exspectat."
Q: „Unde bonam cenam nos exspectare scis?"
9 D: „Nuntium…"
Subito equi consistunt.
Domitius tota via arbores et saxa iacere videt.
12 Modo e raeda[4] descendit,
cum subito tempestas arborem frangit.
Equi calcitrant[5] et raedam[4] trahunt.
15 Domitius caput ad raedam[4] offendit,
in viam cadit, sine mente iacet.
Quintus clamorem dat; servi accurrunt,
18 dominum tollunt, in raeda[4] ponunt.
Raedarius[4] autem solus equos vix tenet.
Quod periculum magnum esse sentit,
21 magna voce clamat: „Auxilium date!"
Servi equos tenere properant.
Quintus autem patrem curat.
24 Tandem Domitius oculos aperit.
Statim rogat: „Quid est? Cur me spectas?", et surgit.
Quintus gaudet, nam patrem bene valere apparet.
27 Mox iter vertunt et ad villam haud procul sitam properant.
Ibi dominus cunctis hospitium[3] praebet.

1) **imber, -bris** m: Regen 2) **strepitus** (*Akk.* **strepitum**) **rotārum:** das Rattern der Räder
3) **hospitium, -ī** n: Unterkunft; gastliche Aufnahme 4) **raeda, -ae** f: Reisewagen/**raedārius, -ī** m: Kutscher
5) **calcitrāre:** ausschlagen

▶ Stelle die lateinischen Wörter und Wendungen zusammen, welche die Gefährlichkeit der Situation ausdrücken.

▶ Beschreibe, welche Gefühle Quintus während dieser Etappe der Reise hat.

Lektion 14

1 Handwerkszeug für den AcI

a Bilde zu folgenden Verbformen jeweils den Infinitiv.

opprimis – debemus – reducunt – nego – trahis – dormis – ludunt – audiunt – defendit – convenit – est – sustines – decedis – resto

b Setze die Nominative in die entsprechende Form des Akkusativs.

civis liber – nomina pulchra – frater maestus – pueri laeti – aequa mens – multae pugnae – magna vis – mare asperum – cuncti populi – homo robustus – oculus sinister – causa publica

c Welche Person steckt in der Verbform? Nenne das dazugehörige Personal-Pronomen im Akkusativ:

▶ debes: (tu) te

sumus – vendo – sustinetis – reducis

2 Das Unwetter tobt und Quintus versteht nur mit Mühe, was sein Vater sagt ...

a Mache die Sätze abhängig von *Pater dicit* ...

1. Nox iam appropinquat.
2. Iter non iam longum est.
3. Rosellae non procul sunt.
4. Cena bona ibi parata est.

b Übersetze deine Sätze ins Deutsche.

3 Wie geht es wohl Flavia?

a Übersetze.
1. Quintus dominum cum Flavia bene agere sperat. 2. Cives Romanos servos esse non debere scit. 3. Ex epistulis Flaviae Quintus cognovit amicam de salute non desperare. 4. Flavia amicum iam appropinquare ignorat. 5. Deos homines bonos curare apparet.

b Wandle den AcI jeweils in einen selbstständigen Satz um.

▶ Quintus Flaviam in Gallia esse scit.
→ Quintus scit: Flavia in Gallia est.

4 Für Deutsch-Spezialisten

Übersetze deine Sätze aus Übung 2 noch einmal. Vermeide aber diesmal die „dass-Übersetzung".

5 AcI-Baukasten

Baut einen sinnvollen AcI zusammen. Hier sind eure Bausteine:

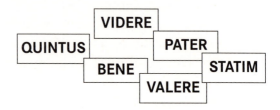

6 Und was sagt der Philosoph Sokrates zum AcI?

Übersetze.

„Ich weiß, dass ich nichts weiß."

Der Sturm geht weiter.

1. Post iter longum pater et filius totam noctem apud hospitem manserunt.
2. Quintus itinere defessus[1] mox in somnum[2] altum cecidit. 3. Quamquam tempestas non desiit, Quintus dormiebat.
4. In somno[2] autem Quintus equos currere videt. 5. Etiam imbrem[3] de caelo cadere audit et ventum arbores frangere videt.
6. Arbores et magna saxa in via iacere putat. 7. Equos ungulas[4] in arbores et in saxa offendere audit. 8. Nunc tempestatem etiam raedam[5] frangere sentit.
9. Homines in viam praecipitare videt.
10. Sed subito tonitruum[6] Quintum e somno[2] excitavit[7].

1) **dēfessus, -a, -um**: müde, erschöpft
2) **somnus, -ī** m: Schlaf 3) **imber, -bris** m: Regen
4) **ungula, -ae** f: Huf 5) **raeda, -ae** f: Reisewagen
6) **tonitruum, -ī** n: Donner
7) **excitāre**: aufwecken, aufscheuchen

via – Alle Wege führen nach Rom.

1 Straßenbau

Zuerst sorgte der Landvermesser dafür, dass die Straße möglichst gerade und eben verlief. Dann mussten ein Graben gezogen und die verschiedenen Schichten aufgefüllt werden.

a Beschreibe den Aufbau der Straße anhand der Skizze.
b Kannst du erklären, warum die Straßendecke meist etwas gewölbt war?

Querschnitt durch eine Straße

2 Noch im Original

An einigen Stellen kann man noch antike römische Straßen sehen, besonders in Pompeji. Diese Stadt liegt ca. 200 km südlich von Rom. Sie wurde beim Ausbruch des benachbarten Vulkans Vesuv im Jahre 79 n. Chr. von Lava und Asche verschüttet. Nach Ausgrabungen kann man heute einen großen Teil der Stadt besichtigen.

Auf der Abbildung rechts siehst du eine Straße in Pompeji. Hast du eine Idee, woher die tiefen Längsrillen stammen und wozu die großen Steine dienten, die über die Straße führen?

3 Wo wohnst du?

Das zu erklären, war nicht immer ganz einfach. Die meisten Straßen in den Städten hatten nämlich keinen Namen. Straßenschilder gab es nicht. So erklärt der Dichter Martial:
„Beim Birnbaum wohne ich, im dritten Stock eines Mietshauses."

Kannst du knapp beschreiben, wo du wohnst, ohne eine Adresse zu nennen?

Ein Pantomime spielt.

Rekonstruktion einer Theatermaske aus Bocksfell.

In Rom werden Theaterstücke nur tagsüber und nur zwischen April und November aufgeführt, denn die Theater sind weder beheizt noch überdacht. Gegen die allzu große Sonneneinstrahlung gibt es jedoch Sonnensegel.
Zur Zeit des Kaisers Hadrian werden in den Theatern keine Tragödien oder Komödien mehr aufgeführt, sondern meist Pantomimen: Ein einziger Mann spielt mit wechselnden Masken alle Rollen eines Stückes. Ohne Worte stellt er die Handlung nur durch die Bewegungen seines Oberkörpers, seiner Hände und mit seinen Augen dar, die durch weite Öffnungen in den Masken gut sichtbar sind. Kulissen, Sänger und ein kleines Orchester unterstützen den Schauspieler bei der Aufführung.
Im Winter, wenn keine öffentlichen Theateraufführungen stattfinden, treten die Schauspieler oft in Privathäusern auf, um ihren Lebensunterhalt zu finanzieren.

Neue Adjektive

NOMINATIV			
verbum	acre	nuntius	brevis
exemplum	breve	femina	felix
vir	felix	tempestas	acris
nox	brevis	iter	felix
exempla	brev-ia	gladius	acer

GENITIV	
virorum	felic-ium
nuntiorum	brev-ium
verborum	acr-ium

ABLATIV	
itinere	felic-i
nocte	brev-i
gladio	acr-i

a Suche nach dem Muster *bonus*, *bona*, *bonum* für die Adjektive *acer*, *brevis* und *felix* die entsprechenden Formen heraus (Nominativ Singular Maskulinum, Femininum, Neutrum). Gibt es immer drei verschiedene Endungen?
b Betrachte die Genitive. In welche Deklination ordnest du die Adjektive ein?
c Welche Besonderheit erkennst du im Ablativ Singular, Nominativ Plural Neutrum und im Genitiv Plural?

Reflexiv

Quintus amicam suam spectat.
Flavia Quinto placet.

Flavia se spectat.
Flavia sibi placet.

Wiedersehensfreude

Domitius und Quintus sind endlich in Nemausus. Sie lassen sich den Weg zu Aufidius' Landgut beschreiben, wo sie um die Mittagszeit ankommen. Aufidius empfängt die Reisenden freundlich und lässt ihnen – wie es üblich ist – etwas zum Essen und Trinken bringen. Als sie sich gestärkt haben, beginnt die Unterhaltung.

A: „Quae[1] est causa itineris vestri, Domiti?"
D: „Causa itineris nostri, Aufidi, est gravis.
Cognovimus inter servas tuas esse Flaviam puellam:
Civis Romana est neque serva esse debet.
Pro patre – nam procurator[2] est in Creta – nos Flaviam una cum Galla serva
redimere[3] cogitamus."
Aufidius diu verba Domitii secum cogitat.
Tandem se facilem praebet, haud acrem: Unum e servis puellas arcessere iubet.
Post breve tempus intrant.
Flavia Quintum Domitiumque videt, consistit, lacrimas vix tenet.
Tum: „Quam felix sum!",
et in complexum[4] amici currit:
Se liberam esse, labores suos finitos[5] esse scit.
Galla autem maesta stat, nam sortem suam ignorat.
Subito Aufidius: „Bene, Domiti! Puellas tibi cedo."
Tum: „Hunc diem celebremus[6]!
Hodie grex[7] Atheniensis in villa fratris mei
pantomimum[8] de iudicio Paridis agit.
Venite mecum!"
Mox omnes spectaculum spectant.

Iuno, Minerva, Venus pretium formae sibi vindicant.
Iuppiter discordiam[9] dearum non sustinet.
Itaque Paridem iuvenem iudicare iubet.
Iam deae animum iuvenis donis in se vertere student:
Iuno regnum omnium terrarum promittit, Minerva sapientiam,
Venus Helenam, formosissimam[10] omnium mortalium.
Paris non cessat iudicare formosissimam[10] immortalium[1] esse Venerem.
Quintus oculos vertit in amicam – Flavia ridet.

1) **quae:** was 2) **prōcūrātor, -ōris** m: Verwalter 3) **redimere:** freikaufen 4) **complexus** (*Akk. Sg.* **complexum**): Umarmung, Arme 5) **fīnītus, -a, -um:** beendet 6) **hunc diem celebrēmus:** lasst uns diesen Tag feiern!
7) **grex, gregis** m: Schauspieltruppe 8) **pantomīmus, -ī** m: Pantomime (*Schauspiel ohne Worte*) 9) **discordia, -ae** f: Streit
10) **fōrmōsissimus, -a, -um:** der/die/das schönste

▶ Stelle die lateinischen Wörter und Wendungen zusammen, durch die sich die Wiedersehensfreude von Quintus und Flavia ausdrückt.

▶ Warum lächelt Flavia am Ende des Schauspiels?

Lektion 15

1 Ich und dich und unsere

Lege sechs Spalten für die Personen an und ordne Pronomina und Person-Zeichen ein.

nostro – tibi – -erunt – suum – -imus – -o – mecum – nos – -tis – -t – meam – -isti – vobis – -s – tuos – -istis – vestri – -i – ego – -it – nobis – mihi – -m – te – -mus

2 „Wie" zwei Mal

Setze das Adjektiv in Klammern in der richtigen Form dazu.

1. (magnus) et graves curas – 2. magnam et (gravis) curam – 3. (magnus) et gravibus curis – 4. (liber) et felicium hominum – 5. libero et (felix) homini – 6. durum et (acer) verbum

3 Wer ist se?

Das Pronomen se wird verschieden wiedergegeben. Übersetze und erkläre.

1. Quintus dixit se oppidum non videre. – 2. Amici se oppido appropinquare responderunt. – 3. E magno periculo se servaverunt. – 4. Cives se oppidum defendere clamaverunt. – 5. Reus se defendit et pro se dicit. – 6. Servae se liberas non esse sciunt.

4 m oder f oder n oder mf oder...

Nenne das Genus bzw. die Genera der Adjektivformen. Begründe mit der Bestimmung von Kasus und Numerus.

magno – sinistra – durum – faciles – felicem – altis – omnibus – brevis – pulchri – mortali – liberos – acre – dignus

5 mein dein sein...

Setze die Possessiv-Pronomen in der richtigen Form dazu und übersetze.

curae – iter – oculis – sapientiam – domini – salute – exemplo – preces

6 Se oder nicht se?

Übersetze und wandle in einen AcI um.

1. Servus: Scio me liberum non esse. – Servus ? scit. – 2. Galla: Asinus clamorem dat. – Galla ? dixit. – 3. Quintus: Felix sum. – Quintus ? clamat. – 4. Medicus: Homines mortales sunt. – Medicus ? dicit.

7 Paris segelt nach Sparta.

1. Paris hatte der Göttin Venus den Preis gegeben. 2. Darauf rief König Priamus seinen Sohn zu sich und sagte: 3. „Schon lange beunruhigen mich schwere Sorgen. 4. Die Griechen nämlich haben meine Schwester[1] in ihre Heimat verschleppt (weggeführt). 5. Segle nach Sparta! 6. Sage allen Griechen, dass König Priamus dich schickt und dass du mein Sohn bist. 7. Führe die arme Frau nach Troia zurück!"

1) **Schwester:** soror, -ōris f

Die Sage vom Troianischen Krieg

1. Romani multas fabulas a Graecis cognoverant, sic etiam fabulam de bello[1] Troiano. 2. Causa belli[1] erat femina. 3. Nam Paris iuvenis, filius regis Troiae, Helenam amavit. 4. Helena valde pulchra erat; sed erat coniux[2] Menelai, regis Spartae. 5. Helena se facilem praebuit ad amorem iuvenis; sic Paris bellam feminam in regnum patris sui abduxit. 6. Menelaus autem iratus[3] omnes Graecos in auxilium arcessivit. 7. Post breve tempus multi Graeci Troiam navigaverunt et oppidum expugnaverunt[4]. 8. Menelaus autem felix Helenam suam Spartam reduxit.

1) **bellum, -ī** n: Krieg 2) **coniūx, -iugis** f: Gemahlin
3) **īrātus, -a, -um:** wütend 4) **expūgnāre:** erobern

De iudicio Paridis – Der Krieg um Troia

1 Das Parisurteil

Benenne die Figuren auf dem Bild.
Woran kannst du sie erkennen?

2 Der Zankapfel

Der Preis, mit dem Paris, der Sohn des Königs Priamus von Troia, die schönste Göttin auszeichnen sollte, war ein goldener Apfel mit der Aufschrift „Für die Schönste".

Bei einer Götter-Hochzeit waren alle Göttinnen und Götter eingeladen mit einer Ausnahme: Discordia, die Göttin des Streits (*griech.* Eris). Dennoch kam sie zur Feier und warf diesen Zankapfel unter die Gäste. Du kannst dir leicht denken, was daraufhin auf der Hochzeitsfeier geschah.

Beschreibe es möglichst anschaulich oder spielt diese Szene.

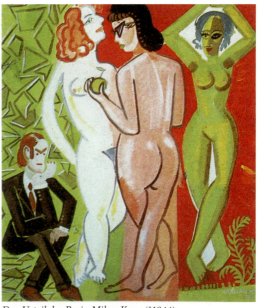

*Das Urteil des Paris, Milan Kunc (*1944).*

3 Die Entscheidung

Paris musste entscheiden, welche der drei Göttinnen den goldenen Apfel erhalten sollte. Diese versuchten, die Wahl zu beeinflussen, indem sie dem jungen Mann Angebote machten: Juno versprach ihm die Herrschaft über die Welt, Minerva Weisheit und Venus Helena, die schönste aller Frauen.

4 „Raub" der Helena

Paris holte sich das versprochene Geschenk, Helena, aus Sparta. Allerdings war sie bereits mit König Menelaos verheiratet. Dieser war über diese Entführung sehr erzürnt und segelte mit den Fürsten Griechenlands nach Troia, um seine Frau zurückzuholen.

5 Krieg!

Beide Seiten kämpften zehn Jahre lang gegeneinander. Der Dichter Homer beschreibt dies in seinem Epos *Ilias*. Erst durch einen Trick konnten die Griechen Troia einnehmen: Der schlaue Odysseus ließ ein riesiges hölzernes Pferd bauen, in dem sich Soldaten versteckten. Die übrigen Griechen täuschten ihre Abreise vor. Daraufhin brachten die Troianer das Pferd, das sie für ein Geschenk an die Götter hielten, in ihre Stadt. In der Nacht kletterten die Soldaten heraus, öffneten die Tore und zerstörten Troia vollkommen.

Nachbau des hölzernen Pferdes beim Ausgrabungsgelände von Troia (in der heutigen Türkei).

Die Römer verehren ihre Hausgötter.

Die Römer verehren neben den olympischen Göttern auch Gottheiten, die für den privaten Haushalt und die Familie eine große Bedeutung haben. Jede Familie hat für ihre Hausgötter im Atrium eine bemalte Nische oder ein tempelförmiges Schränkchen, das *lararium*, an dem diese Gottheiten angebetet werden. Dort stehen kleine Figuren aus Holz, Ton oder Bronze, vor die man Kuchen, Weihrauch oder Früchte als Opfergaben legt. Damit will man die Laren, die Geister der Verstorbenen, gnädig stimmen. Ebenso werden die Penaten, die Götter der Vorratskammer, als Schutzgötter des Hauses und der Familie verehrt. Der Genius, der persönliche Schutzgeist des *pater familias* und damit der ganzen Familie, wird am Lararium oft als Schlange dargestellt. An bestimmten Tagen, besonders aber bei wichtigen Ereignissen in der Familie, wie Geburt, Hochzeit oder glücklicher Heimkehr, werden die Hausgötter verehrt.

Lararium im Haus der Vettier, Pompeji.

Gaius ist neugierig!

Gaius: Narra, Quinte! Abduxistisne Flaviam e villa domini Galli per vim? *Quintus:* Quid narras? E-am non per vim e villa eius abduximus. *Gaius:* Certe domino Gallo dona dedistis! *Quintus:* Nihil ei dedimus. *Gaius:* Licetne mihi narrare cunctis amicis de itinere vestro? *Quintus:* Licet tibi e-is narrare de e-o, sed narra verum, amice!

a Sicher erkennst du sofort, nach welchem Muster das **Personal-Pronomen** *is*, *ea*, *id* (er, sie, es) dekliniert wird und welche Formen eine Ausnahme bilden. Erstellt in Partnerarbeit eine Deklinationstabelle und vergleicht sie anschließend mit der Tabelle II₃ in der Begleitgrammatik, S. 66.
b Finde eine passende deutsche Übersetzung für eius.

Gaius macht sich wichtig – und noch dazu im AcI!

Wisst ihr es auch schon? Ego scio…

… **Quintum** in villa domini Galli fu**isse**.

… **Quintum** Flaviam per vim abdux**isse**.

a Du weißt, dass die Reise des Quintus nach Gallien schon der Vergangenheit angehört. Deshalb wirst du die AcI-Konstruktionen auch richtig ins Deutsche übersetzen.
b Um welche Infinitive handelt es sich? Aus welchen Bausteinen setzen sich die Infinitivformen zusammen?

Lektion 16

Den Göttern sei Dank!

Domitius, Quintus, Flavia und Galla haben den Rest des Winters bei einem hospes *in Massilia (dem heutigen Marseille) verbracht und sind mit dem ersten Schiff im März nach Rom zurückgekehrt. Dort sind inzwischen auch Flavius Lepidus und sein Sohn Aulus aus Kreta eingetroffen. Groß ist ihre Freude, als sie Flavia wiedersehen. Flavius und Domitius beschließen, den Göttern zu opfern. Am Tag des Opfers wird Quintus von seinem Freund Lucius aufgehalten.*

L: „Salve, Quinte! Tandem te video. Ut vales?
    Narra mihi, quaeso, de itinere vestro.
3   Audivi dominum Gallum Flaviam non dimisisse.
    Verumne est vos eam per vim liberavisse?"
Q: „Quis[1] stultus tibi has ineptias[2] narravit?
6   Dic ei id verum non esse.
    Verum est Aufidium Aridum difficilem non fuisse.
    Item verum est eum vix cessavisse Flaviam dimittere.
9   Sed properare debeo; nam pater deis sacrificare parat.
    Vale, Luci!"
Tum domum properat.
12 Ibi totam familiam ad cenam convenisse videt.
    Cito considit. Sed ubi est pater?
    Tum Quintus vocem eius audit;
15 iam Domitius intrat, considit, signum cenae dat.
    Nunc omnes se cibis bonis vinoque delectant.
    Post breve tempus pater surgit
18 et ad lararium[3] focumque accedit.
    Omnes tacent et eum spectant.
    Is autem primo tempora[4] sua fundit
21 Geniumque spargit vino.
    Deinde caput velat[5] et eum appellat:
    „Magne Geni, cape[6] libens donum et votis fave!"
24 Tum Laribus gratias agit,
    quod iter auxilio eorum bene cessit.
    Postremo cibos et sales et tura[7] flammis dat.
27 Omnes, dum dona ardent, cum silentio spectant.
    Tum se mensa secunda[8] delectant.

1) **quis** (hier): welcher 2) **hās ineptiās:** diesen Unsinn 3) **larārium, -ī** n: Lararium
4) **tempora** (hier): Schläfen 5) **vēlāre:** verhüllen 6) **cape:** nimm
7) **salēs et tūra:** (einige Körner) Salz und Weihrauch 8) **mēnsa (-ae) secunda (-ae)** f: Nachtisch

▶ Gliedere den Text in Abschnitte. Welche unterschiedlichen Vorgänge erkennst du darin? Gib jedem Abschnitt eine Überschrift.

▶ Weshalb opfert Domitius den Laren?

Lektion 16

1 Doppelte Verwandlung

a Übersetze die Verbformen.

video – audis – est – dimittimus – debetis – parat – considunt – dat – surgis – accedit – tacent – agit – ardent – sentio – descendunt – frangimus

b Wandle die Präsensformen ins Perfekt um und bilde dann den Infinitiv Perfekt dazu.

2 Übersetze und ersetze

die Substantiv-Adjektiv-Kombinationen durch entsprechende Formen des Personal-Pronomens *is*, *ea*, *id*. Manchmal gibt es mehr als eine Möglichkeit.

▶ puellam laetam → eam

hominis digni – avo bono – magnorum regnorum – iuvenem gravem – a victore laeto – fortunam asperam – montem difficilem – cetera numina – unam noctem – generis humani – tergi duri – flammae altae

3 Lucius sagt zu Quintus, er wisse …

Mache die folgenden Sätze abhängig von *scio* und übersetze.

1. Vos multos labores sustinuistis. S
2. Aufidius epistulam Domitii legit. M
3. Is autem Flaviam non dimisit. U 4. Flavia felix erat. R 5. Ea clamorem dedit. I
6. Galla sortem suam ignorabat. P
7. Aufidius eam non dimisit. H
8. Pantomimum¹ vidistis. A

Die Buchstaben bei den inhaltlich richtigen Sätzen des Lucius ergeben in der richtigen Reihenfolge den Namen eines bekannten Troianers.

4 Bilde passende Infinitive und übersetze.

1. Domitius videt Aufidium facilem et humanum (esse). 2. Is statim servum iubet puellas (arcessere). 3. Flavia narrat piratas navem (opprimere) et omnes feminas puellasque (vendere). 4. Apparet Flaviam lacrimas non (tenere). 5. Ea autem scit se nunc liberam (esse).

5 Domitius erzählt.

Setze die richtige Form von *is*, *ea*, *id* ein, gib die Verwendung an und übersetze.

1. „Aufidio dixi unam e servis ? civem Romanam esse. 2. Tum servum iussit ? arcessere. 3. ? autem erat Flavia nostra. 4. Sed Galla, serva ?, maesta erat. 5. Subito Aufidius: ‚Apparet deos ? favere. 6. Et ego non inhumanus sum; itaque ? tibi cedo.' 7. Tum deis gratias egimus, quod auxilio ? convenimus."

6 Lucius erfährt die Wahrheit.

1. Quintus erzählt seinen Freunden, dass er zusammen mit seinem Vater in Massilia war. 2. Lucius glaubt, dass Quintus' Vater Flavia gewaltsam (mit Gewalt) befreit hat. 3. Quintus sagt, dass Aufidius nicht schwierig war. 4. Er erzählt, dass er (= Aufidius) Flavia sofort entlassen hat. 5. Nun erkennt Lucius, dass er eine unwahre (nicht wahre) Geschichte gehört hat, und geht weg.

Götterlehre in der Schule

1. Magister[1] pueris narrat Romanos pios fuisse: 2. „Eos non modo unum deum, sed multos deos coluisse cognovimus. 3. Est etiam verum eos paene[2] semper et ubique deis sacrificavisse." 4. Tum Iulius, unus e pueris, signum dat. 5. Magister[1] eum videt et interrogat: „Quid est, Iuli?" 6. Is surgit ac dicit: „Licetne interrogare aliquid[3]?" 7. Magister[1]: „Certe! Interroga, quaeso!" 8. Iulius: „Unde ea omnia cognovimus?" Tum considit et tacet. 9. Magister[1] ei respondet: „Id apparet primum[4] ex libris[5] Romanorum, deinde etiam ex templis¹ et simulacris eorum. 10. Ex eis multa cognoscere licet de Romanis atque deis eorum."

1) **magister, -trī** m: Lehrer 2) **paene:** beinahe
3) **aliquid:** etwas 4) **prīmum:** erstens
5) **liber, -brī** m: Buch

Do, ut des. – Römische Religion

1 Der Tempel – das Haus der Götter

Ursprünglich verehrten die Römer ihre Götter unter freiem Himmel. Von den Griechen übernahmen sie aber schon bald den Bau des Tempels. Der Innenraum (*cella*) diente dazu, ein Bild der Gottheit und heilige Gegenstände aufzubewahren. Lediglich Tempelwächter oder Priester hatten Zugang zu diesem Raum. Davor befand sich eine Vorhalle mit Säulen. Der Tempel stand auf einem hohen Podium. Eine Freitreppe führte hinauf. Der Altar, an dem gebetet und geopfert wurde, befand sich vor dem Tempel.

Tempel in Nîmes, Frankreich.

Zeichne den Tempel von Nîmes. Gestalte die genaue Vorderansicht oder den Grundriss des Tempels.

2 Das Opfer an die Götter

Ara Pacis, Opferrelief.

Wollte man etwas von den Göttern erbitten, brachte man ein Opfer dar, z. B. Früchte der ersten Ernte oder auch Tiere. Man dachte dabei: *Do, ut des.* – „Ich gebe, damit du gibst." Auch zum Dank wurde geopfert. Der Ablauf des Opfers war genau vorgeschrieben. Das Opfertier wurde an den Altar geführt, auf dem ein Feuer brannte. Nach dem Gebet führte der Priester die Opferhandlung durch. Dann untersuchte er die Innereien des Tieres, um festzustellen, ob das Opfer unter günstigen Vorzeichen stand. Schließlich wurden sie zusammen mit dem Blut des Tieres auf dem Altar verbrannt. Das übrige Fleisch wurde gebraten und von den Priestern und Opferteilnehmern verzehrt.

a Beschreibe die Abbildung. Welche Tiere werden geopfert?
b Gib anhand des Lektionstextes stichwortartig den Verlauf des Opferfestes wieder.

3 Blick in die Zukunft

Den Römern war es wichtig, den Willen der Götter zu erfahren. Deshalb versuchten speziell ausgebildete Priester, ihn zu erkunden: Auguren beobachteten den Flug und die Stimme der Vögel. Donner, Blitz und Sonnenfinsternis wurden als Drohung gedeutet. Man beobachtete auch, ob Hühner, die nur zu diesem Zweck gehalten wurden, ihr Futter gierig fraßen (dies galt als gutes Zeichen) oder mit schlechtem Appetit. *Haruspices* untersuchten die Eingeweide von Opfertieren. Es gab daneben auch Orakel-, Stern- und Traumdeuter.

Findest du Vergleichbares in der heutigen Zeit?

Reise mit Hindernissen

Der Dichter Horaz (65–8 v. Chr.) reist mit einigen Freunden von Rom nach Brindisi …

Von Rom aus ging's nach Forum Appii, einer Kleinstadt vollgestopft mit Matrosen und Kneipenwirten der übelsten Art. Diese Strecke haben wir uns, bequem wie wir waren, schön eingeteilt. Leute, die schneller unterwegs sind als wir Bummler, brauchen dafür einen Tag. Hier nun hat mir mein Magen den Krieg erklärt. Schuld daran war das Trinkwasser: Es war von entsetzlicher Qualität. Nicht mehr ganz so gut gelaunt wartete ich dann auf meine Freunde, die sich derweil fleißig den Bauch vollschlugen.

Am Abend beschlossen wir, hier zu übernachten und am nächsten Tag per Boot auf dem Fluss weiterzufahren.

Schon legte die Nacht ihre dunklen Schatten übers Land und breitete die Sterne übers Himmelszelt, als unsere Sklaven anfingen, den Bootsleuten irgendwelche Grobheiten und Kommandos zuzubrüllen – und umgekehrt: „Leg hier an!" – „Tu da noch 300 drauf!" – „He, jetzt reicht's aber!" Und bis dann das Fahrgeld lauthals eingefordert oder das Muli festgebunden war, verging eine geschlagene Stunde.

Gemeine Schnaken und quakende Sumpffrösche machten so etwas wie Schlaf unmöglich; dann besang auch noch irgendein Bootsmann, durch reichlich billigen Fusel völlig enthemmt, seine ferne Geliebte und im Wettstreit dazu genauso ein anderer Reisender. Schließlich wurde der Reisende müde und fing endlich an zu schlafen, der faule Bootsmann schickte sein Maultier zum Weiden, band das Bootstau an einen großen Stein, legte sich ebenfalls hin – und fing an, wie ein Holzfäller zu schnarchen – wieder kein Schlaf.

Als es dann anfing zu dämmern und wir abgelegt hatten, merkten wir, dass unser Kahn überhaupt nicht vorwärtskam, bis schließlich einer einen Geistesblitz hatte, aus dem Boot sprang und Kopf und Hintern des Esels wie des Bootsmannes mit einem Weidenknüppel ordentlich bearbeitete. Das half.

Wir zogen weiter nach Benevent durch die Berge Apuliens. Ab da lief es mit einem Reisewagen gut: Schnell waren 24 Meilen zurückgelegt und wir übernachteten in einem kleinen Städtchen, dessen Namen kein Mensch aussprechen, geschweige denn schreiben kann! Hier nun muss man Wasser, sonst die billigste Sache der Welt, für teures Geld kaufen! Aber dafür ist das Brot mit Abstand das beste, sodass der Reisende, wenn er klug ist, noch einen ganzen Vorrat auf den Schultern mit auf die Reise nimmt: Denn in Canosa ist es hart wie Stein und Wasser gibt es auch so gut wie keines.

Nach vielen Strapazen und Mühen erreichten wir schließlich Brindisi, das Ende unserer langen Reise und auch meiner Zeilen.

De rustico[1] et puero et asino

Rusticus[1] cum filio in oppidum migraverat[2].
Ibi in foro asinum robustum emerunt.
Deinde cum asino novo domum remigraverunt[3].
In itinere neque pater neque filius in asino sedebat,
sed post asinum ambulabant.
Subito tres[4] puellae eis appropinquaverunt.
Eae riserunt et rusticum[1] filiumque eius interrogaverunt:
„Estisne stulti? Cur post asinum curritis?
Cur nemo in asino sedet?"
Verba puellarum rustico[1] placuerunt
et post breve tempus pater in tergo asini sedebat.
Filius autem post asinum currebat.
Sed mox tres[4] feminae rusticum[1] appellaverunt:
„Tu pater durus es!
Quamquam vir robustus es, tu in asino sedes
et puer parvus[5] post asinum properare debet!"
Verbis feminarum commotus[6] rusticus[1] statim ex asino
descendit et filium in tergo asini posuit.
Tum pater post asinum currebat.
Sed mox tres[4] viri venerunt et clamaverunt:
„Ecce, puer ignavus[7] in asino sedet
et pater miser post bestiam[8] currit!
Cur non pater in asino sedet?"
Verbis virorum commotus[6] pater iterum in asinum ascendit[9].
Nunc asinus portabat et virum et puerum.
Iam villae suae appropinquabant.
Ibi vicinus[10] rustici[1] virum filiumque cum asino vidit
et misericordia[11] commotus[6] clamavit: „Ecce, bestia[8] misera!
Vos estis barbari. Bestias[8] vexare[12] inhumanum est.
Ut vos hodie bestiam[8] vexatis[12],
sic dei quondam vos multabunt[13].
Profecto, praestat[14] vos portare asinum
quam[15] bestiam[8] tam parvam[5] portare homines tam graves!"
Verbis vicini[10] rusticus[1] et filius eius commoti[6] cito ex asino
descenderunt et – profecto! – asinum domum portaverunt.
Ibi femina rustici[1] iam diu virum filiumque exspectaverat.
Nunc tandem rusticus[1] et puer cum asino aulam[16] intrant.
Sed femina eos valde irridet[17]: „Estisne vos asini?
O quam stulti estis! Vos asinum portatis!
Nonne is debet portare homines?"
Quid fabula docet[18]?

1) **rūsticus, -ī** m: Bauer
2) **migrāre:** wandern, gehen
3) **remigrāre:** zurückwandern
4) **trēs:** drei
5) **parvus, -a, -um:** klein
6) **commōtus, -a, -um:** bewegt, beeindruckt
7) **īgnāvus, -a, -um:** faul
8) **bēstia, -ae** f: Tier
9) **ascendere in:** steigen auf
10) **vīcīnus, -ī** m: Nachbar
11) **misericordia, -ae** f: Mitleid
12) **vexāre:** quälen
13) **multābunt:** (sie) werden bestrafen
14) **praestat** (m. AcI): es ist besser, dass
15) **quam:** als
16) **aula, -ae** f: Hof
17) **irrīdēre:** auslachen
18) **docēre:** lehren

Roma aeterna – Das ewige Rom

1 Im Jahr 753 v. Chr. soll die Stadt Rom gegründet worden sein. Die Vorgeschichte zu dieser sagenhaften Gründung führt uns nach Troia:

Als den Griechen nach zehnjähriger Belagerung durch die List des Odysseus die Eroberung Troias gelang, zerstörten sie die Stadt und töteten viele Troianer. Einige wenige konnten sich retten, unter ihnen Äneas. Auf den Rat seiner Mutter, der Göttin Venus, floh er aus dem grausamen Blutbad. Seinen Vater, seinen Sohn und wenige Freunde konnte er mitnehmen. Nach langer Irrfahrt landete er in Italien an der Küste Latiums, wo König Latinus ihn gastfreundlich aufnahm und ihm schließlich seine Tochter Lavinia zur Frau gab. Äneas herrschte in der von ihm gegründeten Stadt Lavinium, doch nach seinem Tod gründete sein Sohn eine neue Hauptstadt.

Hier sollen rund 300 Jahre die Nachkommen des Äneas als Könige geherrscht haben, bis eines Tages der rechtmäßige König Numitor von seinem Bruder Amulius aus der Herrschaft vertrieben wurde. Numitors Tochter musste Priesterin der Göttin Vesta werden. Mars verliebte sich in sie und sie wurde schwanger. Amulius befahl, ihre beiden Kinder Romulus und Remus in einem Korb auf dem Tiber auszusetzen. Der Korb strandete an einem Hügel, dem Palatin, wo eine Wölfin die Kleinen fand und säugte. Später fand sie der Hirte Faustulus und zog sie zusammen mit seiner Frau in seinem Haus groß. Die erwachsenen Zwillinge töteten Amulius, setzten ihren Großvater Numitor wieder als König ein und gründeten am Ort ihrer Rettung eine neue Stadt. Bei einem Streit wurde Remus von seinem Bruder getötet. So wurde Romulus der erste König der Stadt, die er nach seinem Namen benannte.

Gianlorenzo Bernini, italienischer Künstler, 1618/20.

a Nicht nur die Römer der Antike, auch Künstler späterer Jahrhunderte haben sich immer wieder mit diesen Geschichten beschäftigt. Beschreibe die auf dieser Seite abgebildeten Kunstwerke möglichst genau und benenne jeweils das Thema der Darstellung.
b Stelle die Gründungssage selbst bildlich dar: Zeichne eine Szene genauer oder mehrere als Bildergeschichte.

Ubi bene, ibi patria.

2 Aus diesen kleinen Anfängen heraus entstand eine große und mächtige Stadt. Die Bevölkerungszahl wuchs immer weiter an, sodass Rom im 1. Jh. n. Chr. ca. eine Million Einwohner hatte. Die ersten Hütten, die der Sage nach in der Zeit des Romulus gebaut worden waren, standen auf dem Palatin, doch bald waren sieben Hügel besiedelt und die Stadt dehnte sich über den Tiber hinaus aus. Die Bauten der Stadt wurden prächtiger: Aus den Hütten aus Lehm wurden Häuser aus Ziegeln und – besonders unter Kaiser Augustus und den nachfolgenden Kaisern – eine Stadt aus Marmor.
Spuren all dieser Zeiten sind im heutigen Rom, der „Ewigen Stadt", zu sehen.

a Einige Gebäude hast du schon kennen gelernt. Berichte, was du über sie weißt.
b Einige dir noch nicht bekannte Gebäude sollst du nun genauer erforschen: Wähle eins aus dem unten abgebildeten Stadtmodell aus und informiere dich darüber. Stelle das Gebäude der Klasse in einem Kurzreferat vor oder gestalte ein Wandplakat dazu. Nutze dazu Reiseführer und das Internet.
c Ihr könnt eure Forschungen zu einem Rom-Projekt zusammentragen: Entwerft einen eigenen Reiseführer mit den wichtigsten Gebäuden oder gestaltet eine Wand zu einem Stadtplan mit Informationen.

Engelsburg

Pantheon

Cestius-Pyramide

Konstantinsbogen

Über folgende Begriffe, Themen und Sprüche weißt du nun Bescheid:

> ▶ epistula (stilus, cera, codex)
> ▶ römische Straßen
> ▶ theatrum
> ▶ templum, Auguren, haruspices; lararium, Lares, Genius, Penates
> ▶ Mythos: Parisurteil, Trojanischer Krieg, hölzernes Pferd, Äneas, Romulus und Remus
> ▶ ewiges Rom
>
> Do, ut des.

> Lektion 1–13

1 Nenne jeweils den Infinitiv Präsens und übersetze die angegebenen Formen.

exposueram – plauserant – steterat – videras – tetigeramus – statueratis – erraverat – egeram – traxerant – fueras – iacueramus

2 Welche Form gehört jeweils in die Lücke? Übersetze alle Formen.

manebam	???	manseram
???	defendit	defenderat
dabant	dederunt	???
???	addidit	addiderat
eram	???	fueram
vertebas	vertisti	???
cognoscebat	cognovit	???
servabat	???	servaverat
???	quaesivit	quaesiverat

3 Die Gäste erzählen am nächsten Morgen:

„1. Nocte miseri et maesti in urbem venimus. 2. Nam in mari piratae in navem nostram[1] per vim invaserant. 3. Nos a barbaris cunctis viribus defenderamus, sed illi[2] robusti fuerant et nos superaverant. 4. Alios necaverant, alios in mare praecipitaverant, alios in servitutem abduxerant. 5. Sed nos Fortuna e periculo servavit."

1) **nostram:** unser 2) **illī:** jene

4 Wort gesucht

Setze die Pronomina so ein, dass die fett gedruckten Buchstaben von oben nach unten gelesen ein Wort aus dem Text ergeben. Eine Form bleibt übrig.

n**o**s – **n**obis – **n**obisc**u**m – vo**s** – vo**b**is – vobisc**u**m

1. Semper ? amici esse debemus.
2. Nam ? servavistis.
3. Bona mente ? auxilium dedistis.
4. Gaudete ? , amici!
5. Humanos ? putamus.

> Lektion 1–14

5 Trenne die Sätze mit AcI jeweils in zwei selbstständige Sätze. Übersetze dann den Gesamtsatz.

Der Vater schreibt in einem Brief an Flavia:

1. Te in Gallia vivere audivimus.
2. Cunctos valde gaudere apparet.
3. Vos, te et Gallam, bene valere spero.
4. Certe scis nos cunctis viribus studere vos servitute liberare[1].

1) **līberāre:** befreien

6 Der Unfall

Füge die beiden Sätze jeweils zu einem AcI zusammen und übersetze.

1. Subito equi consistunt.	Domitius et Quintus sentiunt.
2. Domitius in viam cadit et sine mente iacet.	Quintus videt.
3. Quintus patrem valde curat.	Cuncti sciunt.
4. Pater bene valet.	Cognoscunt.
5. Etiam servi gaudent.	Apparet.

7 Diebe im Haus

1. Ein Sklave schreit, Diebe seien im Haus. 2. Er hört, dass der Herr sofort herbeieilt (-läuft). 3. Andere Sklaven merken, während sie schnell kommen, dass die Gefahr groß ist. 4. Sie sehen nämlich, dass ein Gast wie tot am Boden[1] liegt. 5. Der Herr befiehlt dem Arzt zu kommen. 6. Die Diebe seien unmenschliche Menschen, sagt er.

1) **am Boden:** humī

8 Alles klar?

Quintum cenam bonam exspectare apparet.

Lesen und Vertiefen IV

Lektion 1–15

9 Verbinde die Adjektivformen jeweils mit einem in Form und Inhalt passenden Substantiv und übersetze die Verbindung.

brevi – acres – felix – gravibus – omnium – facilis – immortalem¹ – felicis – omni – gravia

familiae – signum – hominum – saxa – imperatorem – pugnas – tempore – verbis – labor – hospitis

10 Bestimme die Pronomina und übersetze.

1. Sapiens¹ omnia **sua secum** portat.
2. Sapiens¹ omnia **sua** voluntate agit.
3. Sapiens¹ inter **suos se** felicem putat.

1) **sapiēns:** der Weise

11 a Übersetze.

me defendo – te defendis – se defendit – nos defendimus – vos defenditis – se defendunt

b Führe die Reihen weiter und übersetze jeweils.

me specto … – mihi cenam paro … – mecum cogito …

12 Venus, Paris, Helena

1. Venus se forma ceteras deas superare scit. 2. Itaque se dono suo gratiam¹ Paridis¹ conciliare¹ putat.
3. Paris autem se suo iudicio Venerem delectare² sentit.
4. Tum Helenam, formosissimam³ omnium mortalium, suam esse putat. 5. Graeci se victoria⁴ sua Helenam e Troia in patriam re-portare gaudent.

Schönheitskonkurrenz

1) **grātiam Paridis conciliāre:** die Gunst des Paris gewinnen 2) **dēlectāre:** erfreuen 3) **fōrmōsissimam:** die schönste 4) **victōria, -ae** f: Sieg

Lektion 1–16

13 Äneas

a Übersetze.
Vergilius poeta¹ narrat

1. … Aeneam asperam Troiae fortunam horruisse.
2. … Aeneam cum amicis e patria in Africam venisse.
3. … Aeneam diu apud Didonem¹, Carthaginis reginam, mansisse.
4. … Aeneam tum ab Africa in Italiam navigavisse.
5. … Aeneam amicos ibi a magnis periculis defendisse.
6. … Aeneam eis ibi postremo novam patriam dedisse.

1) **Dīdōnem:** Akk. zu Dido

b Nenne zu jedem Infinitiv Perfekt den entsprechenden Infinitiv Präsens. Um welche Perfekt-Bildung handelt es sich jeweils?

14 Setze den Infinitiv Präsens jeweils ins Perfekt und übersetze die Sätze.

Tacitus narrat
1. … Germanos servitutem valde horrere.
2. … Germanos magna pericula non timere.
3. … Germanos humanitate non carere.

15 Cäsar und die Gallier

1. Wer weiß nicht, dass die Gallier den Römern untertan gewesen sind (gehorcht haben)? 2. Der römische Frieden¹ hat ihnen offensichtlich gefallen. 3. Cäsar berichtet, dass er in schweren Kämpfen die Germanen besiegt hat. 4. Er schreibt auch, er habe dabei° den Galliern Hilfe geleistet (gegeben).

1) **Frieden:** pāx, pācis f

Lektion 17

Rom ist eine Reise wert.

Bereits Kaiser Augustus hatte begonnen, der Stadt Rom die Pracht einer Weltstadt zu geben. Zu Recht konnte er sich rühmen, dass er eine Stadt aus Ziegeln vorgefunden habe und eine Stadt aus Marmor hinterlasse.

Seitdem entstehen in Rom immer wieder große Bauwerke, die von den Römern bewundert und von den Besuchern aus der Provinz wie Weltwunder bestaunt werden. Rom ist die Stadt der Superlative: Der Circus Maximus ist die größte Rennbahn der Welt, das Kolosseum ist die größte Arena auf der Erde und jetzt ist das *Forum Traiani* die neue Touristen-Attraktion. Diese Platzanlage mit einer gewaltigen Gerichtshalle, zwei prächtigen Bibliotheken und einer riesigen überdachten Markthalle ist schon von weitem an der Trajanssäule zu erkennen. Auf ihr sind die Kriege des Kaisers gegen die Daker an der unteren Donau dargestellt.

Eines Tages... *Gallas Zukunftsträume...*

...Galli se **libera-bu-nt** servitute... **Audi-a-m** patriam meam tandem liberam esse... Romani servitutem asperam nobis non iam **impon-e-nt**... Nobis **lice-bi-t** bono animo vivere, nam in Gallia libera **viv-e-mus**. Tum cuncti Galli **conveni-e-nt**, tum deis nostris **sacrifica-bi-mus**.

...doch bis dahin:

Romae serva **ero**, Romani domini mei **erunt**. Me Domitii servitute **tene-bu-nt** et tu, Flavia, domina mea **eris**. Certe ego vobis **pare-b-o**, me maestam esse non **audi-e-tis**. Sortem autem secundam semper **spera-b-o**, numquam sperare **desin-a-m**.

a Sammle aus dem Text die **Futurformen** der 1. Person Singular, dann der 3. Person Plural der ā-, ē-, ī- und der Konsonantischen Konjugation. Vergleiche jeweils den Aufbau der Formen in den verschiedenen Konjugationen.
b Stelle für die übrigen Formen (2. Person Singular und Plural, 3. Person Singular) fest, woran das Futur zu erkennen ist. Auch hier helfen dir Gallas Zukunftsträume.
c Du findest im Text auch drei Formen des **Futurs von** *esse*. Erschließe die fehlenden drei.

Besuch aus der Provinz

Die Flavier haben Besuch. Flavias Onkel Tiberius Flavius Calvus und seine Frau Aemilia sind aus der Provinz Raetia nach Rom gekommen. Gerade warten die beiden zusammen mit Quintus auf Flavia, die ihnen die Stadt zeigen will. Da sieht Aemilia, dass Flavius Lepidus einen Brief seines Freundes aus Milet in der Hand hält.

A: Comperistine aliquid novi[1] de uxore filioque, Lepide?
L: Nihil comperi. Tamen spero et semper sperabo.
3   Deis sacrificare non desinam.
    Benigni[2] erunt et nobis favebunt; preces nostras audient.
C: Et nos deis sacrificabimus neque vobis auxilium deorum orare desinemus.
6   Ecce, Flavia! Quam pulchra est!
    Quem conspectu[3] tuo delectare cogitas, Flavia?
    Cuius animum perturbare studes?
9 A: Satis est, Tiberi.
    Dic, Flavia: Quo nos duces?
F: Ad forum Traiani, ubi opus magnum videbitis.

12 Post breve tempus omnes ante columnam[4] Traiani stant.
F: Hic videtis monumentum,
    quod[5] senatus[1] post bellum Dacicum ad honorem Traiani Caesaris exstruxit.
15 Ego vobis nunc effigies[6] columnae[4] explanabo…
A: Specta huc, Tiberi! Videsne pontem tuum?
C: Quam saepe tibi dixi, Aemilia, me eum non solum exstruxisse!
18 A: Dic nobis: Quocum pontem Danuvio imposuisti?
C: Ego fui praefectus fabrum[7].
Q: Cui Traianus pontem exstruendum[8] tradiderat?
21 F: Architecto[1] nomine Apollodoro, ut credo.
C: Sic est, Flavia; nam Apollodorus in arte architecturae[1] fuit egregius.
F: Profecto pons magnum exemplum architecturae[1] Romanae est.
24 Multa milia[9] virorum tres annos laboraverunt
    et eum summis laboribus, summis periculis exstruxerunt.
    Quam ingens opus itemque pulchrum!

27 Tum Flavia alias effigies[6] columnae[4] explanat. Ceteri cum voluptate audiunt.

1) **aliquid novī**: etwas Neues 2) **benīgnus, -a, -um**: gütig, gnädig 3) **cōnspectus** (*Abl. cōnspectū*) m: Anblick
4) **columna, -ae** f: Säule 5) **quod** (*Relativ-Pronomen*): das 6) **effigiēs** (*Akk. Pl. effigiēs*): Darstellung, Bild
7) **praefectus** (-ī m) **fabrūm**: Befehlshaber der Pioniere 8) **pontem exstruendum**: den Bau der Brücke
9) **mīlia** (*m. Gen.*): tausend (*m. Nom.*)

▶ Warum führt Flavia ihre Verwandten ausgerechnet zum Forum Traiani?
▶ Wieso gilt die Brücke über die Donau als ein bedeutendes Werk römischer Architektur?

Lektion 17

1 Zum Verwechseln ähnlich!

Finde die Futurformen heraus und übersetze sie.

cares – cives – consules – cedes – cades – canes – sapientiam – sciam – scribam – sedebam – solam – videtis – vivetis – ventis – vendetis – vocatis – ego – erro – ero – equo – emo

2 Alle Zeiten führen in die Zukunft.

Verwandle in die entsprechende Form des Futurs.
Aus dem Präsens: frango – exponit – veniunt – sunt – flemus – fundis – negat
Aus dem Imperfekt: favebant – eras – sentiebatis – colebam – dabat
Aus dem Perfekt: restiti – fuistis – egit – desierunt – appellavimus – moverunt
Aus dem Plusquamperfekt: liberaverant – fuerat – dimiserat – dormiveram

3 Darauf freut sich Flavia.

Ergänze die Sätze mit den passenden Verben im Futur.

apportare – comperire – explanare – ducere – venire

1. Post multos annos Calvus et Aemilia tandem e Germania Romam ? . 2. Certe dona pulchra e provincia nobis ? . 3. Tota familia multa ? de moribus Germanorum. 4. Ego autem Calvum et Aemiliam per urbem ? et eis monumenta egregia ? .

4 Antwort vor Frage

Wie lauteten die Fragen, auf die die fett gedruckten Wörter die Antwort geben?

1. Flavia **Calvo et Aemiliae** urbem Romam monstrare[1] cogitat. 2. Itaque cum eis **ad forum** ambulat. 3. Ibi **multa monumenta** eis explanat. 4. Tandem **omnes** ante columnam[2] pulchram consistunt. 5. Calvus multa **de imperatore Traiano** narrat. 6. Tum columnam[2] **Traiani** spectant. 7. Quintus autem **Flaviam solam** spectat.

1) mōnstrāre: zeigen   2) columna, -ae f: Säule

5 Wandle um.

pons ingens → Dat. → Pl. → Akk. → Sg. → Abl. → Nom.
opus egregium → Pl. → Gen. → Sg. → Dat. → Pl. → Akk. → Sg. → Nom.
summa ars → Abl. → Pl. → Akk. → Sg. → Gen. → Nom.

6 Was wird aus der Provinz Raetia werden?

1. Glückliche Menschen werden dort leben. 2. Sie werden ihre freie Heimat sehr lieben. 3. Dann wird ein großer König gewaltige Monumente errichten. 4. Viele werden dorthin[1] eilen, weil sie die große Hauptstadt anschauen und sich an den Bergen erfreuen wollen. 5. Wem wird es nicht gefallen, dort zu leben? 6. Wer sagt (Fut.) uns seinen neuen Namen? *Selbstverständlich den lateinischen!*

1) **dorthin:** eō

Herrliche Bauten in Rom

1. Dum Flavia hospites per urbem ducit, multa aedificia[1] et monumenta pulchra spectaverunt. 2. Subito Calvus constitit et dixit: „Ecce, opus novum et ingens! Quid id erit, Flavia?" 3. Flavia explanavit: „Hic imperator Hadrianus Pantheum exstruit – aut exstruet; nam adhuc opus non est perfectum[2]. 4. Id erit templum[1] omnium deorum. 5. Certe erit aedificium[1] forma et tholo[3] ingenti egregium. 6. Venite, mox etiam aliud opus Hadriani videbimus. 7. Imperator enim sibi suum monumentum exstruet. 8. Ibi Romani eum post mortem eius sepelient[4]; sic enim statuit Hadrianus. Cui aedificia[1] eius non placebunt?"

1) **aedificium, -ī** n: Bauwerk
2) **perfectus, -a, -um:** vollendet
3) **tholus, -ī** m: Kuppeldach   4) **sepelīre:** begraben

Nova fora et templa – Trajans Neubauten in Rom

> K. IANVAR.[1] IMP. TRAIANVS FORVM SVVM
> ET BASILICAM VLPIAM DEDICAVIT[2].

1) **K. Iānuār. (Kalendīs Iānuāriīs):** am 1. Januar 2) **dēdicāre:** einweihen

Diesen Eintrag fand man in einem Marmorkalender zum Jahr 112 n. Chr. Trajan und Hadrian haben in Rom viel gebaut und das Gesicht der Stadt bis heute geprägt.

Basilica Ulpia.

Forum Traiani.

Eine besonders große Anlage ließ Trajan zur Feier seines Sieges über die Daker errichten: das Trajansforum, an dessen Seite die prachtvolle Basilica Ulpia stand. Von allen Seiten schauten gewaltige Figuren gefangener Daker auf das Forum herab. In der Nähe dieses Forums erhob sich die fast 40 m hohe Trajanssäule. Auf dem Fries, der spiralförmig um die Säule herumläuft und über 100 einzelne Bilder mit einer Gesamtlänge von ca. 200 m zeigt, ist die Geschichte der Kriege gegen die Daker aus Sicht der Römer dargestellt. Oben auf der Säule stand eine gewaltige Statue des Kaisers Trajan.

a Wo entdeckst du auf dem oberen Bild die Trajanssäule? Wo befinden sich die Statuen der gefangenen Daker?

b Die Bildhauer waren bemüht, die Daker möglichst fremd und gefährlich erscheinen zu lassen. Mit welchen Mitteln wird dieses Ziel erreicht? Warum war es für Trajan wichtig, den Römern ein solches Bild von den Dakern zu vermitteln?

Der Limes schützt die römischen Provinzen.

Augustus wollte das Römische Reich über Rhein und Donau hinaus bis zur Elbe ausdehnen. Im Jahr 9 n. Chr. wurden jedoch in der Nähe des Teutoburger Waldes drei römische Legionen von den Germanen vernichtet. Deshalb gab Augustus seine Pläne auf. Um Truppen schneller zwischen Donau- und Rheinprovinzen hin- und herbewegen zu können, bauten die Römer im Winkel zwischen Oberrhein und oberer Donau Straßen und sicherten sie durch Holztürme und Kastelle ab. Trajan und Hadrian errichten dann entlang dieser Grenzlinie einen Palisadenzaun mit Wall und Graben, den Limes. Entlang des Limes werden weitere Kastelle gebaut. Dort sind die Soldaten untergebracht. In einer Lagersiedlung, dem *vicus*, lassen sich auch Handwerker und Händler nieder. Sie versorgen die Soldaten und die germanische Bevölkerung mit Geschirr, Werkzeugen, Schmuck und Fuhrwerken. Bei den Germanen kaufen sie die Rohstoffe für die Bauten und die Waffen. In der Nähe der Kastelle entstehen Gutshöfe, *villae rusticae,* deren Produkte im Kastell und im Lagerdorf verkauft werden.

Angriff auf die Saalburg, Aquarell von C. Nebel, Saalburgmuseum.

Onkel Calvus erzählt von ...

der Reise, `deren` Gefahren er nicht fürchtete	imperatore Traiano, `cui` honorem debet (V)
der Provinz, `die` er verwaltet	Germanis, `qui` ibi vivunt (L)
den Germanen, `die` dort leben	deis, `quibus` Germani sacrificant (T)
ihren Bräuchen, `die` er kennen gelernt hat	foris, `quae` Romani in oppidis exstruunt (I)
den Göttern, `denen` die Germanen opfern	provincia, `quam` administrat (E)
den Foren, `die` die Römer in den Städten erbauen	eorum moribus, `quos` cognovit (A)
Kaiser Trajan, `dem` er sein Ehrenamt verdankt	itinere, `cuius` pericula non timebat (R)

a Ordne den deutschen Ausdrücken der Reihe nach jeweils die passende lateinische Übersetzung zu. Das Lösungswort aus den Buchstaben in Klammern verrät dir die genaue Bezeichnung des **Pronomens** `qui, quae, quod`.
b Stelle mithilfe der Beispielsätze fest, wonach sich Genus und Numerus der Pronomina jeweils richten. Und der Kasus?
c Verschaffe dir mithilfe der Begleitgrammatik, S. 54, einen Überblick über alle Formen.

Auf GEHT's!

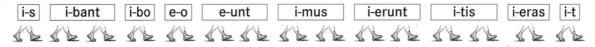

Ordne die Formen von *i-re* nach den dir bisher bekannten Tempora und vervollständige sie.

Eine heiße Diskussion

Flavias Onkel Calvus hat Quintus ins Herz geschlossen und versprochen, ihm vom Leben in der Provinz zu erzählen. Er hat ihn deswegen ins Haus der Flavier eingeladen. Endlich ist der verabredete Tag gekommen. Als Quintus gerade von zu Hause weggehen will, begegnet ihm seine Mutter.

Mater: Quid in animo habes, Quinte? Quo is?
Q: Eo ad patruum[1] Flaviae, qui me invitavit.
De vita et moribus eorum hominum, qui in provincia Raetia vivunt, narrabit.
M: Quando domum redibis, Quinte?
Q: Tempore cenae redibo, mater.
Nisi in tempore ero, apud Flavios cenabo.
M: I modo! Te Flaviis salutem dicere iubeo.

Quintus via recta ad domum[2] Flaviorum it.
Unus e servis eum in atrium[1] ducit.
Modo alius hospes, cuius vox magna et gravis est, rogat:

Hospes: Cur Germanos Danuvium transire non prohibemus?
Numerus eorum, qui transeunt neque redeunt, in dies[3] crescit.
Nonne mox alieni erimus in imperio nostro?
C: Nondum periimus neque peribimus, Placide; nam... Salve, Quinte!
Venisti ad tempus; cum Placido amico dissero de eis periculis,...
Q: ..., quae a Germanis sunt. Verba vestra audivi, Calve.
C: Nullum periculum a Germanis est.
Hermunduri – ea civitas quondam trans Danuvium sedes habuit –
iam sub Nerone Caesare ubique transibant.
Eis non modo in ripa, sed tota provincia commercium[4] exercere licebat.
Nunc ii, quibus domos[2] villasque nostras aperuimus,
una nobiscum provinciam administrant et amici populi Romani sunt.

1) **patruus, -ī** m: Onkel 2) **domus** (*Akk. Sg./Pl.* **domum/domōs**) f: Haus (*in der Stadt*) 3) **in diēs:** von Tag zu Tag
4) **commercium, -ī** n: Handel

▶ Warum begibt sich Quintus in das Haus der Flavier?
▶ Worum geht es in der Diskussion zwischen Calvus und seinem Gast? Stelle beide Positionen dar.

Lektion 18

1 Wie geht's?

a Welches Tempus und welche Person ist bei den folgenden *ire*-Formen am häufigsten vertreten?

ibit – eo – ieratis – ierunt – imus – ibas – ii – eunt – iimus – ibitis – istis – ieram – itis – iit

b Ersetze sie durch entsprechende Formen von *currere*.

c Und jetzt umgekehrt:

currebant – curris – curremus – cucurrit – currit – cucurreras – cucurristi – curram – cucurrerant – currunt – cucurri – curret

2 Verbindung fehlt.

Setze das Relativ-Pronomen ein und übersetze.

1. Quintus epistulam, ? Flavia scripsit, legit. – 2. Quintus, a ? Flavia auxilium petiverat, cum patre in Galliam iit. – 3. Inter servas, ? in villa Aufidii vivunt, sunt etiam Flavia et Galla. – 4. Flavia explanat monumentum, ? civitas Romana ad honorem Traiani exstruxit. – 5. Flavia de multis monumentis, ? Romae sunt, narrat.

3 Kombiniere.

Füge die Relativsätze A.–F. an den passenden Stellen in die Sätze 1.–6. ein.

1. Servi dominum tollunt.
2. Lucius iam multa de Gallia audivit.
3. Lepidus deis sacrificat.
4. Piratae feminas abduxerunt.
5. Lepidus nihil de uxore comperit.
6. Pater intrat.

A. qui in navem invaserant
B. qui in viam cecidit
C. quorum auxilio Flavia rediit
D. cuius vocem Quintus audivit
E. cui amicus de itinere narrat
F. quam piratae abduxerant

4 Wandle um.

is annus → Akk. → Pl. → Gen. → Sg. → Abl. → Pl.
ea urbs → Pl. → Dat. → Sg. → Akk. → Pl. → Gen. → Sg. → Abl.
id tempus → Abl. → Pl. → Akk. → Sg. → Gen. → Dat. → Pl.

5 a e i o u

und dazu die Konsonanten b, n, t und r. Wie viele Formen von *ire* kannst du daraus basteln? Arbeitet im Team.

6 Über die Germanen

1. Schon zu Zeiten Cäsars, den die Römer als Feldherrn in die Provinz Gallien geschickt hatten, wollten die Germanen den Rhein überschreiten. 2. Damals aber hinderte Cäsar sie daran°. 3. Sie hatten nämlich einen gallischen Stamm, der an den Ufern des Rheins seine Siedlungsgebiete hatte, überfallen. 4. Dieser Stamm erbat von Cäsar Hilfe. 5. Darauf(hin) baute dieser eine Brücke über den Rhein.

Hadrian als Friedenskaiser

1. Imperator Hadrianus, qui in animo habebat omnes provincias imperii Romani cognoscere, multa itinera fecit[1]. 2. Primo in Galliam iit, deinde in Germaniam et Britanniam et Hispaniam. 3. In Britannia vallum[2] longum et altum exstruxit, quod adhuc exstat[3]. 4. Sic alienos populos in imperium Romanum invadere prohibebat. 5. Deinde Romam rediit; sed post breve tempus in Africam transiit, tum etiam in Graeciam et Asiam iit. 6. Saepe in urbe Athenis fuit, quod artes Graecorum amavit, quas libens coluit. 7. Novas provincias non paravit; sic temporibus Hadriani imperium non iam crevit. 8. Romani eum „patrem patriae" vocaverunt.

1) **fēcit:** (er) machte, unternahm 2) **vallum, -ī** n: Wall
3) **exstāre:** bestehen, existieren

Cambodunum – Die Römer in Bayern

Befestigte Straßen und städtische Siedlungen kennzeichnen das Bild römischer Provinzen. Typisch für römische Städte, in denen Handel, Handwerk und Verwaltung ansässig wurden, waren ein rechtwinkliges Straßensystem, ein *forum*, Verwaltungsgebäude, Tempel und ein *amphitheatrum*. Vor allem in den Städten setzte sich die römische Lebensweise immer mehr durch und wurde auch von den einheimischen Nichtrömern nachgeahmt: Man sprach Latein, verehrte neben den eigenen auch die Götter der Römer, kochte mit Olivenöl und *garum*, einer in der römischen Küche beliebten scharfen Fischsauce. Vor allem der Dienst in der Armee machte aus Germanen Römer. Die Verbreitung römischer Lebensweise nennt man Romanisierung. Cambodunum (heute Kempten) und Augusta Vindelicum (heute Augsburg) waren die wichtigsten Städte der römischen Provinz Raetia.

a Welche für eine römische Stadt typischen Merkmale und Bauten kannst du auf der Abbildung erkennen?

Handel: Amphoren dienten dem Transport von Olivenöl, Wein oder garum.

Handwerkskunst: eine bunt gefleckte Glasvase aus Cambodunum.

b Ordne die Namen der Römerstädte den heutigen Namen zu. Welche Städte sind wohl aus Militärlagern am Limes entstanden?

Castra Regina – Confluentes – Rigomagus – Constantia – Novaesium – Mogontiacum – Colonia Agrippina – Augusta Treverorum

Köln – Trier – Neuss – Konstanz – Remagen – Koblenz – Mainz – Regensburg

Was hältst du vom Heiraten?

Hochzeitszeremonie.

„*Ubi tu Gaius, ego Gaia*": Mit diesen Worten wird in Rom eine Ehe geschlossen. Die Braut trägt bei ihrer Hochzeit eine safrangelbe *palla* und einen orangefarbenen Schleier, darauf einen Brautkranz. Bis tief in die Nacht feiern Braut und Bräutigam mit ihren Gästen bei den Eltern der Braut. Dann führt die Hochzeitsgesellschaft die Braut im Schein der Fackeln zu ihrem neuen Zuhause: das Haus ihres Ehemannes.
Doch nicht immer ist die Braut bei ihrer Hochzeit auch glücklich. Auch zur Zeit Hadrians kommt es noch vor, dass die Väter für ihre Töchter Männer aussuchen, ohne dass Liebe eine Rolle spielt. Manch eine Frau wäre da lieber Vestalin, Priesterin der Göttin Vesta. Diese darf nämlich nicht heiraten, sondern kümmert sich ausschließlich um das heilige Feuer im Tempel der Göttin.

Die Flavier haben ein großes Haus.

1 Flavii magnam villam habent. = **2** Flaviis magna villa est.

a In welchem Kasus steht der **Besitzer** in Satz **2**, in welchem der **Besitz**?
b Was heißt dann: *Lucius hat viele Freundinnen*?

Alle reden durcheinander...

Visne ad forum ire, Luci? – Nolo. In thermas' ire volo.
Etiamne amici in thermas' ire volunt? – Nolunt.
Vultis ne in Colosseum ire? – Volumus, sed Quintus cum Flavia per forum ambulare vult.
Cur non cum Quinto et Flavia per forum ambulatis? – Nolumus.

Erstelle anhand des Textes eine Konjugationstabelle für das Präsens von *velle* (wollen) und *nolle* (nicht wollen). Ergänze bei *nolle* alle fehlenden Formen durch *non* + die entsprechende Form von *velle* und markiere diese farbig.

***Du wirst* das Futur II gleich *gelernt haben*.**

Informiere dich in der Begleitgrammatik, S. 56, über die **Formen des Futur II**. Wonach sehen die Bausteine aus? Warum bildet dabei die 3. Person Plural wohl eine Ausnahme?

Eine ungewisse Zukunft

Während Quintus mit Flavius Calvus und dessen Freund über die Lage in der Provinz Raetia diskutiert, unterhält sich Flavia mit ihrer Tante Aemilia im Garten des Hauses.

   A: Hoc[1] unum te rogare volo, Flavia: Tune iam de nuptiis cogitavisti?
      Ego cum tua[2] aetate eram, iam duos annos uxor eram patrui[3] tui.
3 F: Pater de nuptiis adhuc nihil dixit.
   A: Num te virginem Vestalem esse vult?
      Hem[4]! Volui dicere: Certe virum idoneum adhuc tibi quaerit.
6 F: Ego neminem alium volo nisi Quintum.
      Si pater me alii viro destinaverit, nuptias recusabo.
   A: Quid audio? Visne recusare, Flavia?
9   Patri ius est filiam e sua voluntate nuptum[5] dare.
      Filia autem parere debet.
      Fortasse pater te iam senatori cuidam[6] destinavit.
12 F: Non est ita.
      Patri meo animus benignus[7] et clemens est.
      Si ab eo nuptias Quinti petivero, voluntati meae cedet.
15 A: Sed quid de patre Quinti?
      Quid de Quinto? Tene uxorem ducere volet?
   F: Nescio. Cum id rogare volebam, animus mihi cadebat.
18   Quintum autem de nuptiis tacere velle apparet.
      Cum amicis thermas[1] petere mavult[8]
      vel patrem in foro audire vel litteris Graecis studere.
21   O me miseram!
      Da mihi, quaeso, consilium utile et bonum, Aemilia!
   A: Cur non Quinti amorem incitas?
24   Ostende te asperam, simula te alium habere amicum!
   F: Hoc[1] nolo, Aemilia.
   A: Cur non vis, Flavia?
27 F: Censesne hoc[1] aequum?
      Nonne Quintum laedam, si ita agam?

1) **hoc:** das 2) **tuā** (hier): in deinem 3) **patruus, -ī** m: Onkel 4) **hem:** oh! ach! 5) **nūptum dare:** verheiraten
6) **quĭdam** (*Dat.* **cuidam**): einer (*dessen Name nicht genannt werden soll*) 7) **benĭgnus, -a, -um:** gütig
8) **māvult:** er zieht vor

▶ Wie denken Flavia und Aemilia über das Heiraten? Stelle die beiden Standpunkte gegenüber.
▶ Warum ist Flavia mit ihrer Situation unzufrieden?

Lektion 19

1 Zirkeltraining

Suche für jede Verbform die „Startposition" und konjugiere sie einmal im Uhrzeigersinn. Übersetze jede Form.

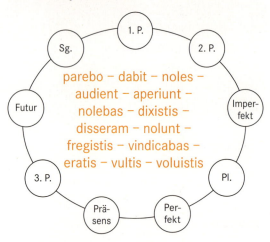

parebo – dabit – noles – audient – aperiunt – nolebas – dixistis – disseram – nolunt – fregistis – vindicabas – eratis – vultis – voluistis

2 Doppelgänger gesucht

Welche der folgenden Wörter passen in ihrer Bestimmung genau zu folgenden Formen von *velle*? Gib stets auch die Lernform und die Bedeutung an.

volo: anno – uno – dico – ero – quaero – duo – do – ego – audio – meo – cedo – pio – pono – primo
vis: amicis – amoris – cogitas – eris – audis – ducis – cadis – voluntatis – patris – pares – aris – moves

3 Eins, zwei, drei

Verbinde die folgenden Substantive mit den entsprechenden Formen von *unus*, *duo*, *tres*.

uxor – filiam – consiliorum – virgines – patri – senatores – amicas – fora – marium – epistulis

4 Verwandle

Futur I in Futur II und umgekehrt.

nesciet – ostenderit – nolent – simulavero – laedes – cedent – dixeris – dabimus – redibis – vixeris – peribimus – ero – iubebit – ieris – crescet

5 Die eine hat's – der andere nicht.

Verwandle: Flavia equum habet. (Livia) → Liviae equus non est.

1. Filia litteras habet. (Filius) – 2. Hospes magnam vocem habet. (Nos) – 3. Consul consilium utile habet. (Senatores) – 4. Pater animum clementem habet. (Barbarus) – 5. Livia villam habet. (Ego)

6 Römer und Germanen

1. Zunächst wollte Kaiser Augustus dem Römischen Reich auch das Gebiet der Germanen hinzufügen. 2. Dann aber haben Germanen drei römische Legionen[1] überfallen und viele Männer getötet. 3. Deshalb wollte er die Germanen nur° noch° davon° abhalten, den Rhein und die Donau zu überqueren. 4. Auch andere Kaiser hielten diesen Plan für gut und nützlich. 5. Viele Jahre hindurch lebten die Römer mit den Germanen ohne Kriege zusammen°.

1) **Legion:** legiō, -ōnis f

Unverhofftes Glück

1. Unam virginem duo iuvenes petebant.
2. Superavit dives[1], pauper[2] maestus erat.
3. Iam dives[1] nuptias parare voluit.
4. Pauper[2], qui nuptias eius videre noluit, in casa[3] sua mansit. 5. Erat ei asinus, quem ante casam[3] posuerat. 6. Casu[4] hospites divitis[1] quaerebant asinum, qui virginem ad nuptias portare debebat. 7. Et casu[4] – vel consilio deorum – asinum pauperis[2] offenderunt eumque abduxerunt. 8. Subito ingens tempestas asinum terruit, qui cito cum virgine in casam[3] domini sui rediit. 9. Ibi puella pauperem[2] vidit, cuius fortunam adhuc nesciebat. 10. Forma et mores eius virgini placuerunt; atque ita cum eo nuptias paravit.

1) **dīves, dīvitis:** reich, der Reiche
2) **pauper, pauperis:** arm, der Arme
3) **casa, -ae** f: Hütte   4) **cāsū:** durch Zufall

femina – Leben römischer Frauen

Vier Fragen an Flavia

1 Was machst du, wenn dein Vater dir die Heirat mit Quintus nicht erlaubt?

Er muss es mir erlauben, ich werde ihn so lange anflehen, bis er es tut. Wenn er nicht einverstanden ist, dann können wir nämlich nicht heiraten. Aber dann heirate ich auch keinen anderen. Dann bleibe ich unverheiratet und werde Vestalin.

2 Was ist, wenn du dich doch nicht mit Quintus verstehst?

Damit rechne ich natürlich nicht. Ich hoffe auch nicht, dass es mir ergeht wie unserer früheren Nachbarin. Sie konnte keine Kinder bekommen, deshalb hat der Mann sich wieder von ihr scheiden lassen. Wenigstens behält eine Frau bei der Scheidung das Geld, das sie mit in die Ehe gebracht hat.

3 Schminkst du dich?

Ja, ein bisschen. Zurzeit ist es Mode, möglichst blasse Haut zu haben. Einige Frauen tragen deshalb eine Paste aus gemahlener Kreide auf Gesicht und Nacken auf. Ich nehme nur etwas rote Farbe für die Lippen und die Wangen und ab und zu etwas Asche für die Augen.

4 Welchen Beruf willst du ergreifen?

Einen Beruf? Darüber habe ich noch nicht nachgedacht. Was könnte ich denn von Beruf werden? Frauen aus einfachen Familien können Hebammen oder Friseurinnen werden; eine Freundin meiner Mutter leitet sogar ein eigenes Geschäft. Aber ich glaube, ich werde mich um das Haus kümmern.

Ehrenstatue einer Vestalin.

Tonbehälter für Parfüms (Mitte).

a Wie würden heute Mädchen auf diese Fragen antworten?
b Vergleiche Flavias Leben und Vorstellungen mit denen heutiger Mädchen. Was ist ganz anders?
c Habt ihr weitere „Fragen an Flavia"? Sammelt Fragen in der Klasse.

Bestimmt findet ihr mithilfe eurer Lehrerin oder eures Lehrers Antworten.

„Das Essen ist fertig."

Um die neunte oder zehnte Stunde des Tages ist es endlich so weit: Gebadet und frisch gekleidet setzt oder legt man sich im *triclinium* zu Tisch. Breite Sofas stehen ringsum, auf jedem können drei Personen bequem Platz nehmen. Meist gibt es drei Liegen. Bei Einladungen werden je nach Anzahl der Gäste mehrere solcher Dreiergruppen aufgestellt. In den vornehmeren Häusern wird das Essen von Sklaven zubereitet und serviert: Fisch, Fleisch, Gemüse und vieles mehr. Messer und Gabel allerdings fehlen. Denn alles ist in mundgerechte Stücke geschnitten, die man mit den Fingern nimmt. Zur Reinigung der Hände gibt es eine Schale mit Wasser.

Gelage, Wandmalerei, 1. Jh. n. Chr.

Verbformen komponieren

a Komponiere mit den **Vorsilben** und den gegebenen Formen von *esse* alle möglichen Formen. Beachte dabei das gelbe Dreieck.

b Überlege, welche deutsche Bedeutung die neu gebildeten Formen haben könnten. Die Bedeutung der Präpositionen kennst du. *pot-* heißt so viel wie „mächtig".

Verbformen vergleichen

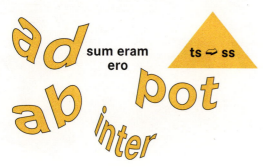

Ordne die Formen der neuen Konjugation den entsprechenden Formen der ī-Konjugation zu. Welche Unterschiede stellst du fest?

Abschiedsfest

Flavias Onkel wird durch einen Brief seines Gutsverwalters in die Provinz zurückgerufen. Der Tag der Abreise steht kurz bevor. Flavias Vater gibt ein Abschiedsfest, zu dem er auch die Domitier eingeladen hat. Diese machen sich gerade auf den Weg zum Haus der Flavier.

Domitius: „Iam decima hora est, tempus est abire.
Volo apud Flavium adesse, cum cena incipit.
3 Magnae, credo, cenae intererimus."
Mox Domitii domum[1] Flavii Lepidi intrant, ubi iam multi hospites adsunt.
Modo servi – in eis etiam Galla – gustationem[2] apportant et vinum in pocula[3] fundunt.
6 Ecce! Quinque senatores iam accubant[4] et vinum bibunt.
Tum Domitii etiam Flaviam conspiciunt,
quae cum Aulo fratre ad mensam[5] sedet.
9 Statim Quintus iuxta eam considit.
Priusquam parentes accumbere[4] possunt,
Flavius Lepidus magna voce silentium poscit.
12 „Amici! Vos cenam cupere scio.
Sed priusquam incipimus, audite me!
Galla serva filiae meae in servitute per quattuor menses bene adfuit.
15 Itaque hodie ei libertatem dabo eamque ad mensam[5] accipiam.
Vos testes aderitis."
Nunc Gallam sic appellat: „Cape pilleum[6], libera esto[7]!",
18 eamque iuxta Flaviam collocat.
Tum: „Suadeo cenemus[8]."
Omnes plaudunt, accumbunt[4] seque cenae dant.
21 Galla libertate nova valde gaudet.
Subito decem petauristarii[9] intrant et omnes arte sua delectant.
Sola Flavia e spectaculo voluptatem non capit; sedet et tacet.
24 Tum Quintus: „Maestane es, quod mater fraterque a te absunt?"
Flavia nihil respondet.
Quintus dubitat, tandem: „Cur taces, amica?"
27 Flavia oculos in amicum vertit.
Quintus iterum rogat: „Cur taces, mea Venus? Cupio omnia, quae tu vis."
Flavia amicum laeta aspicit. Nunc etiam ei cenam placere apparet.

1) **domus** (*Akk.* **domum**) f: Haus (*in der Stadt*) 2) **gūstātiō, -ōnis** f: Vorspeisen (*als erster Gang der* cēna)
3) **pōculum, -ī** n: Becher 4) **accubāre**: zu Tisch liegen / **accumbere**: sich auf einer Liege am Tisch niederlassen
5) **mēnsa, -ae** f: Tisch 6) **pilleus, -ī** m: Filzkappe (*Kopfbedeckung der freien Bürger*) 7) **estō**: du sollst sein
8) **suādeō cēnēmus**: die Tafel ist eröffnet („*ich empfehle uns zu essen*") 9) **petauristārius, -ī** m: Akrobat

▶ Gliedere den Text in Abschnitte und gib ihnen eine Überschrift. Welche Wörter und Wendungen herrschen jeweils vor? Wo erkennst du den Höhepunkt des Textes? Begründe deine Meinung.

▶ Schreibe die Geschichte von Quintus und Flavia weiter. Wie könnte sie ausgehen?

Lektion 20

1 Kannst du es?

Wandle um.
possum → 2. P. → Impf. → Pl. → Fut. I →
3. P. → Präs. → Sg. → Impf. → Fut. I →
1. P. → Präs.

2 Wer kann, der kann!

a Wandle um und übersetze.
▶ audio → audire possum

destinas – pugnabo – laedebant –
movebat – ostendent – simulatis – tradam –
surgit – promittunt

b Setze die Formen von *posse* aus a in die entsprechende Form des Perfektstammes.

3 Setze die passenden Komposita von *esse* im Präsens ein und übersetze.

Multi amici Flaviorum cenae ? ; itaque omnes servi ac servae domino ? debent. Etiam Galla ? hospitibusque vinum apportat. Omnes rident et cenae se dant. Sola Flavia non gaudet, quod mater fraterque eius ? .

4 Perfekte Uhr

Der **kleine** Zeiger gibt dir das **Verb** an, der **große** die **Person**. ▶ 6.05 Uhr – accepi

a Welche Perfektform erhältst du um:
8.15, 2.55, 12.45, 10.35, 6.55, 2.25, 4.05?

b Stelle die Uhrzeit fest für:
conspexi – cupivit – cepisti – accepimus –
tradiderunt – coepi.

c Übersetze alle Perfektformen aus a und b und verwandle sie dann in das lateinische Präsens.

5 Willst du?

Bilde zu folgenden Formen von *velle* die entsprechenden Formen von *cupere* und übersetze sie.

vis – volam – volebant – voluisti – vultis –
volent – voluerat – voluerunt – vult –
volebam – voluit

6 Lies noch einmal den Lektionstext und bilde mit den folgenden Elementen sinnvolle lateinische Sätze.

1. Domitius – Flavius – Essen – wollen – anwesend sein – beginnen – bei – wenn
2. viele Senatoren – Essen – teilnehmen – auch
3. Gäste – Worte – Flavius – Wein – trinken – hören – bevor
4. alle Gäste – Galla – ihre Freiheit – applaudieren – sich freuen – denn

---

Klein, aber …

1. Leo[1] in spelunca[2] sua dormiebat.
2. Tum mus[3] intravit, quod cibum quaerebat.
3. Subito leonem[1] tetigit et excitavit[4].
4. Is murem[3] statim cepit eumque necare cupiebat.
5. Sed mus[3] summa voce clamavit:
6. „Veniam[5] peto, domine. Praebe te clementem! Etiam ego tibi adesse potero, si tu in periculum cecideris."
7. Leo[1] risit eumque abire iussit.
8. Post decem menses mus[3] leonem[1] clamare audivit, qui in laqueos[6] venatorum[7] ceciderat neque solus se liberare potuit.
9. Iam adest mus[3], leonem[1] conspicit statimque laqueos[6] corrodere[8] incipit.
10. Sic leo[1] a mure[3] libertatem accepit.

1) **leō, -ōnis** m: Löwe 2) **spēlunca, -ae** f: Höhle
3) **mūs, mūris** m: Maus 4) **excitāre**: aufwecken
5) **venia, -ae** f: Verzeihung 6) **laqueus, -ī** m: Strick
7) **vēnātor, -ōris** m: Jäger 8) **corrōdere**: zernagen

cena – Speisen bei den Römern

1 Was hältst du von den **Essgewohnheiten** der Römer?
Tagsüber aßen sie wenig, zum Frühstück meist nur ein bisschen Brot und getrocknete Früchte und zum Mittagessen reichte ihnen ein kleiner Imbiss, der aus Gemüse, Fisch oder etwas kaltem Fleisch bestehen konnte. Die Hauptmahlzeit war die *cena*, die gegen Abend stattfand. Meist gab es mehrere Gänge, je nachdem, wie reich die Familie war. In allen Schichten aber aß man gerne in Gesellschaft und das Essen erstreckte sich oft über mehrere Stunden.
Aus dem Fußbodenmosaik kann man eine Gewohnheit der Römer ablesen: Bei einem großen Gastmahl wurden Essensreste einfach auf den Boden geworfen.

Fußbodenmosaik aus Aquileia, Vatikanische Museen, Rom.

2 Viele der römischen Rezepte entsprechen nicht so recht unserem heutigen Geschmack. Folgende Süßspeise aber könnte euch schmecken:

Backt doch einmal **Heiße Kirschfladen**!
Drückt 4 eingeweichte Brötchen gut aus, zerkleinert die Masse und mischt sie mit 3 Esslöffeln Mehl, 1/8 l Milch, 2 Eiern, Honig und Zimt. Gebt ca. 250 g entsteinte Kirschen dazu. Erhitzt Backfett in der Pfanne, gebt den Teig in Form kleiner Fladen hinein und backt sie von allen Seiten goldgelb.

3 So könnte die Speisekarte beim **Schlemmermahl** eines reichen Römers ausgesehen haben.

> Gebratene Haselmäuse,
> in Honig eingemacht und mit Mohn bestreut
> Pfaueneier aus Kuchenteig,
> gefüllt mit einer Ammer in gepfeffertem Eidotter
> Schweineeuter
> Eisgekühlter Pudding, mit Honig übergossen
> und mit Erbsen- und Bohnenbrei garniert
> Wildschwein, gefüllt mit lebenden Vögeln
> Bärenkeule
> Ein ganzes Schwein, gefüllt mit Würsten
> Quitten, mit Zimt gespickt und
> in Form von Igeln garniert

Was davon würdest du essen, was auf keinen Fall?

4 Einkaufen bei den Römern

Ordne die lateinischen den deutschen Bezeichnungen zu. Drei der Nahrungsmittel kannten die Römer noch nicht. Versuche, etwas über ihre Herkunft herauszufinden.

piper – feniculum – persicum – vinum – ostrea – sal – caseus – asparagus – nux – caulis – petroselinum – dactylus – cucurbita – oleum

Öl – Kohl – Spargel – Kartoffel – Käse – Fenchel – Avocado – Wein – Dattel – Nuss – Auster – Pfirsich – Salz – Petersilie – Tomate – Pfeffer – Kürbis

Unus erit victor. – Unser Kultur-Quiz

Wer ist der beste Kenner der römischen Kultur? Ein Wettkampf soll es zeigen. Die ganze Klasse beteiligt sich daran. Es geht dabei um das Wissen, das wir im ersten Lateinjahr erworben haben. Am Ende wird einer gewinnen, eine Schülerin oder ein Schüler. Der Wettkampf geht über vier Runden.

1. Runde:
Alle Teilnehmerinnen und Teilnehmer der Klasse beantworten schriftlich sechs Fragen. Die Antworten werden sofort ausgewertet, indem die Banknachbarn gegenseitig die Ergebnisse feststellen. Die acht Besten nehmen an der weiteren Ausscheidung teil. Bei Punktgleichstand wird durch Los entschieden.

2. Runde:
Die verbliebenen acht Kandidatinnen und Kandidaten werden durch Los in zwei Vierergruppen eingeteilt. Die je vier Vertreterinnen und Vertreter der zwei Gruppen beantworten abwechselnd eine Frage. Jede richtige Antwort ergibt einen Punkt. Bei Punktgleichstand der Gruppen wird durch eine von der Lehrerin oder vom Lehrer mündlich gestellte Zusatzfrage ein Stichentscheid herbeigeführt. An diesem beteiligen sich die beiden Gruppen gleichzeitig. Die Gruppe, die die Antwort schneller gegeben hat, hat gewonnen.

3. Runde:
Die verbliebenen vier Kandidatinnen und Kandidaten werden wieder durch Los in zwei Zweiergruppen eingeteilt. Die je zwei Vertreterinnen und Vertreter der Gruppe beantworten abwechselnd eine Frage. Jede richtige Antwort ergibt einen Punkt. Bei Punktgleichstand Stichentscheid wie oben.

4. Runde:
Die zwei verbliebenen Kandidatinnen und Kandidaten kämpfen gegeneinander um den Sieg: Jeder hat drei Fragen zu beantworten. Bei Punktgleichheit Stichentscheid wie oben. Am Ende steht die Kultur-Quiz-Siegerin oder der Kultur-Quiz-Sieger fest. Sie/er soll, wenn möglich, durch eine Urkunde oder Medaille geehrt und gefeiert werden.

Fragen zur 1. Runde (*schriftlich im Heft oder auf einem Blatt Papier zu beantworten*):
Feststellung der acht Besten
1. Welcher Römer hat Gallien erobert?
2. Wie heißen lateinisch die Räuber auf dem Meer?
3. Wer stürzt beim Flug zur Sonne ab?
4. Was fand im Circus Maximus statt?
5. Was trug ein römischer Bürger bei besonderen Anlässen?

 6. Wie heißt der letzte Buchstabe im griechischen Alphabet? (*bei Punktgleichheit Stichentscheid durch Los*)

Fragen zur 2. Runde (*mündlich je eine Frage an die acht Vertreterinnen und Vertreter der zwei Gruppen*): Feststellung der vier Besten

1. Wie nannte man das Festmahl bei den Römern?
2. Wo steht die Porta Nigra?
3. Auf welchen Trojaner führten die Römer ihre Abkunft zurück?
4. Was versteht man unter Thermen?

5. Wer rollt vergeblich den Stein den Berg hinauf?
6. Welches lateinische Wort steckt im englischen Verb *to explain*?
7. Wer hat den Krieg um Troia beschrieben?
8. Was ist ein Rhetor?
(*bei Punktgleichheit Stichentscheid durch mündliche Zusatzfragen*)

Fragen zur 3. Runde (*mündlich je zwei Fragen an die je zwei Vertreterinnen und Vertreter der zwei Gruppen*): Feststellung der zwei Besten
1. Was ist eine *stola*?
2. Wie heißt die römische Göttin der Jagd?
3. Wer ist Pythia?
4. Wo liegt der Hadrianswall?

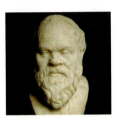

5. Wo fanden in Rom die Gerichtsverhandlungen statt?
6. Welches Amphitheater kannst du heute noch in Rom besuchen?
7. Welcher Gott steckt in dem Stier, auf dem Europa sitzt?
8. Wie heißt Griechenlands bekanntester Philosoph?
(*bei Punktgleichheit Stichentscheid wie oben*)

Fragen zur 4. Runde (*mündlich je drei Fragen an die zwei Schlusskandidatinnen oder -kandidaten*): Feststellung der/des Besten
1. In welchem Raum speiste man bei den Römern?
2. Wer sind Philemon und Baucis?
3. Wie hieß die Filzkappe, die ein Sklave bei seiner Freilassung aufsetzen durfte?

4. Wie nannte man den Kampfplatz der Gladiatoren?
5. Was stellt die „Statue of Liberty" dar?
6. Was bedeutet *In dubio pro reo*?
(*bei Punktgleichheit Stichentscheid wie oben*)

Wortschatz 1

¯ bezeichnet einen langen Vokal.
Die fett gedruckten deutschen Bedeutungen sind die Grundbedeutungen; die anderen Bedeutungen benötigst du in bestimmten Textzusammenhängen.

sōl *m*	**die Sonne**
ārdēre	**(ver)brennen**; entbrannt sein
silentium *n*	**die Ruhe**, die Stille; das Schweigen
esse	**sein**
vīlla *f*	**das (Land-)Haus**; das Landgut
iacēre	**(da)liegen**

etiam	**auch**; sogar
canis *m*	**der Hund**
tacēre	**schweigen**, still sein
asinus *m*	**der Esel**
nōn iam	**nicht mehr**
clāmāre	**schreien**, rufen

stāre	**(da)stehen**
et	**und**; auch
exspectāre	**warten (auf)**, erwarten
ubī?	**wo?**
cūr?	**warum?**
amīca *f*	**die Freundin**
nōn	**nicht**
venīre	**kommen**

cessāre	**zögern**; sich Zeit lassen
placēre	**gefallen**; Spaß machen
subitō	**plötzlich**
ecce!	**schau!/schaut!** sieh da! seht!
quis?/quid?	**wer?/was?**

> An dieser Stelle findest du ab Lektion 2 einige Vokabeln aus jeweils früherer Lektionen, die du zur Vorbereitung auf die neue Lektion wiederholen sollst. Dadurch verschaffst du dir eine sichere Grundlage für das Übersetzen und kannst dich auf das Lernen der neuen Vokabeln konzentrieren.

L Du hast schon in anderen Fächern Vokabeln oder Fachbegriffe gelernt und kennst bestimmt die wichtigsten Grundregeln. Hier findest du sie zusammengestellt:
▶ Lerne regelmäßig Vokabeln. Nicht 25 Vokabeln auf einmal, sondern nur eine Portion von 7–8.
▶ Übe nicht eine halbe Stunde lang, sondern besser dreimal 5–10 Minuten.
▶ Konzentriere dich auf die Vokabeln; räume andere Sachen von deinem Arbeitsplatz weg.
▶ Finde heraus, welcher Lerntyp du bist, ob du z. B. besser durch Hören, Lesen oder Schreiben lernst, und nutze die entsprechenden Übungsmöglichkeiten.

Stelle fest, wie du dir etwas am besten merken kannst.

Wortschatz 1

1 Wortbild

Welche lateinischen Vokabeln sind hier dargestellt?

2 Da ist Latein drin!

Vielen Wörtern in anderen Sprachen und auch vielen Fremdwörtern liegen lateinische Vokabeln zugrunde.
Versuche, die Wörter aus der Bedeutung der lateinischen Vokabeln heraus zu erklären.
– Beim Tennisspiel in England hört man: „**Silence**, please!"
– Möchtest du einmal in ein **Solarium** gehen?
– Der Händler macht **Reklame** für seine Ware.

3 Kurzsatz – Langsatz

Bilde sinnvolle lateinische Sätze, die folgende Bedingungen erfüllen müssen:
Der Satz besteht

a aus einem Wort;
b aus zwei Wörtern mit möglichst wenigen Buchstaben;
c aus vier Wörtern;
d aus sechs Wörtern.

4 Lückenwort

Schreibe die Wörter ab und ergänze die fehlenden Buchstaben.

?lacet   e?i?m   ?ubi?o   ?ess?t

5 „Gerüttelt und geschüttelt"

a Die Buchstaben sind durcheinandergeraten. Wie lauten diese lateinischen Wörter?
▶ errade = ardere

lilav – melraca – treeca – tesaxerpec

b „Rüttelt und schüttelt" selbst drei Wörter und tauscht sie untereinander aus.

6 Kleines Wort – großer Unterschied

Übersetze die kleinen Sätze und erkläre genau ihre Aussage, indem du auf Deutsch beschreibst, in welcher Situation dies gesagt werden kann oder was wohl vorher geschehen sein muss.

1. Asinus **non iam** clamat.
2. **Subito** asinus clamat.
3. **Etiam** asinus clamat.

Wortschatz 2

ibī	dort, da	non
sed	aber, (je)doch; sondern	venire
mātrōna *f*	die (*verheiratete*) Frau	esse
servus *m*/serva *f*	der Sklave/die Sklavin; der Diener/die Dienerin	clamare cur
atque/ac	und, und auch	non iam
appārēre	erscheinen, sich zeigen; offensichtlich sein	et placere
familia *f*	die Familie	

gaudēre	sich freuen
rīdēre	lachen
citō	schnell, rasch
appropinquāre	sich nähern, näher kommen
iam	schon; bereits
procul	von weitem; in der Ferne, weit weg
salūtāre	(be)grüßen

salvē!/salvēte!	sei/seid gegrüßt! hallo!
tum	da; dann, darauf; damals
amīcus *m*	der Freund
properāre	eilen; sich beeilen
nunc	nun; jetzt

apportāre	herbeitragen, (mit)bringen
certē	sicher, bestimmt
dōnum *n*	das Geschenk; die Gabe
nam	denn
hīc	hier
equus *m*	das Pferd

L Das Gedächtnis kann sich Wörter leichter merken, wenn etwas dazu kombiniert ist, z. B. ein Bild oder eine Bewegung.

Ü a Fertige zu folgenden Vokabeln eine kleine Zeichnung an:

donum – equus – ridere – apportare – salutare

b Denke dir zu folgenden Vokabeln eine Bewegung oder eine Pantomime aus:

equus – gaudere – apportare – salutare – donum

Zeigt euch die Zeichnungen gegenseitig und spielt die Pantomime vor.
Die Mitschülerinnen und Mitschüler raten, welche Vokabel dargestellt ist.

Wortschatz 2

1 ☞-Wörter

Du kennst vier Wörter, mit denen du auf einen Ort oder auf die Entfernung hinweisen kannst. Nenne sie.

2 Da ist Latein drin!

Servus!

Die Begrüßung „Servus!" gibt es in Bayern und Österreich schon seit Jahrhunderten.
Was wollte man damit wohl zum Ausdruck bringen?

3 Mutter Latein

Die lateinische Sprache gilt als „Mutter" vieler anderer Sprachen, weil sie sehr viel an ihre „Töchter" weitergegeben hat. Da du das zugrunde liegende lateinische Wort kennst, kennst du auch die Bedeutung der Vokabeln aus den anderen Sprachen:

LATEIN	FRANZÖSISCH	ITALIENISCH	SPANISCH	PORTUGIESISCH	RUMÄNISCH	DEUTSCH
?	famille	famiglia	familia	família	familie	?
?	ami	amico	amigo	amigo	amic	?
?	soleil	sole	sol	sol	soare	?
?	saluer	salutare	saludar	saudar	saluta	?

4 Beine bewegen

Nenne alle lateinischen Verben, mit denen eine Bewegung der Beine ausgedrückt wird.

5 Rebus

Die Abbildungen ergeben lateinische Sätze. Wie lauten sie?

A.

B.

6 *tum – tum – tum – tum*

Nenne alle vier Bedeutungen dieses Wortes.
Verfasse einen kurzen Text auf Deutsch, in dem alle vier Bedeutungen vorkommen.

7 Kleines Wort – großer Unterschied

Übersetze die kleinen Sätze und erkläre genau ihre Aussage, indem du auf Deutsch beschreibst, in welcher Situation dies gesagt werden kann oder was wohl vorher geschehen sein muss.

1. **Ibi** amicus venit.
2. **Iam** servus venit.
3. **Tum** amica ridet.
4. …, **nam** canis non venit.
5. **Etiam** servus tacet.
6. **Sed** matrona tacet.

Wortschatz 3

eques *m*	**der Reiter**; der Ritter	equus
statim	**sofort**, auf der Stelle	appropinquare
rogāre, rogō	**fragen; bitten**	stare
unde?	**woher?**	quis/quid
respondēre, respondeō	**antworten**, entgegnen	apportare
nūntius *m*	**der Bote**; die Botschaft	ubi
		properare
dēbēre, dēbeō	(*m. Inf.*) **müssen; verdanken; schulden**	tum
		gaudere
ego/mē	**ich/mich**	servus/serva
audīre, audiō	(an-, er-, zu)**hören**	nunc
imperātor *m*	**der Kaiser**; der Feldherr	amica
iubēre, iubeō (*m. Akk.*)	(*jmdm.*) **befehlen**, (*jmdn.*) **beauftragen**	

tū/tē	**du/dich**
in (*m. Akk.*)	**in, an, auf**; nach; gegen(über)
īnsula *f*	**die Insel**; der Wohnblock
nāvigāre, nāvigō	**segeln**; mit dem Schiff fahren
valdē	**sehr**
prōvincia *f*	**die Provinz**; der Amtsbereich
administrāre, administrō	**verwalten**

perīculum *n*	**die Gefahr**
timēre, timeō	(sich) **fürchten**, Angst haben (vor)
vocāre, vocō	**rufen; nennen**
pārēre, pāreō	**gehorchen**; befolgen
parāre, parō	(vor-, zu)**bereiten**; (*m. Inf.*) **vorhaben**
lacrima *f*	**die Träne**
tenēre, teneō	(zurück)**halten**; sich erinnern

L Einigen Vokabeln kannst du eine „Eselsbrücke" zu deinem Gedächtnis bauen. Dazu musst du überlegen, was dir zu dieser Vokabel spontan einfällt, woran sie dich erinnert oder was du persönlich mit ihr in Verbindung bringst: eine **Assoziation**. Wichtig ist: Diese Assoziation muss von dir selbst kommen oder sie muss dir gut gefallen.

▶ **valde** – klingt ähnlich wie „Wald" → Im **Wald** ist es **sehr** kalt.

Wortschatz 3

1 Wortbild

Welche lateinischen Vokabeln sind hier dargestellt?

2 wwwww-Wörter

Hinter all diesen Wörtern steht ein Fragezeichen.
Wie lauten sie doch gleich wieder auf Lateinisch?

wer **w**arum **w**oher **?** **w**as **w**o

3 Da ist Latein drin!

– Hat das Auto auch ein **Navigation**ssystem?
– Sie hat immer eine Antwort **parat**.
– Der Hund **pariert** einfach nicht.

4 Lateinlupe

EIN Buchstabe kann ein Wort VÖLLIG verändern.
Schreibe auf, welche Möglichkeiten es gibt, und nenne die deutschen Bedeutungen.

equ🔍s   par🔍t   stati🔍   🔍am   🔍um

5 *debeo – debes – debet*

Nenne die Bedeutungen dieses Wortes.
Denke dir Situationen aus, in denen jeweils eine der Bedeutungen passt.

6 Wortversteck

Hier sind waagerecht und senkrecht, vorwärts und rückwärts 20 lateinische Wörter versteckt.
Wie viele davon findest du in vier Minuten?
Los geht's!

	A	B	C	D	E	F	G	H	K
1	p	e	r	i	c	u	l	u	m	e
2	a	i	a	m	v	i	l	l	a	r
3	r	e	s	p	o	n	d	e	r	e
4	a	e	t	e	s	t	a	t	i	m
5	r	r	a	r	a	l	u	s	n	i
6	e	e	r	a	g	i	v	a	n	t
7	o	d	e	t	e	n	e	r	e	e
8	t	u	m	o	t	i	b	u	s	c
9	l	a	c	r	i	m	a	h	i	c
10	e	g	o	a	s	i	n	u	s	e

Wortschatz 4

intrāre, intrō	eintreten; (hinein)gehen (in); betreten	ibi
homō, hominis *m*	der Mensch; der Mann; *Pl. auch* die Leute	exspectare
sedēre, sedeō	(da)sitzen	procul
diū	lange, lange Zeit	salutare
spectāculum, spectāculī *n*	das Schauspiel; die Veranstaltung; die Vorführung	imperator
cōnsul, cōnsulis *m*	der Konsul	apparere
senātor, senātōris *m*	der Senator	tacere
avus, avī *m*	der Großvater	sed
		ridere
		clamare
		ecce
		iam

vidēre, videō	sehen
avē!	sei gegrüßt!
populus, populī *m*	das Volk; das Publikum
verbum, verbī *n*	das Wort
simulācrum, simulācrī *n*	das Bild
deus, deī *m*; *Nom. Pl. auch* dī / dea, deae *f*	der Gott / die Göttin
rēgīna, rēgīnae *f*	die Königin

sōl, sōlis *m*
canis, canis *m*
eques, equitis *m*
imperātor, imperātōris *m*

amor, amōris *m*	die Liebe
tandem	endlich, schließlich
sīgnum, sīgnī *n*	das Zeichen; das Merkmal
dare, dō	(von sich) geben; gestatten
incitāre, incitō	antreiben, anfeuern

ārdor, ārdōris *m*	die Hitze; die Begeisterung; das Temperament
clāmor, clāmōris *m*	der Schrei, der Ruf; das Geschrei
furor, furōris *m*	das Toben; der Wahnsinn; die Raserei
neque	und ... nicht; auch ... nicht; aber ... nicht
cōgitāre, cōgitō	denken (an); nachdenken (über); (*m. Inf.*) beabsichtigen

L Die Substantive sind nun mit dem Genitiv angegeben; so erkennst du ihren Bedeutungsteil.
▶ homo, homin-is – Bedeutungsteil homin-; verbum, verb-i – Bedeutungsteil: verb-

Vokabeln, die man sich schwer merken kann, müssen speziell behandelt werden; z. B. mit einem selbst komponierten Lied.
▶ Nach der Melodie von „Hänschen klein":
clamor klein, ging allein, in die weite Welt hinein,
das Geschrei ist vorbei, ich bin endlich frei.

1 Wortbild

Welche lateinischen Vokabeln sind hier dargestellt?

A.   B.   C.  D.

2 Da ist Latein drin!

- Sie haben sich ein neues **Video**gerät gekauft.
- Kinder, macht doch nicht so ein **Spektakel**!
- Im Englischbuch: At the station there are many **people**.
- Der Zugführer erhält das **Signal** zur Weiterfahrt.
- Dieser Sänger ist sehr **populär**.

3 Weiblich – männlich

Stelle zusammen: alle Bezeichnungen für eine a) weibliche Person, b) männliche Person.

4 *neque – neque – neque*

a Nenne alle drei Bedeutungen dieses Wortes.
b Übersetze und erkläre die von dir gewählte Bedeutung, indem du z. B. überlegst, was vorher geschehen sein könnte.
1. Consul gaudet neque ridet. 2. . . . ; neque amicus venit. 3. Avus tacet neque respondet.

5 Mutter Latein

LATEIN	FRANZÖSISCH	ITALIENISCH	SPANISCH	PORTUGIESISCH	RUMÄNISCH	DEUTSCH
?	homme	uomo	hombre	homem	om	?
?	peuple	popolo	pueblo	povo	popor	?
?	signe	segno	señal	sinal	semnal	?
?	voir	vedere	ver	vêem	vedea	?

6 Mehr als du denkst!

Wörter werden zu Familien zusammengefasst. Deshalb erkennt man, wenn man ein Familienmitglied kennt, auch andere, ganz neue. Übertrage die Tabelle in dein Heft und ergänze sie.

Deutsch	Substantiv	Verb	Deutsch
?	ardor	?	brennen, glühen
Geschrei	?	clamare	?
?	?	amare	lieben
?	?	furere	wüten, toben
?	timor	?	fürchten

7 Zwei in einem

In jedem dieser lateinischen Wörter ist ein anderes, dir bekanntes, versteckt. Findest du es?

▶ cl**amor**   sedere – apparere – certe – statim

Wortschatz 5

ante (*m. Akk.*)	vor	sedere
lūdere, lūdō	**spielen**, scherzen	nam
semper	**immer**	vidēre
pater, patris *m*	**der Vater**	cessāre
patrōnus, patrōnī *m*	**der Anwalt**, der Verteidiger; der Schutzherr	dēbēre
causa, causae *f*	**der Grund; der Prozess**, der Streitfall	audīre
dīcere, dīcō	**sagen; sprechen**; nennen	intrāre
		homo
dum (*m. Präs.*)	**während**	statim
epistula, epistulae *f*	**der Brief**	lacrima
legere, legō	**lesen**; sammeln; auswählen	subito
nox, noctis *f*; Gen. Pl. noctium	**die Nacht**	verbum
iūdex, iūdicis *m*	**der Richter**	
dormīre, dormiō	**schlafen**	
invādere, invādō	**eindringen, angreifen**	
sūmere, sūmō	**nehmen**	
dēcēdere, dēcēdō	**weggehen**, gehen (aus)	
accurrere, accurrō	**herbeilaufen**, angelaufen kommen	
dominus, dominī *m* / domina, dominae *f*	**der (Haus-)Herr** / **die (Haus-)Herrin**	
fūr, fūris *m*	**der Dieb**	
quaerere, quaerō	**suchen**; erwerben; **fragen**	
reus, reī *m*	**der Angeklagte**	
fuga, fugae *f*	**die Flucht**	
solēre, soleō	**gewohnt sein,** (*etw.*) normalerweise (*tun*), (*etw. zu tun*) pflegen	
ōrātor, ōrātōris *m*	**der Redner**	
plaudere, plaudō	**Beifall klatschen**, applaudieren	

L Durch Ordnen und Gruppieren von Vokabeln stellt man auch eine Verknüpfung her, durch die sich einzelne Wörter leichter merken lassen.
Man kann Wörter miteinander in Verbindung bringen, weil ihre Bedeutungen inhaltlich zusammenpassen, z. B. gehört *iubere* zu *imperator*.

Ü Dazu kannst du Übung 2 bearbeiten.

Man kann Wörter in Gruppen zusammenstellen, z. B. Wörter für eine Fortbewegung: *appropinquare, properare, navigare, intrare, decedere*.
Eine solche Gruppe von Wörtern wird als **Wortfeld** bezeichnet.

Ü Dazu kannst du Übung 6 bearbeiten.

1 Wortbild

Welche lateinischen Vokabeln sind hier dargestellt?

 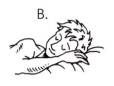  

2 Passt doch!

Bringe Paare aus Wörtern zusammen, deren Bedeutung zueinanderpasst.

| orator – amicus – nox – epistula – spectaculum | dormire – plaudere – legere – dicere – ludere |

3 Eins aus drei

Welches der drei Wörter passt in den Satz? Begründe durch die Bedeutung.

1. Pater Quinti ? causae est. (periculum – patronus – canis)
2. Homines Domitio oratori ? . (sumunt – parant – plaudunt)
3. Dum nox est, homines ? solent. (dormire – debere – dicere)
4. Ubi est Galla? Domina servam ? . (accurrit – decedit – quaerit)

4 Nicht zu verwechseln!

Lerne die Beispielsätzchen auswendig, damit du *dum* und *tum* nicht verwechselst.

Dum **d**ormio, non **d**ico.   Während ich schlafe, spreche ich nicht.
Clamat; **tum** **t**acet.   Er schreit; dann schweigt er.

5 Da ist Latein drin!

- Für die Darbietung gab es tosenden **Applaus**.
- In diesem Sommer muss man mit einer **Invasion** von Heuschrecken rechnen.
- Im Englischunterricht: Do you have a **question**?
- Ein Schutz**patron** der Schüler und Lehrer ist der Hl. Benedikt.
- Als Nächstes kommt **Lektion** 6.

6 So viele Männer

Du kennst schon viele Bezeichnungen für eine männliche Person.
Stelle das Wortfeld zusammen: Schreibe zunächst alle Wörter auf, die dir einfallen, und ergänze deine Liste dann durch Nachschlagen im Vokabelverzeichnis.

Vokabel-Bilanz

Bist du noch sicher in den „alten" Vokabeln? Denk an regelmäßiges Wiederholen.
Vielleicht gibt es einige Vokabeln, die du dir schwer merken kannst.
Trainiere diese Vokabeln besonders mithilfe der Lerntipps.

Wortschatz 6

laetus, laeta, laetum	**froh**; fröhlich	diu
ad (*m. Akk.*)	**zu**; zu … hin; an; bei	tenere
terra, terrae *f*	**die Erde**; das Land	neque
novus, nova, novum	**neu**; neuartig	matrona
maestus, maesta, maestum	**traurig**	iam
		cogitare
ventus, ventī *m*	**der Wind**; der Sturm	incitare
secundus, secunda, secundum	**der zweite, der folgende**; günstig	dare
nāvis, nāvis *f*; *Gen. Pl.* nāvium	**das Schiff**	clamor
nauta, nautae *m*	**der Seemann**; der Matrose	valde
sōlus, sōla, sōlum	**allein**; bloß	vocare
māgnus, māgna, māgnum	**groß**(artig); bedeutend	deus/dea
māter, mātris *f*	**die Mutter**	

pīrāta, pīrātae *m*	**der Pirat**, der Seeräuber
arma, armōrum *n*	**die Waffen**
abdūcere, abdūcō	**wegführen**; (weg)bringen; verschleppen
fēmina, fēminae *f*	**die Frau**
dēfendere, dēfendō	**verteidigen**; abwehren
ubīque	**überall**
auxilium, auxiliī *n*	**die Hilfe**, die Unterstützung

multī, multae, multa/multum	**viele**; zahlreich/**viel**
pūgnāre, pūgnō	**kämpfen**
superāre, superō	**(be)siegen**; übertreffen
alius, alia, aliud	**ein anderer**
necāre, necō	**töten**
praecipitāre, praecipitō	**stürzen**; stoßen; (sich kopfüber) hinabstürzen

L Wörter kann man auch so gruppieren, dass alle zu einem Bereich, zu einer „Sache", einem Thema gehören oder sie sich einem Oberbegriff zuordnen lassen,
z. B. Wörter zum Bereich „Natur und Tiere": *sol, insula, canis, asinus, equus*.
Diese Gruppe von Wörtern wird als **Sachfeld** bezeichnet.

Ü Stelle ein Sachfeld „Kampf" aus mindestens fünf Wörtern zusammen.

Wortschatz 6

1 Wortbild

Welche lateinischen Vokabeln sind hier dargestellt?

Zeichne selbst Wortbilder zu:

laetus – multi – terra – insula – lacrima – magnus – maestus – pugnare.

2 Alarm!

Das Wort kommt über das Italienische aus dem Lateinischen.
„All'armi!", rief man in Italien. Dahinter steckt das Lateinische *ad arma*.
Was bedeutet also unser Wort Alarm genau genommen?

3 Super-*superare*

Nenne alle drei Bedeutungen dieses Wortes.
Denke dir für jede der drei Bedeutungen eine passende Situation aus.

4 Lateinlupe

EIN Buchstabe kann ein Wort VÖLLIG verändern. Schreibe auf, welche Möglichkeiten es gibt.

n◯vis   sole◯   ◯ater   ven◯o   ◯ur

5 *UBI? UBI? UBI? UBI?*

Du kennst fünf Wörter, die auf die Frage *ubi?* antworten. Nenne sie.

6 SO fängt's an...,

aber WIE geht's weiter?
Die ersten beiden Buchstaben sind genannt. Es gibt immer mindestens zwei Möglichkeiten, wie das Wort weitergeht. Nenne immer auch die deutschen Bedeutungen.

SO?   CA?   AU?   VE?   DO?   MA?   SE?

7 Mutter Latein

LATEIN	FRANZÖSISCH	ITALIENISCH	SPANISCH	PORTUGIESISCH	RUMÄNISCH	DEUTSCH
?	mère	madre	madre	mãe	mamá	?
?	neuf	nuovo	nuevo	novo	nou	?
?	nuit	notte	noche	noite	noapte	?
?	dormir	dormire	dormir	dormir	dormi	?

Wortschatz 7

cum (*m. Abl.*)	(zusammen) **mit**	amicus
in (*m. Abl.*)	**in, an, auf**; während	dicere
forum, forī *n*	**das Forum, der Marktplatz**	timere
ambulāre, ambulō	**(spazieren) gehen**	ludere
nihil	**nichts**	dum
iūcundus, iūcunda, iūcundum	**angenehm**, erfreulich; liebenswürdig	iacere accurrere
itaque	**deshalb**, daher	tandem
		rogare
voluptās, voluptātis *f*	**das Vergnügen**, der Spaß; die Lust	senator
amāre, amō	**lieben**; verliebt sein	
num?	**etwa?**	
aqua, aquae *f*	**das Wasser**	
currere, currō	**laufen**; eilen	
prīmō	**zuerst**, zunächst	

manēre, maneō	**bleiben**; erwarten
oculus, oculī *m*	**das Auge**
sine (*m. Abl.*)	**ohne**
mēns, mentis *f*; *Gen. Pl.* mentium	**der Geist**; das Bewusstsein; die Denkweise; das Gemüt
spectāre, spectō	**(an)schauen**; betrachten
medicus, medicī *m*	**der Arzt**

ūnus, ūna, ūnum	**ein**; ein einziger
ē/ex (*m. Abl.*)	**(her)aus**; von (…an); entsprechend
nōnne?	**denn nicht? etwa nicht?**
iterum	**wieder**, zum zweiten Mal
-ne? (*angehängt*)	*Fragesignal (wird nicht übersetzt)*
portāre, portō	**tragen**; bringen
mortuus, mortua, mortuum	**tot**; gestorben

L Du lernst in dieser Lektion drei Verben kennen, die dir „versteckt" schon begegnet sind: *portare* in *ap-portare*, *currere* in *ac-currere*, *spectare* in *ex-spectare*.
Die Vorsilben *ap-* und *ac-* sind aus der Präposition *ad* entstanden; bei *spectare* wurde *ex* davorgesetzt. Die Präposition verändert sich oft beim Zusammensetzen, damit man das Wort leichter aussprechen kann. Das neue Verb, das aus einem einfachen Verb und einer Vorsilbe entsteht, nennt man **Kompositum** („das Zusammengesetzte"; *Pl.* Komposita).
Oft kann man aus der Kombination Vorsilbe + einfaches Verb auf die Bedeutung des Kompositums schließen.

Ü a Erkläre es an den drei oben genannten Komposita.
b Was könnten folgende, dir noch ganz unbekannte Komposita bedeuten: advenire, advocare, evocare, exclamare, convenire, importare?

1 Wortbild

Ordne die Sätze den Bildern richtig zu, dann ergeben die Buchstaben in Klammern ein Lösungswort.
Ante villam stat. (U) – In villa stat. (O) – In villam currit. (L) – Cum amico ambulat. (A) – E villa currit. (P) – Ad patrem accurrit. (D)

2 Da ist Latein drin!

– Hast du schon deine **Medizin** genommen?
– Die Verletzung konnte **ambulant** behandelt werden.
– Das Treffen bietet ein **Forum** für Wissenschaftler aus der ganzen Welt.
– Die Wörter sind **kursiv** gedruckt.
– Ich habe seine **Ex**freundin kennen gelernt.

3 Sil-ben-rät-sel

Fünf lateinische Wörter und ihre deutschen Bedeutungen sind in Silben zerlegt. Stelle die Paare lateinisch-deutsch zusammen.

ab – Au – ben – ben – blei – ce – cu – du – füh – ge – ge – gen – gnü – lup – lus – ma – mor – ne – o – re – re – ren – stor – tas – tu – us – Ver – vo – weg

4 Antworten

Ordne Frage und Antwort zu.
1. Num dormis?   A. Doch; sieht man das denn nicht?
2. Venisne?   B. Nein, natürlich nicht.
3. Nonne gaudes?   C. Weiß ich noch nicht.

5 „Beruf" und „*familia*"

Ordne die Substantive den beiden Sachfeldern zu und gib die deutsche Bedeutung an.

patronus – nauta – dominus – iudex – mater – consul – eques – pater – imperator – avus – senator – matrona – serva – nuntius – medicus

6 Bilde Pärchen.

Ordne jedem Substantiv ein passendes Verb zu.
▶ clamor – vocare

clamor – donum – epistula – equus – verbum – fur – imperator – mens – navis – nox – oculus – periculum – silentium – sol – spectaculum

ardere – cogitare – dare – dicere – dormire – incitare – iubere – legere – navigare – plaudere – sumere – tacere – timere – videre – vocare

Wortschatz 8

tōtus, tōta, tōtum	**ganz**	magnus
urbs, urbis *f*; *Gen. Pl.* urbium	**die Stadt**	laetus
prīmus, prīma, prīmum	**der erste**	alius
lūx, lūcis *f*	**das (Tages-)Licht**	dominus/domina
convenīre, conveniō	**zusammenkommen**; -passen; (*m. Akk.*) **treffen**	spectaculum
spērāre, spērō	**(er)hoffen**; erwarten	servus/serva
		spectare
		ad
expōnere, expōnō	**ausstellen; aussetzen**; darlegen	hic
vōx, vōcis *f*	**die Stimme**; der Laut	solere
emere, emō	**kaufen**	maestus
valēre, valeō	**gesund sein; Einfluss haben**	sumere
vitium, vitiī *n*	**der Fehler, die schlechte Eigenschaft**	
vacāre, vacō (*m. Abl.*)	**frei sein** (*von*), (*etw.*) **nicht haben**	
rōbustus, rōbusta, rōbustum	**kräftig**, stark	

exemplum, exemplī *n*	**das Beispiel**
sapientia, sapientiae *f*	**die Weisheit**; der Verstand
nātus, nāta, nātum	**geboren**
ut	**wie**
cūnctī, cūnctae, cūncta	**alle**
aequus, aequa, aequum	**gleich; angemessen**; gerecht

inter (*m. Akk.*)	**zwischen; unter**; während
servitūs, servitūtis *f*	**die Sklaverei**; die Knechtschaft
hodiē	**heute**
bellus, bella, bellum	**hübsch**; schön
dē (*m. Abl.*)	**von; von … herab; über;** in Bezug auf
fortūna, fortūnae *f*	**das Schicksal; das Glück**; die Lage

L Wenn du Teile des Lektionstextes auswendig lernst, so merkst du dir mehrere Vokabeln auf einmal. Dabei hilft es wieder, dass die Wörter miteinander verknüpft sind und sie sich so gegenseitig in deinem Gedächtnis stützen.

Ü Probiere es mit folgenden Sätzen oder suche dir selbst welche aus dem Lektionstext heraus. Lerne sie auswendig, nachdem ihr den Lektionstext übersetzt und besprochen habt. Dann hast du nämlich auch ihre Übersetzung genau vor Augen.
1. Prima luce homines in forum conveniunt.
2. Da exemplum sapientiae!
3. Servus valet, vitiis vacat, robustus est.
4. Cuncti homines sunt aequi.

1 Wie viele?

Zeichne die Mengen-Kreise ab und schreibe jeweils die lateinische Vokabel dazu.

2 Wo?

Welche Präposition muss eingesetzt werden?

? amicos stat.

3 Da ist Latein drin!

– Mein Großvater erzählt, er sei früher der Klassen**primus** gewesen.
– Im Englischunterricht: Give me an **example**, please.
– Die Jacke zerreißt nicht, das Material ist sehr **robust**.
– Bei dem Unfall entstand ein **Total**schaden.

4 Umschrieben

a Welche lateinischen Wörter sind mit den Umschreibungen gemeint?
  1. eine größere Ansammlung von Häusern
  2. etwas gegen Bezahlung an sich nehmen
  3. der Tag zwischen gestern und morgen
  4. mit seiner Hilfe sieht man im Dunkeln
  5. sich langsam draußen vorwärts bewegen

b Suche selbst vier Vokabeln aus und umschreibe sie; die anderen raten, was gemeint ist.

5 M, F oder N?

Nenne das Genus der Substantive.

causa – auxilium – mater – amor – navis – vox – pirata – nuntius – servitus – eques – sol – furor – silentium – lux – fuga – mens – nox – urbs

6 Ort oder Zeit

Sortiere und gib die Bedeutung an.

diu – hic – iam – ibi – iterum – nunc – primo – hodie – procul – semper – subito – tum – ubi – ubique – unde

---

Vokabel-Bilanz

Wie steht es mit den Vokabeln der früheren Lektionen? Wiederhole sie, indem du dir eine Lektion wieder vornimmst: Höre dich selbst die Vokabeln durch Abdecken ab oder lass dich abhören. Schreibe dir die Vokabeln auf, deren Bedeutung du nicht mehr sicher gewusst hast, und trainiere sie.

Wortschatz 9

quam	**wie; wie sehr**
pulcher, pulchra, pulchrum	**schön**
bene (*Adv.*)	**gut**
agere, agō	**tun; handeln;** aufführen; (*m. Adv. und* cum) umgehen (*m. jmdm.*)
asper, aspera, asperum	**hart; grob**, beleidigend; rau
bonus, bona, bonum	**gut; tüchtig**; gütig
etsī	**auch wenn**, obwohl
dūrus, dūra, dūrum	**hart**; hartherzig
vīta, vītae *f*	**das Leben**
miser, misera, miserum	**elend, unglücklich**, armselig
fīlius, fīliī *m*	**der Sohn**
puer, puerī *m*	**der Junge**
ager, agrī *m*	**der Acker**, das Feld; **das Gebiet**
studēre, studeō (*m. Dat.*)	**sich bemühen (*um*); wollen;** sich bilden
quod (*Subjunktion*)	**weil**
cēdere, cēdō	**(weg)gehen; nachgeben;** überlassen
petere, petō	**bitten,** verlangen; **angreifen; aufsuchen**; gehen/fahren nach
victor, victōris *m*	**der Sieger**
pūgna, pūgnae *f*	**der Kampf**
vir, virī *m*	**der Mann**
gladius, gladiī *m*	**das Schwert**
sinister, sinistra, sinistrum	**links;** *Subst.* **die linke Hand;** die linke Seite
dexter, dext(e)ra, dext(e)rum	**rechts;** *Subst.* **die rechte Hand;** die rechte Seite
mors, mortis *f*; Gen. Pl. mortium	**der Tod**
horrēre, horreō (*m. Akk.*)	**erschrecken (*vor*)**, schaudern

> iucundus
> secundus
> cum (*m. Abl.*)
> primo
> pugnare
> furor
> arma
> ardere
> multus
> defendere
> invadere
> populus
> plaudere
> novus
> pater

L Eine Beziehung zwischen Wörtern kann auch durch Gegensätzlichkeit hergestellt werden. So kann das Gedächtnis ein Gegensatzpaar abspeichern. Wenn es die Bedeutung des einen Wortes weiß, fällt ihm automatisch die Bedeutung des anderen Wortes ein.
Das kannst du an Beispielen im Deutschen sehen:
Wenn du „groß" hörst, denkst du vielleicht automatisch als Gegenteil dazu „klein".

Ü Zu diesem Lerntipp kannst du Übung 3 bearbeiten.

Wortschatz 9

1 Wortbild
Welche lateinischen Vokabeln sind hier dargestellt?

 A. 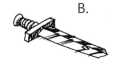 B.

2 Das Verb dazu
Zu einigen Substantiven kennst du bereits die Verben. Wie lauten sie zu:

pugna – amor – vox – spectaculum – navis – ardor – clamor?

3 Gegensatz
Suche ein Wort, das man als Gegensatz bezeichnen kann, zu:

mors ⇔ ?   dexter ⇔ ?   natus ⇔ ?

gaudere ⇔ ?   defendere ⇔ ? .

4 Lateinlupe
Zwei Buchstaben im Wortinneren musst du genauer unter die Lupe nehmen.

n🔍us   m🔍er   d🔍um   m🔍s   s🔍e   u🔍s

5 Genau richtig?
Stimmen die folgenden Aussagen über Substantive?
Die Buchstaben ergeben ein Lösungswort.

	JA	NEIN
1. Wenn die Form eines Substantivs auf *-um* endet, ist es immer Neutrum.	A	C
2. Wenn die Form eines Substantivs auf *-a* endet, muss es nicht Femininum sein.	E	S
3. Wenn die Form eines Substantivs im Genitiv auf *-eri* endet, ist es Maskulinum.	R	P
4. Substantive auf *-or* sind Maskulina.	T	E
5. Es gibt kein Substantiv, das auf *-o* endet.	U	E

6 Wortversteck

Die lateinischen Wörter für die angegebenen deutschen Bedeutungen sind in dem Gitter versteckt (waagerecht und senkrecht zu lesen). Welches lateinische Wort fehlt?

	A	B	C	D	E	F	G	H	I	K
1	d	e	x	t	e	r	i	t	o	r
2	u	t	e	e	n	t	n	o	c	s
3	r	s	a	p	i	e	n	t	i	a
4	u	i	d	u	r	s	l	u	c	s
5	s	t	e	l	u	x	o	s	v	p
6	m	a	m	c	e	r	e	v	i	u
7	u	n	i	h	o	r	r	e	r	e
8	m	a	s	e	l	e	e	r	o	r
9	s	p	e	r	a	r	e	i	a	s
10	e	i	r	p	a	e	q	u	u	s

Junge
Weisheit
schön
erschrecken
wenn auch
rechter
hoffen
hart
ganz
Stadt
elend
Licht
gleich
Mann

cēna, cēnae f	das (Abend-)Essen; die Mahlzeit	
labōrāre, labōrō	arbeiten; sich anstrengen; leiden	
labor, labōris m	die Arbeit; die Anstrengung, die Mühe; das Leid	
impōnere, impōnō	setzen, stellen, legen (an, auf, in); bringen; auferlegen	
addere, addō	hinzufügen	
līber, lībera, līberum	frei; unabhängig	
puella, puellae f	das Mädchen	

dĭgnus, dĭgna, dĭgnum (m. Abl.)	(einer Sache/Person) würdig; angemessen
neque … neque	weder … noch
quondam	einst
bárbarus, bárbara, bárbarum	barbarisch, wild; Subst. der Barbar, der Nichtrömer, der Nichtgrieche
mōs, mōris m	die Art; die Sitte, der Brauch

errāre, errō	(umher)irren; (sich) irren
hūmānitās, hūmānitātis f	die Menschlichkeit; die Bildung
carēre, careō (m. Abl.)	frei sein (von etw.), (etw.) nicht haben
nēmō; Dat. nēminī, Akk. nēminem	niemand
pūblicus, pūblica, pūblicum	öffentlich, staatlich
prīvātus, prīvāta, prīvātum	persönlich; privat
statuere, statuō	beschließen, entscheiden; aufstellen; festsetzen

rēx, rēgis m	der König
sacrificāre, sacrificō	opfern
hūmānus, hūmāna, hūmānum	menschlich; gebildet
adhūc	noch (immer); bis jetzt, bis dahin
putāre, putō	glauben, meinen; (m. doppeltem Akk.) halten für
mūtāre, mūtō	(ver)ändern; verwandeln

Nebenkasten:
parare
parere
magna voce
servitus
exemplum
sapientia
superare
cuncti
ut
num
respondere
mens

L Manchmal fällt einem die Bedeutung einer Form erst ein, wenn man ihre Lernform, also den Nominativ Singular oder den Infinitiv, hört.
▶ dabatis – Der Infinitiv ist dare, die Bedeutung also „geben".
noctibus – Der Nominativ Singular ist nox, die Bedeutung also „Nacht".

Ü Zu diesem Lerntipp kannst du die Übung 9 bearbeiten.

Wortschatz 10

1 Wie viele?

Zeichne die Mengen-Kreise ab und schreibe jeweils die lateinische Vokabel dazu.

2 Wortbild

Welche lateinische Vokabel ist hier dargestellt?

3 Das Gegenstück

Wie lautet das weibliche Gegenstück zu: servus – puer – pater – rex – vir – deus?

4 Da ist Latein drin!

– Das werden die Zeitungen morgen **publik** machen.
– Du musst die Zahlen **addieren**.
– Ihr **humanes** Verhalten hat mir sehr **imponiert**.
– Die **Statuten** des Vereins sind allen bekannt.

5 *Errare humanum est*

lautet ein lateinisches Sprichwort. Denke dir eine Situation aus, in der du das sagen könntest.

6 Die drei Schönsten

Suche dir aus den Adjektiven die drei heraus, die dir von der Bedeutung her am besten gefallen.

humanus – durus – aequus – pulcher – asper – maestus – alius – iucundus – miser – novus – dignus – liber – barbarus

7 Kombiniere.

Welches Verb passt zu welchem Substantiv?

cenam – puellam – in agris – filio – deis

carere – parare – sacrificare – laborare – rogare

8 Verwischt

Erkennst du die Wörter, deren Spuren im Sand langsam verwischen? Nenne sie.

9 Zurück zur Lernform

Nenne bei Substantivformen den Nominativ Singular, bei Adjektivformen den Nominativ Singular Maskulinum und bei Verbformen den Infinitiv.

puto – liberos – hominis – humanis – statuimus – intrabant – morte – viros – miserorum – lucem – mortuum – dormiebas – agris – urbes – aquarum – matrem – addis – dextram – solem – equitibus – dicimus – imponebamus – rege – laboras – labores

Wortschatz 11

dēsinere, dēsinō, dēsiī	aufhören	
cum (*Subjunktion*)	als; als plötzlich	
quamquam	obwohl, obgleich	
cēterī, cēterae, cētera	die Übrigen	
servāre, servō, servāvī	retten, bewahren	

sors, sortis *f*; Gen. Pl. sortium	das Schicksal, das Los
frāter, frātris *m*	der Bruder
īgnōrāre, īgnōrō, īgnōrāvī	nicht wissen, nicht kennen
autem (*nachgestellt*)	aber, (je)doch
sīc	so, auf diese Weise
salūs, salūtis *f*	die Rettung; das Wohl, die Gesundheit; (*in Verbindung m.* dīcere) der Gruß
dēspērāre, dēspērō, dēspērāvī	verzweifeln, die Hoffnung aufgeben

profectō	tatsächlich; auf alle Fälle
negāre, negō, negāvī	leugnen; ablehnen, verweigern
mittere, mittō, mīsī	schicken; gehen lassen; werfen
trahere, trahō, trāxī	ziehen; schleppen
praebēre, praebeō, praebuī	(dar)reichen, gewähren

apud (*m. Akk.*)	bei; in der Nähe von
enim (*nachgestellt*)	denn, nämlich
hospes, hospitis *m*	der Gast; der Gastgeber
interrogāre, interrogō, interrogāvī	(be)fragen
sī	wenn; falls
vīvere, vīvō, vīxī	leben
pretium, pretiī *n*	der Preis
proinde	also; daher

Kasten:
unde
insula
in (*m. Akk.*)
navis
praecipitare
de (*m. Abl.*)
fortuna
portare
auxilium
manere
quaerere
ubique
navigare
itaque

L Du lernst das Perfekt der Verben kennen und für diese Formen brauchst du deren Bedeutungsteil im Perfektstamm. Deshalb lernst du Verben nun mit ihren **Stammformen**:

Infinitiv	1. P. Sg. Präs.	1. P. Sg. Perf.
▶ servare	servo	servavi
mittere	mitto	misi

Wenn du das Person-Zeichen der 1. P. wegnimmst, erhältst du den Bedeutungsteil im Perfektstamm.

In der Stammformen-Kiste findest du die Stammformen von Verben aus früheren Lektionen. Eine gute Gelegenheit, auch deren Bedeutungen zu wiederholen …

Wortschatz 11

1 Wortbild

Welche lateinische Vokabel ist hier dargestellt?

2 Sag das Gegenteil

auf Lateinisch. Der Anfangsbuchstabe hilft dir weiter.

antworten ⇔ i ?   zustimmen ⇔ n ?
anfangen ⇔ d ?   tot sein ⇔ v ?
wegnehmen ⇔ a ?   wissen ⇔ i ?

3 Personensuche

Welche Substantive bezeichnen Personen?

salus – servus – signum – mens – hospes – gladius – frater – fur – epistula – pugna – nauta – regina – puer – lux – filius

4 Nicht zu verwechseln

Lerne die Sätzchen auswendig, um den Bedeutungsunterschied zwischen *sic* und *si* zu sichern.
Sic voco: **Si** venis, gaudeo.   **So** rufe ich: **Wenn** du kommst, freue ich mich.

5 Da ist Latein drin!

- Sieh doch nicht alles so **negativ**!
- Manche Krankenhäuser werden auch **Hospital** genannt.
- Ein Beispiel für ein **Interrogativ**-Pronomen ist „wer?".
- „**Salute!**", sagt man in Italien beim Anstoßen mit Gläsern.

6 Kon- und Sub-

Sortiere nach Konjunktionen und Subjunktionen. Nenne auch die deutschen Bedeutungen.

atque – quamquam – nam – enim – etsi – si – et – quod – sed – dum – cum – neque

---

Stammformen-Kiste

cēdere	cēdō	cessī	(weg)gehen; **nachgeben**; überlassen
dēcēdere	dēcēdō	dēcessī	**weggehen**, gehen (aus)
dīcere	dīcō	dīxī	**sagen**; **sprechen**; nennen
invādere	invādō	invāsī	**eindringen, angreifen**
quaerere	quaerō	quaesīvī	suchen; erwerben; **fragen**
petere	petō	petīvī	**bitten**, verlangen; **angreifen**; aufsuchen; gehen/fahren nach
manēre	maneō	mānsī	**bleiben**; erwarten

Wortschatz 12

ā/ab (m. Abl.)	von (... her), von ... weg; **seit**
fābula, fābulae f	**die Geschichte**, die Erzählung; das Theaterstück
post (m. Akk.)	**nach;** hinter
restāre, restō, restitī	**übrig sein**, übrig bleiben; überleben
genus, generis n	**das Geschlecht; die Art;** die Gattung
mōns, montis m; Gen. Pl. montium	**der Berg**
flēre, fleō, flēvī	**weinen;** beklagen
terrēre, terreō, terruī	(jmdn.) **erschrecken**
per (m. Akk.)	**durch** (... **hindurch**); über ... hin; mithilfe
ōrāculum, ōrāculī n	**das Orakel**, der Götterspruch; die Orakelstätte
dēscendere, dēscendō, dēscendī	**herabsteigen;** hinuntergehen, herabkommen
āra, ārae f	**der Altar**
tangere, tangō, tétigī	**berühren**
nūmen, nūminis n	**die (göttliche) Macht; die Gottheit**
colere, colō, coluī	**pflegen; verehren;** bebauen
pius, pia, pium	**fromm;** gewissenhaft
precēs, precum f (Pluralwort)	**die Bitten;** das Gebet
movēre, moveō, mōvī	**bewegen;** beeinflussen
licēre/licet, licuit (m. Dat.)	**es ist möglich; es ist erlaubt, (jmd.) darf**
ēdere, ēdō, ēdidī	**verkünden;** herausgeben
caput, capitis n	**der Kopf;** die Hauptstadt
tergum, tergī n	**der Rücken**
corpus, corporis n	**der Körper;** der Leib
saxum, saxī n	**der Stein; der Fels**(brocken)
vertere, vertō, vertī	**wenden;** drehen; **verwandeln**

> petere
> in (m. Abl./Akk.)
> humanus
> mortuus
> silentium
> statuere
> errare
> decedere
> sic
> semper
> iubere
> solus

L Für das Ordnen und Gruppieren von Wörtern kennst du verschiedene Möglichkeiten:
▶ Gegensatz-Paar: Die Bedeutung eines Wortes ist das Gegenteil des anderen.
▶ Wortfeld: Alle Wörter bedeuten – unter verschiedenem Gesichtspunkt – das Gleiche.
▶ Sachfeld: Alle Wörter können einem Oberbegriff, einem Thema zugeordnet werden.
▶ Im Satz: Die Wörter werden zu einem Satz verbunden und im Ganzen gemerkt.

Ü Wende diese Möglichkeiten für die Vokabeln der Lektionen 1–11 an.
Erstellt in der Klasse ein Lernplakat, auf das ihr alle gefundenen Gruppierungen schreibt.

1 Wortbild

Welche lateinischen Vokabeln sind hier dargestellt?

A.    B.

2 Göttlich

Stelle ein Sachfeld zum Thema „Götter" zusammen.
Du kannst sieben Substantive, zwei Verben und ein Adjektiv finden.

3 Da ist Latein drin!

– Der Verein hat die **Lizenz** bekommen.
– Wer kennt die **Fabel** von Wolf und Lamm?
– Welches **Genus** hat das Nomen *nauta*?
– Sie kann erzählen, was sie will, das **tangiert** mich überhaupt nicht.

4 Nur eine Eigenschaft

Wähle zu den Substantiven passende Eigenschaften.

1. ein Stein   dignus – durus – dexter
2. eine Rose   primus – pius – pulcher
3. eine Stimme   secundus – asper – mortuus
4. ein Ereignis   robustus – laetus – iucundus

5 Gegensatzpaare

Stelle Wortpaare zusammen, die als Gegensatz gelten können.

parere – stare – respondere – tacere – manere – gaudere – petere – terrere	⇔	clamare – timere – iacere – cedere – iubere – flere – interrogare – defendere

Stammformen-Kiste

statuere	statuō	statuī	**beschließen**, entscheiden; **aufstellen**; festsetzen
stāre	stō	stetī	(da)**stehen**
sedēre	sedeō	sēdī	(da)**sitzen**
venīre	veniō	vēnī	**kommen**
convenīre	conveniō	convēnī	**zusammenkommen**; -passen; (*m. Akk.*) **treffen**
vidēre	videō	vīdī	**sehen**
respondēre	respondeō	respondī	**antworten**, entgegnen
dēfendere	dēfendō	dēfendī	**verteidigen**; abwehren
agere	agō	ēgī	**tun, handeln**; aufführen; (*m. Adv. und* cum) umgehen (*m. jmdm.*)

Wortschatz 13

cūra, cūrae *f*	die **Sorge**; die **Sorgfalt**	asper
sollicitāre, sollicitō, sollicitāvī	**beunruhigen**; aufhetzen, aufwiegeln	emere
tam	**so**	abducere
cognōscere, cognōscō, cognōvī	**erfahren**; **erkennen**; kennen lernen	vir
scrībere, scrībō, scrīpsī	**schreiben**, verfassen	nauta
adversus, adversa, adversum	**ungünstig**, widrig; feindlich	necare
quārē?	**weshalb? wodurch?**	frater
		valere
nōmen, nōminis *n*	der **Name**; der Begriff	etsi
ūnā (cum) (*Adv.*)	**zusammen (mit)**; gemeinsam	agere
mare, maris *n*; Abl. Sg. marī, Nom./Akk. Pl. maria, Gen. Pl. marium	**das Meer**	natus
altus, alta, altum	**hoch; tief**	a/ab (*m. Abl.*)
vīs, *Akk.* vim, *Abl.* vī *f*; *Pl.* vīrēs, vīrium	die **Gewalt**; die **Kraft**; die **Menge**; *Pl. auch* (**Streit-)Kräfte**	auxilium
opprimere, opprimō, oppressī	**unterdrücken**; überfallen, überwältigen	
aut	**oder**	

deinde	**dann, darauf**; von da an
vendere, vendō, vendidī	**verkaufen**
nōs	*Nom.* **wir**; *Akk.* **uns**
numquam	**niemals**
inhūmānus, inhūmāna, inhūmānum	**unmenschlich**

situs, sita, situm	**gelegen**, befindlich
sustinēre, sustineō, sustinuī	**aushalten**, ertragen
cīvis, cīvis *m/f*; Gen. Pl. cīvium	der/die **Bürger(in)**, der/die **Mitbürger(in)**
vōs	*Nom.* **ihr**; *Akk.* **euch**
redūcere, redūcō, redūxī	**zurückführen**; zurückbringen
patria, patriae *f*	**das Vaterland, die Heimat**
valē!/valēte!	**leb/lebt wohl!**

L Tipps zum besseren Behalten der Stammformen:
▶ Sage immer die ganze Reihe auf und sage sie mehrfach hintereinander auf.
▶ Fertige dir selbst Übungen nach dem Muster der Übung 7 an.
▶ Gruppiere die Verben und stelle dabei insbesondere die Komposita zu den einfachen Verben. In den allermeisten Fällen haben sie nämlich die gleichen Stammformen. Das kannst du an einigen Beispielen in der Stammformen-Kiste sehen.

Wortschatz 13

1 Wortbild
Welche lateinische Vokabel ist hier dargestellt?

2 Erkläre
die Darstellung dieser Vokabel.

a
l
t
u
s

3 Noch Fragen?
Nenne die sechs Fragewörter: Q? Q? Q? U? U? C?

4 Zurück, *re*!
Die Vorsilbe *re-* bedeutet häufig „zurück". Erschließe daraus die Bedeutung folgender Komposita. Nenne zunächst das einfache Verb und seine Bedeutung.

remittere – recurrere – retinere – reddere – recedere

5 Bist du Neutrum?
Nenne zu folgenden Substantivformen den Nominativ Singular. Wie viele davon sind Neutra: vier, sieben, neun, elf oder zwölf?

laborum – exemplis – cura – genus – nomina – ventum – gladius – oculo – auxilio – sorte – corpore – pretii – lucis – maria – fortunae – agro – capiti – foro – saxorum – puella – terga

6 Das weißt du.
Hinter der Umschreibung ist die Anzahl der Buchstaben angegeben.
1. Patria Aufidii Aridi: (6)
2. Pro templis stat. (3)
3. Piratae homines … (7) solent.
4. Homines sollicitat. (4)
5. Nomen amici Quinti: (6)
6. Flavia scripsit … (9)

7 Stammformen-Übung
Übertrage die Tabelle in dein Heft und vervollständige sie.

stare	sto	?	?
?	statuo	?	beschließen, entscheiden; aufstellen; festsetzen
cedere	?	cessi	?

Stammformen-Kiste

abdūcere	abdūcō	abdūxī	**wegführen; (weg)bringen; verschleppen**
emere	emō	ēmī	**kaufen**
dare	dō	dedī	(von sich) **geben**; gestatten
addere	addō	addidī	**hinzufügen**
legere	legō	lēgī	**lesen**; sammeln; auswählen
currere	currō	cucurrī	**laufen**; eilen
accurrere	accurrō	accurrī	**herbeilaufen**, angelaufen kommen
studēre	studeō	studuī	**sich bemühen (um); wollen; sich bilden**

Wortschatz 14

tempestās, tempestātis *f*	der Sturm; das (schlechte) Wetter	num
caelum, caelī *n*	der Himmel; das Klima	nox
cadere, cadō, cécidī	fallen, sinken	procul
hōra, hōrae *f*	die Stunde	cena
-que *(angehängt)*	und	bonus
oppidum, oppidī *n*	die *(befestigte)* Stadt	cum *(Subjunktion)*
		caput
iter, itineris *n*	der Weg; die Reise; der Marsch	autem
longus, longa, longum	lang, weit; lang andauernd	ventus
parātus, parāta, parātum	bereit	-ne
scīre, sciō, scīvī	wissen, verstehen	nos
cōnsistere, cōnsistō, cōnstitī	stehen bleiben; sich hinstellen; bestehen (aus)	descendere
via, viae *f*	der Weg, die Straße	vertere
arbor, arboris *f*	der Baum	totus

modo	gerade (eben); nur; (ein)mal
frangere, frangō, frēgī	(zer)brechen
offendere, offendō, offendī	stoßen (auf); schlagen (an); beleidigen
tollere, tollō, sústulī	hochheben; aufheben, beseitigen; vernichten
pōnere, pōnō, posuī	setzen; stellen; legen
vix	kaum

sentīre, sentiō, sēnsī	fühlen; merken; meinen
cūrāre, cūrō, cūrāvī *(m. Akk.)*	sorgen *(für)*, sich kümmern *(um)*
aperīre, aperiō, aperuī	öffnen; aufdecken
surgere, surgō, surrēxī	aufstehen, sich erheben
mox	bald (darauf)
haud	nicht

L Die „kleinen" Wörter, die nur aus wenigen Buchstaben bestehen, kann man leicht verwechseln. Falls du sie besonders üben musst, helfen dir vielleicht folgende Tipps:
▶ Schreibe das Wort und seine deutschen Bedeutungen auf ein großes Blatt und hänge es gut sichtbar an einem Platz auf, an dem du dich oft aufhältst.
▶ Lerne Sätze auswendig, in denen das Wort vorkommt.
Oppidum **procul** non est. – Die Stadt ist nicht **weit entfernt**.
Clamorem **vix** sustineo. – Ich halte den Lärm **kaum** aus.

autem
aber, jedoch

▶ Manchen helfen Eselsbrücken. Diese haben sich Schülerinnen und Schüler ausgedacht:
Mach nicht **so** ein Tamtam!
Er haut dich **aut** er haut dich nicht.

Wortschatz 14

1 Mitten in der Landschaft

Benenne lateinisch, was du siehst.

2 Was bedeutet

dieses Schild an einem Geschäft in Italien?

APERTO

3 Lateinlupe

Schreibe die verschiedenen Möglichkeiten und ihre deutschen Bedeutungen auf.

mo◯   vi◯   cur◯   m◯re   t◯m   ca◯ere   c◯do

4 Da ist Latein drin!

− Er spielt sehr **offensiv**.
− Vor dem Essen trinken manche Menschen einen **Aperitif**.
− Wir schicken Ihnen unser Angebot **via** E-Mail.
− Bei steigender Temperatur verändert sich die **Konsistenz** dieser Flüssigkeit.
− Er ging **sensibel** auf die Probleme seines Freundes ein.

5 Mutter Latein

LATEIN	FRANZÖSISCH	ITALIENISCH	SPANISCH	PORTUGIESISCH	RUMÄNISCH	DEUTSCH
?	roi	re	rey	rei	rege	?
?	heure	ora	hora	hora	oră	?
?	libre	libero	libre	livre	liber	?
?	arbre	albero	árbol	árvore	arbore	?

Stammformen-Kiste

iubēre	iubeō	iussī	(jmdm.) **befehlen**, (jmdn.) **beauftragen**
ārdēre	ārdeō	ārsī	(ver)**brennen**; entbrannt sein
rīdēre	rīdeō	rīsī	**lachen**
lūdere	lūdō	lūsī	**spielen**, scherzen
plaudere	plaudō	plausī	**Beifall klatschen**, applaudieren
sūmere	sūmō	sūmpsī	**nehmen**
expōnere	expōnō	exposuī	**ausstellen; aussetzen;** darlegen
impōnere	impōnō	imposuī	**setzen, stellen, legen** (an, auf, in); bringen; auferlegen

Wortschatz 15

vester, vestra, vestrum	euer	causa
noster, nostra, nostrum	unser	cognoscere
gravis, gravis, grave	schwer(wiegend), gewichtig; **ernst**	inter (*m. Akk.*)
tuus, tua, tuum	dein	civis
prō (*m. Abl.*)	vor; für; anstelle (von)	e/ex (*m. Abl.*)
sē (*Akk.*), sibī (*Dat.*), sēcum (*Abl.*)	sich/sich/mit sich, bei sich	liber
		scire
		sors
facilis, facilis, facile	**leicht**, mühelos; umgänglich	ignorare
sē praebēre	**sich zeigen**, sich erweisen (als)	sustinere
ācer, ācris, ācre	**heftig; hitzig;** hart; scharf	currere
arcessere, arcessō, arcessīvī	**herbeirufen, holen**	una (cum)
brevis, brevis, breve	kurz	studere
tempus, temporis *n*	**die Zeit**; der Zeitpunkt	pretium

fēlīx; *Gen.* fēlīcis	**glücklich**; vom Glück begünstigt
suus, sua, suum	sein; ihr
meus, mea, meum	mein
iūdicium, iūdiciī *n*	**das Urteil; das Gericht,** der Gerichtshof
omnis, omnis, omne	**jeder; ganz;** *Pl.* **alle**
fōrma, fōrmae *f*	die Form, **die Gestalt;** die Schönheit
vindicāre, vindicō, vindicāvī	**beanspruchen**

iuvenis, iuvenis *m*	**der junge Mann**
iūdicāre, iūdicō, iūdicāvī	**(be)urteilen;** richten
animus, animī *m*	**das Herz; der Sinn; der Mut;** der Geist
rēgnum, rēgnī *n*	**das (König-)Reich;** die Königsherrschaft
prōmittere, prōmittō, prōmīsī	**versprechen**
mortālis, mortālis, mortāle	**sterblich**

L Bestimmt ist es dir auch schon aufgefallen: Manche Wörter kommen einem bekannt vor, zumindest zum Teil. Kein Wunder: Du kennst schon Verwandte dieses Wortes. Wörter, die vom gleichen Bedeutungsteil abstammen, bilden eine **Wortfamilie**.

▶ Familie *iudic-* hat folgende Mitglieder:
iudicium – das Gericht, der Gerichtshof, das Urteil
iudicare – richten; urteilen, beurteilen
iudex, iudicis *m* – der Richter

Ü Dazu kannst du Übung 7 bearbeiten.

1 Gegensatz

Suche ein Wort, das man als Gegensatz bezeichnen kann, zu:

brevis ⇔ ?   omnis ⇔ ?   maestus ⇔ ?   cadere ⇔ ?.

2 *SO-SO*

Fünf dir bekannte Vokabeln fangen mit *so* an.
Schreibe sie untereinander und sortiere sie dazu nach Wortlänge.
Mache dir die verschiedenen Bedeutungen beim Aufschreiben bewusst.

3 Da ist Latein drin!

– She **promised** to **defend** him.
– Sie sind in **temporären** finanziellen Schwierigkeiten.
– Habt ihr das **Pro** und **Kontra** gut überlegt?

4 Nur eine Eigenschaft

Wähle zu den Substantiven passende Eigenschaften.

1. ein Problem   felix – gravis – pius
2. ein Schicksal   altus – dexter – miser
3. eine Aufgabe   facilis – sinister – robustus
4. ein Schwert   mortuus – acer – asper
5. ein Turm   brevis – aequus – altus

5 *gravis* mal vier

Nenne die vier Bedeutungen dieses Adjektivs und denke dir zu jeder einen Satz auf Deutsch aus.

6 Was fällt dir ein?

Nenne alle lateinischen Vokabeln, die dir zu der hier abgebildeten Szene einfallen.

Bild auf einer antiken Schale (heute in Berlin).

7 Familientreffen

Führe die Wortfamilien zusammen. Die Buchstaben geben dir an, ob du ein verwandtes **S**ubstantiv, **A**djektiv oder **V**erb kennst.

cura V – serva S, S – parare A – navis V – salutare S – labor V – patronus S, S – humanus A, S, S – ardor V – regina S, S – pugna V

Wortschatz 16

nārrāre, nārrō, nārrāvī	**erzählen**, berichten	vis
quaesō	**ich bitte dich; bitte**	vix
dīmittere, dīmittō, dīmīsī	**entlassen, wegschicken**; freilassen	sacrificare
vērus, vēra, vērum	**wahr**, echt	convenire
is, ea, id	**er, sie, es**	cito
līberāre, līberō, līberāvī	**befreien**	surgere
		omnis
stultus, stulta, stultum	**dumm**, einfältig;	deinde
	Subst. der Dummkopf	donum
difficilis, difficilis, difficile	**schwierig**	quod (*Subjunktion*)
item	**ebenfalls**, ebenso	signum
domum	**nach Hause**	multi: viele
cōnsīdere, cōnsīdō, cōnsēdī	**sich setzen**, sich niederlassen	cuncti/omnes: alle
cibus, cibī *m*	**die Speise**; die Nahrung	ceteri: die Übrigen
vīnum, vīnī *n*	**der Wein**	alii: die anderen/ andere
dēlectāre, dēlectō, dēlectāvī	**erfreuen**, Freude machen	nostri: die Unsrigen
		suos (videt/vident): die Seinen/Ihrigen (sieht er/ sehen sie)
focus, focī *m*	**der Herd**	
accēdere, accēdō, accessī	**herantreten**; hingehen	
fundere, fundō, fūdī	**(aus)gießen**; befeuchten	multa: vieles
spargere, spargō, sparsī	**besprenen**; verbreiten	cuncta/omnia: alles
appellāre, appellō, appellāvī	(*jmdn.*) **anreden**; sich (*an jmdn.*) wenden; (er)nennen	cetera: das Übrige
libēns; *Gen.* libentis	**gern**; (bereit)willig	
vōtum, vōtī *n*	**der Wunsch**; das Gelübde	
favēre, faveō, fāvī (*m. Dat.*)	**gewogen sein**; (*jmdn.*) begünstigen	
grātia, grātiae *f*	**der Dank**; die Beliebtheit; die Gunst	
postrēmō	**schließlich**, zuletzt	
flamma, flammae *f*	**die Flamme**, das Feuer	

L Vokabeln üben und wiederholen kann man gemeinsam und mit Spaß dabei.
▶ Stellt füreinander kleine Silbenrätsel, Buchstabensalate oder „gerüttelte und geschüttelte" Wörter her.
▶ Oder spielt zu zweit das Vokabelspiel **Wettlauf**:
Jeder schreibt sechs lateinische Vokabeln auf einen Zettel. Auf das Startzeichen werden die Zettel ausgetauscht. Wer zuerst alle deutschen Bedeutungen ergänzt hat, erhält einen Punkt. Dann werden die Antworten gemeinsam ausgewertet: Für jede richtige Bedeutung gibt es einen Punkt. Legt vorher gemeinsam fest, ob ihr eine bestimmte Lektion oder alle nehmt und wie viele Runden ihr spielen wollt.

1 Wortbild

Welche lateinischen Vokabeln sind hier dargestellt?

2 Sprechende Namen

Erkläre die Bedeutung dieser Vornamen, die aus dem Lateinischen stammen: Vera, Pia, Felix.

3 Zeit-Reihe

Die vier Zeitangaben kannst du dir am besten in ihrer Reihenfolge merken:
primo – tum – deinde – postremo.

Sage diese Reihe mehrfach auf, damit du sie im Gedächtnis behalten kannst.

4 *SI-SI*

Acht dir bekannte Vokabeln fangen mit *si* an. Schreibe sie untereinander und sortiere sie dazu nach Wortlänge. Mache dir die verschiedenen Bedeutungen beim Aufschreiben bewusst.

5 LIB fängt's an...,

aber WIE geht's weiter?
Die ersten drei Buchstaben sind genannt. Es gibt immer mindestens zwei verschiedene Möglichkeiten, wie das Wort weitergeht. Nenne immer auch die deutschen Bedeutungen.

LIB ?   APP ?   ITE ?   GRA ?   VEN ?   STA ?   OPP ?

6 Da ist Latein drin!

- Welche Mannschaft **favorisierst** du?
- Er **appellierte** an ihre Hilfsbereitschaft.
- Learning Latin is not **difficult**.
- Wir schreiten nun zur Abstimmung. Bitte geben Sie Ihr **Votum** ab.

7 Irrläufer

Welches Wort passt von der Bedeutung her nicht in die Reihe?

1. vinum – cibus – arbor – aqua
2. liberare – ponere – defendere – auxilium
3. sperare – narrare – appellare – dicere
4. gaudere – surgere – laetus – delectare
5. considere – stare – sedere – quaerere

8 Ort und Zeit

Sortiere und gib die Bedeutungen an.

procul – unde – diu – mox – ibi – iam – ubi – adhuc – primo – hic – iterum – hodie – tum – ubique – postremo – domum – semper – deinde

Wortschatz 17

comperīre, comperiō, cómperī	erfahren, in Erfahrung bringen	desinere
uxor, uxōris f	die Ehefrau, die Gattin	preces
tamen	dennoch, trotzdem	quam
ōrāre, ōrō, ōrāvī	beten; bitten	pulcher
perturbāre, perturbō, perturbāvī	(völlig) verwirren; beunruhigen	delectare
satis	genug	tempus
		meus/tuus/suus
quō?	wohin?	imponere
dūcere, dūcō, dūxī	führen; ziehen; (m. doppeltem Akk.) halten für	sperare
		ante (m. Akk.)
opus, operis n	das Werk, die Arbeit	nomen
monumentum, monumentī n	das Denkmal	laborare
bellum, bellī n	der Krieg	-que
honōs/honor, honōris m	die Ehre; das Ehrenamt	
exstruere, exstruō, exstrūxī	errichten, erbauen	

explānāre, explānō, explānāvī	erklären
hūc	hierher
pōns, pontis m; Gen. Pl. pontium	die Brücke
saepe	oft
trādere, trādō, trādidī	übergeben, überliefern
crēdere, crēdō, crēdidī	glauben; (an)vertrauen

ars, artis f; Gen. Pl. artium	die Kunst; die Geschicklichkeit; das Handwerk
ēgregius, ēgregia, ēgregium	hervorragend, ausgezeichnet
trēs, trēs, tria	drei
annus, annī m	das Jahr
summus, summa, summum	der höchste, der oberste, der äußerste
ingēns; Gen. ingentis	gewaltig, ungeheuer

L Man kann Vokabeln auch zu einem bestimmten Thema sortieren. Dabei geht man so vor: Auf einem großen Blatt wird das Thema in die Mitte geschrieben; von dort aus führen Linien, denen Vokabeln zugeordnet werden. Es entsteht eine Art Landkarte, eine so genannte **Mindmap**:

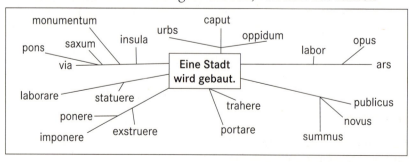

1 Wortbild

Welche lateinischen Vokabeln sind hier dargestellt?

 A.
 B.
 C.

2 Da ist Latein drin!

- Sie haben einen **Kredit** bei der Bank beantragt.
- Ihre guten Leistungen muss man **honorieren**.
- Im Englischunterricht: „Please **explain** what you mean."
- Diese Kathedrale ist ein **monumentales** Bauwerk.
- An einem alten Haus: **A. D.** MDCCLIV (**anno domini**)

3 *TA-TA*

Fünf dir bekannte Vokabeln fangen mit *ta* an. Schreibe sie untereinander und sortiere sie dazu nach Wortlänge. Mache dir die verschiedenen Bedeutungen beim Aufschreiben bewusst.

4 Auswahl beim Opfer

Welches der drei Verben passt in den Satz?

1. Domitius deis ? .   convenit – sacrificat – explanat
2. Genium vino ? .   tradit – oravit – spargit
3. Genium appellat: Votis ? .   fave – funde – trade
4. Tum Laribus gratias ? . credit – agit – delectat
5. Postremo cibos flammis ? .   comperit – credit – tradit

5 „Aha!"-Verben

Nenne drei Verben, die „erkennen/erfahren/wissen" bedeuten.

6 Wohin denn nun?

Schreibe die Wörter und Wendungen heraus, die Antwort auf die Frage *quo?* geben.

hic – domum – ab amicis – diu – cito – in insulam – huc – adhuc – ad amicum – in villa – satis

7 Sil-ben-rät-sel

Aus den Silben kannst du acht lateinisch-deutsche Paare zusammensetzen. Den Partner des neunten lateinischen Wortes findest du in den Silben nicht. Wie heißt er?

ba – be – be – be – ber – bel – di – de – den – e – en – ent – frei – fern – ge – gen – gend – gens – gi – gre – her – hi – in – las – li – lis – lich – lie – lum – men – mit – mor – noch – per – ra – ra – re – re – re – re – ru – sen – sterb – ta – ta – te – tig – tra – tur – ü – un – us – vor – wal

8 Mindmap

Erstelle eine Mindmap zu einem Thema, z. B.: Auf dem Forum – Menschen – Was man mit Worten machen kann – Herren und Sklaven.

Wortschatz 18

habēre, habeō, habuī	haben; halten
īre, eō, iī	gehen
quī, quae, quod	der, die, das; wer, was
invītāre, invītō, invītāvī	einladen
is, ea, id	dieser, diese, dieses; der(jenige), die(jenige), das(jenige)
quandō?	wann?
redīre, redeō, rediī	zurückgehen, zurückkehren
nisī	wenn nicht; außer
cēnāre, cēnō, cēnāvī	essen
rēctus, rēcta, rēctum	**gerade**, direkt; **richtig**
trānsīre, trānseō, trānsiī	hinübergehen, herüberkommen; überschreiten
prohibēre, prohibeō, prohibuī	abhalten, hindern
numerus, numerī *m*	**die Zahl**, die Menge
crēscere, crēscō, crēvī	**wachsen**, zunehmen
aliēnus, aliēna, aliēnum	fremd
imperium, imperiī *n*	der Befehl; die Herrschaft; das Reich
nōndum	noch nicht
perīre, pereō, periī	zugrunde gehen, umkommen
disserere, disserō, disseruī	sprechen über, erörtern
nūllus, nūlla, nūllum	kein
cīvitās, cīvitātis *f*	der Staat; der Stamm; die Gemeinschaft der Bürger
trāns (*m. Akk.*)	über (...hinüber); jenseits
sēdēs, sēdis *f*; Gen. Pl. sēd(i)um	der Sitz; das Siedlungsgebiet, die Heimat
sub (*m. Abl.*)	unter
rīpa, rīpae *f*	das Ufer
exercēre, exerceō, exercuī	(aus)üben; ausbilden

---

mos
is/ea/id
domum
apud (*m. Akk.*)
salus
modo
hospes
gravis
nonne
periculum
quondam
aperire
noster
administrare

L Die Adjektive *alius – unus – solus – totus – nullus* bezeichnen wie ein Pronomen eine Person (sog. **Pronominaladjektive**). Genitiv und Dativ werden wie bei den Pronomina gebildet.
Merkspruch: *unus* – einer, *nullus* – keiner, *totus, solus* – ganz, allein.
        Doch gemeinsam haben alle   *-ius* in dem zweiten Falle
        und im Dativ enden sie   alle auf ein langes *-i*.
Der Genitiv von *alius* lautet *alter-ius*, der Dativ *ali-i*.

Ü Für weitere Merksprüche zum Behalten wichtiger Zusatzinformationen bearbeite Übung 5.

Wortschatz 18

1 Wortbild

Welche lateinischen Vokabeln sind hier dargestellt?

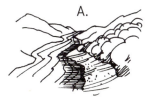 A. 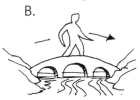 B. 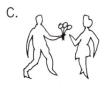 C.

2 Doppel-Trans

Übersetze, um die beiden verschiedenen Bedeutungen zu erfassen.

3 Familientreffen

Du kennst von jeder Familie zwei Mitglieder: imp-   sed-   cen-   civ-   pugn-

4 Zurück zur Lernform

Nenne bei Substantivformen den Nominativ Singular und bei Verbformen den Infinitiv.

iudicibus – imposuimus – omnium – vendideram – operibus – restitit – traxi – mente – arsit – posueramus – promisit – civium – cecidit – itinere – sustulisti – debuerat

5 Merkspruch

Welche Gemeinsamkeiten haben die Wörter einer Gruppe? Achte auf Genitiv oder Genus. Versuche, einen guten Merkspruch zu formulieren.

1. amor – arbor – ardor – clamor – honor – labor – furor
2. opus – tempus – corpus – genus
3. humanitas – tempestas – voluptas

6 Du kannst Italienisch!

Glaubst du nicht? Dann versuche doch, folgende Sätze und Teile von Sätzen zu verstehen. Schaffst du es, ihnen die dazu passende Aussage auf Deutsch zuzuordnen? Bei richtiger Zuordnung erhältst du ein Lösungswort – natürlich auf Italienisch.

1. Non è vero.   Da hat wohl einer Hunger! (L)
2. Non c'è pericolo.   Hilfe ist in Sicht. (E)
3. Quando è la cena?   Ich komme ja schon. (B)
4. tre ore   Das schaffen wir trotzdem. (E)
5. Vive sull'isola di Capri.   Gegen halb drei. (N)
6. Tua madre ti chiama.   Ziemlich genau 180 Minuten. (T)
7. Viene il medico.   Sein Haus in Rom hat er verkauft. (O)
8. Quando viene il tuo amico?   Entwarnung. (O)
9. molto difficile   Du Lügner! (M)

Wortschatz 19

velle, volō, voluī	wollen	unus
nūptiae, nūptiārum f (*Pluralwort*)	die Heirat; die Hochzeit	uxor adhuc
aetās, aetātis f	das Alter; das Zeitalter	nemo
duo, duae, duo	zwei	animus
virgō, virginis f	die junge (*unverheiratete*) Frau; die Jungfrau	si/nisi ducere
idōneus, idōnea, idōneum	geeignet; fähig	miser amor
dēstināre, dēstinō, dēstināvī	bestimmen; ausersehen	cedere
recūsāre, recūsō, recūsāvī	verweigern; sich weigern	cadere
iūs, iūris n	das Recht	quaeso
fīlia, fīliae f	die Tochter	aequus
voluntās, voluntātis f	der Wille; die Absicht	
fortāsse	vielleicht	

ita	so; auf diese Weise
clēmēns; *Gen.* clēmentis	sanft(mütig), mild
nescīre, nesciō, nescīvī	nicht wissen, nicht verstehen
cum (*Subjunktion*)	(immer) wenn
vel	oder
litterae, litterārum f	der Brief; die Wissenschaften; die Literatur; *Sg.* der Buchstabe

cōnsilium, cōnsiliī n	der Rat(schlag); der Plan; der Entschluss; die Absicht
ūtilis, ūtilis, ūtile	nützlich; brauchbar
ostendere, ostendō, ostendī	zeigen
simulāre, simulō, simulāvī	vortäuschen; so tun, als ob
nōlle, nōlō, nōluī	nicht wollen
cēnsēre, cēnseō, cēnsuī	(ein)schätzen; der Ansicht sein; (*m. doppeltem Akk.*) halten für
laedere, laedō, laesī	verletzen; kränken

L Du hast nun schon viele Vokabeln kennen gelernt, in Portionen zu 25 pro Lektion. Damit die Wörter gut im Gedächtnis verankert werden, solltest du sie immer wieder neu sortieren und nach bestimmten Merkmalen zu Gruppen zusammenstellen, z. B.:
- Wortfelder, Sachfelder; Wortfamilien;
- Ortsangaben, Zeitangaben;
- Subjunktionen;
- deine Lieblingsvokabeln;
- deine „schwierigen" Vokabeln.

Meine fünf schwierigsten Vokabeln
voluptas – Vernügen, Spaß; Lust
sperare – (er)hoffen; erwarten
quondam – einst
praebere – (dar)reichen, gewähren
preces – Bitten; Gebet

Ü Denke dir selbst weitere Merkmale aus.

1 Graffiti

gab's auch schon in der Antike. Welche der Inschriften könnte von Quintus sein? Begründe.

2 Familie „Recht"

Von der Familie, zu der *ius* gehört, kennst du bereits zwei Substantive und ein Verb. Nenne sie.

3 Da ist Latein drin!

– Hat sich der Spieler verletzt oder **simuliert** er nur?
– Meine Freundin will **Jura** oder **Literatur**wissenschaft **studieren**.
– Heute wird eine **Filiale** dieses Geschäfts eröffnet.
– Die beiden sind ein gutes **Duo**.

4 Die lieben Verwandten

Welches Wort muss logischerweise ergänzt werden?

1. Flavius Lepidus: pater, Flavia: ?
2. Flavia: puella, Marcus: ?
3. mater Flaviae: matrona, Flavia: ?
4. Aemilia: femina, Calvus: ?
5. Caecilia: mater Flaviae, Aulus: ? Flaviae

Wortschatz 20

decimus, decima, decimum	der zehnte	hora
abīre, abeō, abiī	(weg)gehen	fundere
adesse, adsum, adfuī/affuī	anwesend sein, da sein; (m. Dat.) helfen	considere
		vox
incipere, incipiō, coepī	anfangen, beginnen	bene
interesse, intersum, interfuī (m. Dat.)	teilnehmen (an etw.)	mox
		qui/quae/quod
quīnque	fünf	vos
bibere, bibō, bibī	trinken	hodie
		appellare
cōnspicere, cōnspiciō, cōnspexī	erblicken	se/sibi/secum
		ars
iūxtā (m. Akk.)	neben	voluptas
priusquam	bevor; (nach verneintem Satz) bevor nicht	ecce
parentēs, parent(i)um m	die Eltern	
posse, possum, potuī	können	
poscere, poscō, poposcī	fordern, verlangen	
cupere, cupiō, cupīvī	wünschen, begehren, verlangen	
quattuor	vier	
mēnsis, mēnsis m; Gen. Pl. mēns(i)um	der Monat	
lībertās, lībertātis f	die Freiheit	
accipere, accipiō, accēpī	annehmen, empfangen; aufnehmen	
testis, testis m; Gen. Pl. testium	der Zeuge	
capere, capiō, cēpī	(ein)nehmen, erobern; (er)fassen, (er)greifen	
collocāre, collocō, collocāvī	(auf-, hin)stellen, (hin-)setzen, legen	
decem	zehn	
abesse, absum, āfuī	abwesend sein, fehlen; entfernt sein	
dubitāre, dubitō, dubitāvī	zögern; zweifeln	
aspicere, aspiciō, aspexī	anblicken, ansehen	

L Stelle dir ein persönliches Vokabeltrainingsprogramm auf, um in Übung zu bleiben:
▶ Lies dir die Lerntipps noch einmal durch, damit du alle im Überblick hast.
▶ Lege dir einen Zeitplan an, teile den einzelnen Tagen eine kleine Vokabelportion zu.
▶ Lass dich diese Vokabelportion abhören oder höre dich selbst ab.
▶ Liste die Vokabeln auf, bei denen du nicht ganz sicher warst: Spezialbehandlung!
▶ Lerne mit anderen zusammen, das macht mehr Spaß.

Wortschatz 20

1 Zahlen im Überblick

unus, una, unum	ein	sex	sechs
duo, duae, duo	zwei	septem	sieben
tres, tres, tria	drei	octo	acht
quattuor	vier	novem	neun
quinque	fünf	decem	zehn

Die Zahlen hat „Mutter Latein" ebenfalls an ihre „Kinder", die romanischen Sprachen, weitergegeben und du kannst sie z. B. im Italienischen gut erkennen. Bestimmt kannst du auch die Bedeutung der italienischen Substantive aus dem Lateinischen erschließen und weißt, um wie viel wovon es sich handelt.

cinque amici – otto isole – nove alberi – due monumenti – sei ore – tre medici – sette cani – una favola – dieci anni – quattro voci

2 Erster, zweiter, dritter

Einige Ordnungszahlen kennst du schon, die anderen kannst du aus den Grundzahlen erschließen. Bringe sie in die richtige Reihenfolge, dann ergeben die Buchstaben in Klammern ein Lösungswort.

septimus (I) – quartus (N) – nonus (T) – tertius (G) – secundus (O) – decimus (I) – octavus (S) – primus (C) – sextus (V) – quintus (O)

Schreibe eine Tabelle als Überblick über die Grund- und Ordnungszahlen 1–10 in dein Heft.

3 Da ist Latein drin!

- Er trägt ein **uni**farbenes Hemd.
- Kannst du das Lied eine **Oktave** höher spielen?
- Das Theaterstück feiert morgen **Premiere**.
- In Deutschland benutzen wir beim Rechnen das **Dezimal**system.
- In der Konzerthalle tritt heute ein bekanntes **Trio** auf.
- Wie viele Seiten hat ein **Quadrat**?
- These are my **parents**.
- Hast du **Interesse** am Reiten?

4 ad und ab – hin und weg

Du kennst drei Komposita, bei denen die Vorsilbe *ab* „weg" bedeutet, und fünf Komposita, bei denen die Vorsilbe *ad* „hin … zu, bei" bedeutet. Stelle sie mit deutscher Bedeutung zusammen. Denke daran, dass Vorsilben leicht verändert sein können.

5 Statue of Liberty

Im Hafen von New York steht die Statue of Liberty.
Welcher lateinische Begriff steckt in Liberty?
Was stellt diese Figur demnach dar?

Informiere dich in einem Lexikon oder im Internet, welche zwei weiteren Wertbegriffe zu den Menschenrechten gehören.

153

Eigennamenverzeichnis

Eigennamen der Romanhandlung findest du in der Einführung auf S. 3 erklärt.
Auf Artikel des Eigennamenverzeichnisses wird mit einem → verwiesen.

Aegyptus, -ī f: Ägypten; seit 30 v. Chr. römische Provinz.

Aenēās, -ae: Äneas, ein Troianer; er trug der Sage nach seinen Vater Anchises aus dem brennenden → Troia. Anschließend irrte er mit den flüchtigen Troianern viele Jahre übers Meer, um eine neue Heimat zu finden. Er fand zwar bei → Dido in Karthago (→ Carthago) zunächst Aufnahme, musste sie dann aber auf Befehl Jupiters (→ Iuppiter) verlassen und nach Italien segeln. Dort gründete er nach vielen Kämpfen → Lavinium und wurde zum Stammvater des römischen Volkes.

Africa, -ae: Afrika; als Landschaftsbezeichnung das heutige Nordafrika, als Provinz die Gegend um Karthago (→ Carthago), das heutige Tunis.

Akropolis: die Akropolis; das Wahrzeichen Athens (→ Athenae) war in der Antike der Burgberg der Stadt und das religiöse Zentrum mit berühmten Tempeln, wie z. B. dem Tempel der → Athene (Parthenon).

Albanerberge: Hügelkette im Südosten von Rom (→ Roma). Von hier bezogen einige Aquädukte ihr Wasser für die Stadt Rom.

Alexandrīa, -ae: Stadt im Nildelta von Ägypten (→ Aegyptus). Hier stand u. a. das berühmte Museion, die größte Bibliothek der antiken Welt.

Ammiānus Marcellīnus, -ī: ca. 330 – ca. 395 n. Chr. Er verfasste ein Geschichtswerk über die römische Kaiserzeit.

Amphitheātrum Flāvium: → Colosseum.

Amulius, -ī: der Sage nach Sohn des Königs von Alba Longa. Er zwang seinen Bruder → Numitor zur Abdankung, wurde aber später dafür von → Romulus getötet.

Aphrodite: → Venus.

Apollō, -inis: griechisch-römischer Gott des Lichts, der Musik und Weissagung. Sein berühmtestes Heiligtum war das von → Delphi.

Apollodorus von Damaskus: 2. Jh. n. Chr., berühmter griechischer Architekt. Er errichtete das Trajansforum (→ Forum Traiani), die Trajansthermen, die berühmte steinerne Brücke an der unteren Donau und viele andere Bauten.

Apulia, -ae: Apulien; Gegend am „Stiefelsporn" Italiens.

Aquilēia, -ae: Stadt im Nordosten Italiens (der heutigen Region Venetien). Ihren Reichtum und ihre Bedeutung erhielt Aquileia hauptsächlich durch den Seehandel und die Nutzung nahe gelegener Goldminen.

Ares: → Mars.

Aristotelēs, -is: 384 – 322 v. Chr., einer der bedeutendsten Philosophen der Antike. Er war Schüler des Philosophen Platon und Lehrer Alexanders des Großen. Seine Werke wurden auch im Mittelalter (in lateinischer Übersetzung) und in der Neuzeit intensiv gelesen.

Artemis: → Diana.

Asia, -ae: als Landschaftsbezeichnung: Kleinasien, heute die westliche Türkei. Diese stark von griechischer Kultur geprägte Gegend bildete auch die gleichnamige römische Provinz.

Athēnae, -ārum: Athen, die Hauptstadt des modernen Griechenland. In der Antike das kulturelle und geistige Zentrum Griechenlands (→ Graecia) mit der → Akropolis und vielen Tempeln. Zahlreiche bedeutende Dichter, Künstler, Philosophen und Politiker wirkten in dieser Stadt; Adj.: *Athēniēnsis, -is, -e:* athenisch, aus Athen.

Athene: → Minerva.

Augusta Trēverōrum: das heutige Trier. Hauptort des Stammes der Treverer, der zu einer der wichtigsten Städte Germaniens (→ Germania) wird. Um 400 n. Chr. wird Trier sogar Kaiserresidenz.

Augusta Vindelicum: das heutige Augsburg. Hauptstadt und damit auch Verwaltungszentrum der römischen Provinz Raetien (→ Raetia). Durch das Zusammentreffen mehrerer großer Handelsstraßen war die Stadt auch der wichtigste Handelsplatz der Region.

Augustus, -ī: Gaius Iulius Caesar Octavianus (63 v. Chr.–14 n. Chr.); er wurde nach dem Sieg über die Mörder seines Adoptivvaters Cäsar (→ Caesar) und über seinen Rivalen Marcus Antonius 31 v. Chr. Alleinherrscher im Römischen Reich (*princeps*). Er erhielt 27 v. Chr. vom Senat den Ehrentitel *Augustus* („der Erhabene"). Sein großes Verdienst war es, in Rom (→ Roma) die Bürgerkriege beendet und einen dauerhaften Frieden geschaffen zu haben.

Basilica Iūlia: mehrschiffiges, hallenartiges Gebäude von ca. 100 Metern Länge auf dem → Forum Romanum. Sie wurde um das Jahr 54 v. Chr. von Cäsar (→ Caesar) begonnen und von → Augustus vollendet. In ihr fanden hauptsächlich Gerichtsverhandlungen statt. Außerdem war sie ein beliebter Treffpunkt und Aufenthaltsort für Müßiggänger.

Basilica Ulpia: Die größte je in Rom (→ Roma) gebaute Basilika mit einer Länge von fast 170 Metern. Kaiser Trajan (→ Traianus) ließ sie als Teil des Trajansforums (→ Forum Traiani) 107–113 n. Chr. erbauen. Sie war ein wichtiges Handels- und Gerichtszentrum, aber auch Sklaven wurden hier offiziell in die Freiheit entlassen.

Baucis, -idis: Baucis und ihr Ehemann → Philemon; Gestalten des griechischen Mythos, nahmen Zeus (→ Iuppiter) und Hermes (→ Mercurius), die verkleidet bei ihnen Gastfreundschaft erbeten hatten, freundlich auf. Zur Belohnung durften sie einen Wunsch äußern. Sie wünschten sich, dass sie weiterhin gemeinsam leben dürften und dass am Ende keiner von beiden länger als der andere leben solle. Dies gewährte ihnen Zeus und verwandelte sie nach ihrem Tod in zwei nebeneinander stehende Bäume.

Beneventum, -ī: Stadt in Süditalien, das heutige Benevent; wichtiger Kreuzungspunkt mehrerer Römerstraßen.

Britannia, -ae: Britannien war vom 1. bis zum 5. Jh. n. Chr. römische Provinz. Allerdings umfasste das römische Herrschaftsgebiet nicht das heutige Schottland und Irland.

Brundisium, -ī: das heutige Brindisi. Hafenstadt an der Adria in Süditalien am Ende der → Via Appia. Hier war auch der Ausgangspunkt für Fahrten nach Griechenland.

Caesar, -is: Gaius Iulius Caesar (100–44 v. Chr.), römischer Politiker aus patrizischem Geschlecht. Er durchlief rasch die politischen Ämter in Rom (→ Roma), wurde 59 v. Chr. Konsul und bekam im Jahr 58 v. Chr. die Provinz Gallien (→ Gallia) zugeteilt. Er unterwarf in neun Jahren den noch freien Teil Galliens. Nachdem er im Bürgerkrieg seinen Rivalen Pompejus ausgeschaltet hatte, errang er 46 v. Chr. die Alleinherrschaft. An den Iden des März (= 15. März) 44 v. Chr. wurde er ermordet. Nach seinem Tod wurde der Name Cäsar zum Ehrentitel und festen Beinamen der römischen Kaiser.

Cambodūnum, -ī: das heutige Kempten; wurde unter Kaiser Tiberius (14–37 n. Chr.) gegründet und war ein bedeutender Marktort in der Provinz → Raetia. Es wurde im 3. Jh. n. Chr. zerstört.

Canusium, -ī: Kleinstadt in Süditalien, das heutige Canosa.

Capitōlium, -ī: das Kapitol, der Hügel, auf dem die Burg Roms (→ Roma), aber auch die Tempel der beiden höchsten Götter Jupiter (→ Iuppiter) und Juno (→ Iuno) standen. Im Tempel der Juno befand sich auch die staatliche Münzprägestätte.

Carthāgō, -inis: Karthago, Handelsstadt an der Küste Nordafrikas im Gebiet des heutigen Tunesien. Der Sage nach wurde es von → Dido, tatsächlich aber um 800 v. Chr. von den Phöniziern gegründet. Es wurde in drei Kriegen (den „Punischen", d. h. phönizischen) von Rom bezwungen und 146 v. Chr. völlig zerstört.

Castra Rēgīna: das heutige Regensburg. Ursprünglich ein einfaches Militärlager, das aber von Kaiser Mark Aurel (161–180 n. Chr.) stärker befestigt wurde. Es sollte die Brücke über die Donau (→ Danuvius) militärisch sichern. Im Laufe der Zeit bildete sich auch eine große zivile Siedlung (*Ratisbona*) um das Militärlager, die Keimzelle der heutigen Stadt.

Celsus, -ī: reicher Bürger von → Ephesus, der dort eine große Bibliothek errichten ließ, deren Fassade vor einigen Jahren wieder aufgebaut wurde.

Circus Maximus: der größte jemals gebaute Circus in Rom (→ Roma) mit Plätzen für ca. 250 000 Zuschauer. In seiner ca. 600 Meter langen Rennbahn fanden mehrmals im Jahr Pferde- und Wagenrennen statt.

Colōnia Agrippīna: das heutige Köln. Römisches Militärlager am Rhein (→ Rhenus), in dem Agrippina, die Mutter des späteren Kaisers → Nero, geboren wurde. Nach ihr wurde der Ort auch benannt.

Colossēum, -ī: das Kolosseum. Das größte Amphitheater Roms (→ Roma) mit Platz für ca. 55 000 Zuschauer. Von den flavischen Kaisern Vespasian (→ Vespasianus) und → Titus erbaut, wurde es ursprünglich Amphitheatrum Flavium genannt. Seinen auch heute noch gebräuchlichen Namen erhielt es von einer Kolossalstatue des Kaisers → Nero, die in unmittelbarer Nähe aufgestellt war.

Cōnfluentēs, -ium: das heutige Koblenz. Militärlager und wichtiger Handelshafen am Zusammenfluss (*confluere:* zusammenfließen) von Rhein (→ Rhenus) und Mosel.

Cōnstantia, -ae: das heutige Konstanz am Bodensee.

Crēta, -ae: die Insel Kreta; in römischer Zeit Sitz eines Prokurators.

cūria, -ae: die Kurie, der hauptsächliche Versammlungsort des römischen Senats. Das Gebäude auf dem → Forum Romanum, das noch heute gut erhalten ist, wurde ab dem Jahre 52 v. Chr. von Cäsar (→ Caesar) neu errichtet.

Cyprus, -ī f: die Insel Zypern; seit 58 v. Chr. unter römischer Herrschaft, seit 30 v. Chr. römische Provinz.

Dācī, -ōrum: die Daker. Volksstamm, der etwa im heutigen Rumänien lebte. Die Kaiser Domitian und Trajan (→ Traianus) führten mehrere Kriege gegen sie, Trajan besiegte sie 106 n. Chr. endgültig; Adj.: *Dācicus, -a, -um:* dakisch.

Daedalus, -ī: Dädalus, berühmter Erfinder im griechischen Mythos. Er erschuf u. a. das Labyrinth (→ labyrinthus) für den → Minotaurus auf Kreta (→ Creta). Von dort floh er mit selbst gebauten Flügeln, wobei sein Sohn → Icarus umkam. Dädalus lebte bis zu seinem Tod auf Sizilien und Sardinien und soll dort noch einige weitere Erfindungen gemacht haben.

Dānuvius, -ī: die Donau. Besonders in der Kaiserzeit hatte der Fluss als Reichsgrenze große Bedeutung. An der Donau waren mehrere Legionen und zwei kleine Kriegsflotten stationiert.

Delphī, -ōrum (*griech.* Delphoi): berühmtestes Orakel des Altertums und dem Gott → Apollo geweiht. Die Priesterin des Apollo, → Pythia, gab Orakelsprüche von sich, die oft mehrdeutig waren.

Deucaliōn, -ōnis: Deukalion, Gestalt des griechischen Mythos, Ehemann der → Pyrrha. Als Zeus (→ Iuppiter) die Menschen durch eine Sintflut vernichten wollte, ließ er Deukalion und Pyrrha als Einzige wegen ihrer edlen Gesinnung am Leben. Sie wurden so zu Begründern eines neuen Menschengeschlechts.

Diāna, -ae (*griech.* Artemis): die Göttin der Jagd, Schwester des → Apollo.

Dīdō, -ōnis: Königstochter aus → Tyros. Sie gründete der Sage nach Karthago (→ Carthago). Auch soll sie Äneas (→ Aeneas) nach seiner Flucht aus → Troia gastfreundlich aufgenommen und sich in ihn verliebt haben. Als Äneas auf Weisung Jupiters (→ Iuppiter) nach Italien weiterfuhr, verfluchte sie ihn und nahm sich aus Verzweiflung das Leben.

Discordia, -ae (*griech.* Eris): die Göttin des Streites und der Zwietracht.

Ephesus, -ī f: Stadt in Kleinasien an der Westküste der heutigen Türkei. Sie war eine der größten und wichtigsten Handelsstädte der Antike.

Eris: → Discordia.

Eurōpa, -ae: phönizische Prinzessin, die Zeus (→ Iuppiter) der Sage nach in der Gestalt eines Stieres nach Kreta (→ Creta) entführte. Nach ihr wurde der gesamte Kontinent benannt.

Faustulus, -ī: Hirte, der der Sage nach die von einer Wölfin gesäugten Zwillinge → Romulus und → Remus fand und großzog.

Flāviī, -ōrum: die Flavier, römisches Kaisergeschlecht im 1. Jh. n. Chr. Die drei Kaiser der flavischen Dynastie sind Vespasian (→ Vespasianus), → Titus und Domitian.

Fortūna, -ae: die Göttin des Glücks.

Forum Appiī: Kleinstadt in Süditalien.

Forum Rōmānum: das Zentrum Roms (→ Roma) und des Römischen Reiches. Hier fanden politische Versammlungen und Gerichtsprozesse statt, standen Tempel und zahlreiche Läden und Geschäfte. Zugleich war es der wichtigste Treffpunkt der Römer.

Forum Trāiānī: das Trajansforum. Von Kaiser Trajan (→ Traianus) in den Jahren 107–113 n. Chr. erbaute Anlage nördlich des → Forum Romanum mit einer Basilika (→ Basilica Ulpia), zwei Bibliotheken, der Trajanssäule mit Reliefs der Kriegszüge des Kaisers sowie einem Einkaufs- und Geschäftszentrum.

Gallī, -ōrum: die Gallier, die die so genannte Gallia Comata, also in etwa das Gebiet des heutigen Frankreich und Belgien, bewohnten; Adj.: *Gallus, -a, -um:* gallisch.

Gallia, -ae: Gallien, das Gebiet, das die keltischen Gallier besiedelten. Zur Zeit der Eroberung durch Cäsar (→ Caesar), also etwa um 50 v. Chr., umfasste Gallien in etwa das heutige Frankreich und Belgien. Mit Gallia Cisalpina wurde das Gebiet von der Poebene bis zu den Alpen bezeichnet; Adj.: *Gallicus, -a, -um:* gallisch.

Genius, -ī: mit *Genius* bezeichneten die Römer eine Kraft, die mit einem Mann geboren wurde und sozusagen seine Persönlichkeit an sich bezeichnet. Mit dem Tod erlischt sie auch wieder. Der Genius wurde immer am Geburtstag eines Mannes gefeiert. Das entsprechende weibliche Gegenstück hieß *Iuno.*

Germānī, -ōrum: die Germanen. Sie siedelten hauptsächlich östlich des Rheins (→ Rhenus) und nördlich der Donau (→ Danuvius). Ihre Lebensgewohnheiten wurden von dem römischen Geschichtsschreiber Tacitus (54–117 n. Chr.) in seinem Werk *Germania* beschrieben, aber auch Cäsar (→ Caesar) berichtet einiges von den Sitten der Germanen.

Germānia, -ae: Germanien, das Gebiet nördlich des → Limes bzw. des Rheins (→ Rhenus) und der Donau (→ Danuvius). Dieses Gebiet konnten die Römer nie dauerhaft erobern.

Graecia, -ae: Griechenland.

Graecus, -a, -um: griechisch; Subst.: der Grieche.

Hades, -is: der griechische Gott der Unterwelt bzw. Bezeichnung für die Unterwelt an sich.

Hadriānus, -ī: Hadrian, römischer Kaiser; er regierte von 117–138 n. Chr. Hadrian verzichtete, anders als sein Vorgänger Trajan (→ Traianus), auf Eroberungen und sorgte stattdessen für sichere Grenzen (Hadrianswall in Britannien). Er unternahm zahlreiche Reisen durch das gesamte Reich und ließ einige bedeutende Bauwerke errichten, an denen er als „Hobbyarchitekt" z. T. selbst mitarbeitete, so z. B. seine Villa beim heutigen Tivoli in der Nähe von Rom, das Pantheon (→ Pantheum) oder sein Grabmal in Rom, die Engelsburg.

Helena, -ae: die schönste Frau der Welt im griechischen Mythos. Sie war die Frau des Spartanerkönigs Menelaos (→ Menelaus) und wurde von dem troianischen Prinzen → Paris entführt.

Hephaistos: → Vulcanus.

Hera: → Iuno.

Hermes: → Mercurius.

Hermundūrī, -ōrum: die Hermunduren; germanischer Stamm, der zu beiden Seiten der Elbe siedelte, Vorfahren der Thüringer.

Hispānia, -ae: römische Provinz, deren Gebiet sich weitgehend mit dem heutigen Spanien deckt.

Homer: ältester griechischer Dichter, lebte um 700 v. Chr.; der Überlieferung nach war er blind. Er gilt als Verfasser der beiden Epen *Ilias* und *Odyssee.* In der *Ilias* wird der Kampf um → Troia, in der *Odyssee* werden die Irrfahrten und die Heimkehr des Odysseus (→ Ulixes) beschrieben.

Horātius, -ī: Quintus Horatius Flaccus, Horaz (65–8 v. Chr.); römischer Dichter, von → Augustus gefördert. Er verfasste lyrische Gedichte (Oden, Epoden), Satiren und satirische Briefe.

Icarus, -ī: Ikarus, der Sohn des Dädalus (→ Daedalus).

Imperium Rōmānum: das römische Weltreich. Zur Zeit des Kaisers Trajan (→ Traianus) erreichte es seine größte Ausdehnung (s. die hintere Umschlagkarte).

Iūnō, -ōnis (griech. Hera): Juno, die Gattin des Jupiter (→ Iuppiter).

Iūppiter, Iovis (griech. Zeus): Jupiter, der höchste Gott der Römer.

Iūstitia, -ae: Justitia, die Göttin des Rechts und der Gerechtigkeit.

Konstantin der Große: ca. 280–337 n. Chr.; Konstantin bekannte sich als erster Kaiser offen zum Christentum und leitete wichtige Reformen im Römischen Reich ein. Er gründete im Jahr 326 n. Chr. an der Stelle des alten *Byzantion* (Byzanz) die Stadt Konstantinopel (das heutige Istanbul) und erklärte sie zur neuen Hauptstadt des Römischen Reiches.

labyrinthus, -i: das Labyrinth des → Minotaurus auf Kreta (→ Creta), das Dädalus (→ Daedalus) errichtet hatte und aus dem niemand entrinnen konnte. Nur Theseus fand mithilfe eines Fadens, den ihm Ariadne, die Tochter des → Minos, überreicht hatte, wieder heraus.

Larēs, -um: die Laren. Zusammen mit den Penaten (→ Penates) waren die Laren eine Art Schutzgeister, die das Haus und seine Bewohner vor Schaden bewahren sollten.

Latīnus, -i: mythischer König von → Latium, der Gegend um Rom (→ Roma). Er gab seine Tochter → Lavinia dem aus → Troia geflohenen Äneas (→ Aeneas) zur Frau und wurde somit zum Urahn der Römer.

Latium, -i: Landschaft um Rom (→ Roma) mit den Städten Rom, → Ostia, → Lavinium, Tusculum, Tibur (heute Tivoli), Praeneste (heute Palestrina) u. a.

Lāvīnia, -ae: die Tochter des → Latinus und Frau des Äneas (→ Aeneas).

Lāvīnium, -i: von Äneas (→ Aeneas) gegründete und nach seiner Frau → Lavinia benannte Stadt in → Latium.

Limes: der große Grenzwall zwischen Rhein (→ Rhenus) und Donau (→ Danuvius), den die Römer anlegten, um die Provinzen vor den ständigen Angriffen germanischer Stämme zu schützen.

Līvius, -i: Titus Livius (59 v.–17 n. Chr.), bedeutender römischer Geschichtsschreiber. In 142 „Büchern" behandelte er die römische Geschichte von der Gründung der Stadt bis etwa um die Zeit von Christi Geburt. Livius wollte Beispiele heldenhaften Verhaltens der Vorfahren seinen Mitbürgern als Vorbilder vor Augen führen.

Lugdūnum, -i: Lugdunum, das heutige Lyon, war der wirtschaftliche und politische Mittelpunkt des römischen Gallien (→ Gallia). Im 4. Jh. n. Chr. war es sogar kurzzeitig Kaiserresidenz.

Mārs, Mārtis (griech. Ares): der römische Kriegsgott.

Mārtiālis, -is: Marcus Valerius Martialis, Martial (40–ca. 104 n. Chr.); verfasste über 1500 Epigramme, Gedichte, in denen er meist die Fehler und Unzulänglichkeiten seiner Mitmenschen verspottete.

Massilia, -ae: bedeutende Handelsstadt an der Südküste des heutigen Frankreich (heute Marseille). Die Stadt wurde um 600 v. Chr. von den Griechen gegründet.

Menelāus, -i: Menelaos, mythischer König von → Sparta. Die Entführung seiner Gemahlin → Helena durch → Paris löste den Troianischen Krieg aus.

Mercurius, -i (griech. Hermes): Merkur, Begleiter Jupiters (→ Iuppiter) und Götterbote. Die Römer verehrten ihn auch als Gott der Händler und Diebe.

Messāna, -ae: Stadt auf Sizilien, heute Messina. Griechische Siedler hatten hier um 750 v. Chr. eine Stadt gegründet und sie *Zankle* genannt. Später kamen viele Griechen aus der Gegend Messenien dazu, sodass ihr Name in *Messana* umgeändert wurde.

Mīlētus, -i f: Milet, reiche Handelsstadt in Kleinasien an der Westküste der heutigen Türkei. Hier wirkten die ersten Philosophen, wie z. B. Thales.

Minerva, -ae (griech. Athene): die Tochter des Zeus (→ Iuppiter), die Göttin der Künste, des Handwerks und auch des Krieges.

Mīnōs, -ōis: mythischer König von Kreta (→ Creta). Er ließ von Dädalus (→ Daedalus) das Labyrinth (→ labyrinthus) für den → Minotaurus erbauen.

Mīnōtaurus, -i: der Minotaurus, ein Mischwesen aus Mensch und Stier. Er war so gefährlich, dass König → Minos von Kreta (→ Creta) ihn in einem Gefängnis, dem Labyrinth (→ labyrinthus), einsperren ließ. Erst der Athener Theseus konnte ihn schließlich besiegen.

Mōgontiācum, -i: das heutige Mainz. Um 15 v. Chr. ursprünglich als Militärlager gegründet, sollte es das Rheinufer sichern und bildete den Ausgangspunkt für zahlreiche Germanenfeldzüge der

Römer. Später wurde das Militärlager verlegt und es entwickelte sich rasch eine Siedlung von Händlern und Handwerkern.

Neāpolis, -is f.: das heutige Neapel. Ursprünglich eine griechische Siedlung, entwickelte sich Neapolis zu einer der größten und wichtigsten Handelsstädte in Italien.

Nemausus, -ī: Stadt in Südfrankreich, das heutige Nîmes. Auch heute noch sind dort einige Bauwerke aus römischer Zeit erhalten, wie z.B. das Amphitheater oder die sog. *Maison Carrée*, ein vollständig erhaltener Tempel.

Neptūnus, -ī (griech. Poseidon): Neptun, der Gott des Meeres.

Nerō, -ōnis: Nero, römischer Kaiser (37– 68 n. Chr.); regierte von 54 – 68 n. Chr. Er stand zunächst unter dem Einfluss des Philosophen → Seneca, geriet aber später immer mehr in Widerspruch zum Senat und wurde gewaltsam entmachtet.

Nerva, -ae: Nerva, römischer Kaiser; regierte von 96 – 98 n. Chr. und war Adoptivvater des Trajan (→ Traianus).

Novaesium, -ī: Stadt am Niederrhein (heute Neuss).

Numitor, -ōris: sagenhafter König von Alba Longa in → Latium; von seinem Bruder → Amulius vertrieben, wurde er von seinen Enkeln → Romulus und → Remus wieder in seine Herrschaft eingesetzt.

Odysseus: → Ulixes.

Olympus, -ī: der Olymp, Berg in Nordgriechenland, 2985 m hoch; er galt als Wohnsitz der Götter.

Ostia, -ae: Hafenstadt ca. 25 km südlich von Rom (→ Roma). Ostia war der große Seehafen der Stadt Rom. Hierher kamen Waren aus dem gesamten → Imperium Romanum und wurden entweder auf Ochsenkarren oder auf kleineren Flussschiffen in die Hauptstadt transportiert.

Palātīnus (mōns), -ī: der Palatin; derjenige Hügel Roms (→ Roma), auf dem sich die älteste, der Sage nach von → Romulus gegründete Siedlung befand. Seit → Augustus wurden dort gewaltige Bauten als Wohnungen der Kaiser errichtet. Davon leiten sich auch die modernen Begriffe Palast, Palazzo, Palais und Pfalz ab.

Panthēum, -ī: das Pantheon, der besterhaltene Tempel der Stadt Rom (→ Roma). Es wurde von Agrippa, dem Schwiegersohn des → Augustus erbaut, danach aber zweimal zerstört. Seine heutige Form bekam es durch Kaiser Hadrian (→ Hadrianus). Es war nicht nur der Familie des Augustus, sondern allem, was heilig ist, geweiht.

Páris, -idis: Sohn des Königs → Priamus von → Troia. Er entschied der Sage nach den Streit der drei Göttinnen Aphrodite (→ Venus), Athene (→ Minerva) und Hera (→ Iuno), welche von ihnen die Schönste sei, zugunsten der Aphrodite. Durch den Raub der → Helena, die ihm Aphrodite als Belohnung versprochen hatte, löste er den Troianischen Krieg aus.

Parnāssus, -ī: der Parnass; Gebirge in Mittelgriechenland, 2457 m hoch. An seinem Fuß liegt das Orakel von → Delphi. Er galt als Sitz der neun Musen, der Töchter des Zeus und Schutzgöttinnen der Künste.

Penātēs, -ium: die Penaten; für die Römer die Schutzgottheiten der Familie, im übertragenen Sinne auch des Staates. Für die Penaten war, wie auch für die Laren (→ Lares), im Inneren des Hauses ein kleiner Schrein oder Altar aufgestellt.

Philēmōn, -ōnis: Ehemann der → Baucis.

Plīnius, -ī: Plinius der Jüngere (61– ca. 110 n. Chr.); Neffe von Plinius dem Älteren, einem berühmten Naturforscher. Plinius verfasste eine bedeutende Sammlung von Briefen.

Pompēiī, -ōrum: Pompeji, Stadt in Mittelitalien am Fuß des Vulkans Vesuv (→ Vesuvius). Sie wurde, wie andere Städte der Gegend, am 24. August 79 n. Chr. durch einen gewaltigen Ausbruch des Vesuv komplett verschüttet und danach nicht mehr besiedelt. Heute liefern die ausgegrabenen Stätten einen lebendigen Eindruck vom Leben in der Antike.

Pont du Gard: große Bogenkonstruktion, die als Teil einer Wasserleitung (Aquädukt) den Fluss Gard überspannt und die Stadt → Nemausus (heute Nîmes) mit Wasser versorgte.

Porta Nigra: ehemaliges Stadttor der Stadt → Augusta Treverorum (heute Trier). Seinen Namen („Schwarzes Tor") erhielt es wegen seiner dunklen, etwas düster wirkenden Oberfläche.

Poseidon: → Neptunus.

Postumius, -ī: Lucius Postumius Albinus, Konsul der Jahre 234 und 229 v. Chr. Er geriet im Jahr 216 v. Chr. mit seinem Heer in Gallien in einen Hinterhalt und erlitt eine vernichtende Niederlage.

Priamus, -ī: sagenhafter König von → Troia, musste die Zerstörung und den Untergang seiner Stadt nach zehn Jahren Krieg erleben.

Pyrrha, -ae: Ehefrau des Deukalion (→ Deucalion).

Pȳthia, -ae: die Priesterin des → Apollo im Orakel von → Delphi. Sie gab wenig verständliche Sprüche von sich, aus denen die Orakelpriester des Heiligtums die begehrten Voraussagen über die Zukunft formulierten.

Raetia, -ae: die römische Provinz Rätien, die große Teile Süddeutschlands und Österreichs umfasste (s. die hintere Umschlagkarte). Hauptstadt und Verwaltungssitz der Provinz war → Augusta Vindelicum (heute Augsburg).

Remus, -ī: der Sage nach Zwillingsbruder des → Romulus. Dieser erschlug ihn im Zorn, weil er über die noch sehr niedrigen Mauern der eben gegründeten Stadt Rom (→ Roma) gesprungen war.

Rhēnus, -ī: der Rhein.

Rhodus, -ī f: Rhodos, die „Roseninsel", vor der Südwestküste Kleinasiens.

Rigomāgus, -ī: das heutige Remagen, in römischer Zeit ein befestigtes Militärkastell.

Rōma, -ae: Rom, die Hauptstadt des Römischen Reiches, der Sage nach 753 v. Chr. von → Romulus und → Remus gegründet; Adj.: *Rōmānus, -a, -um:* römisch; Subst.: der Römer.

Rōmulus, -ī: der Sage nach Zwillingsbruder des → Remus, Sohn des → Mars und der Vestalin (→ virgo Vestalis) Rea Silvia. Die Zwillinge wurden auf dem Tiber (→ Tiberis) ausgesetzt, aber auf wunderbare Weise gerettet und von einer Wölfin gesäugt. Sie gründeten später die Stadt Rom (→ Roma). Romulus wurde, nachdem er seinen Bruder Remus im Streit erschlagen hatte, erster König von Rom.

Rosellae, -ārum: Kleinstadt in Italien, etwa 150 km nordwestlich von Rom.

Rubicō, -ōnis m: der Rubikon, Grenzfluss zwischen Italien und der Provinz Gallia Cisalpina, dem heutigen Oberitalien. Mit seiner Überschreitung löste Cäsar (→ Caesar) im Jahre 49 v. Chr. den Bürgerkrieg aus.

Seneca, -ae: Lucius Annaeus Seneca, römischer Philosoph und Schriftsteller (4 v. – 65 n. Chr.). Er war der Erzieher des jungen Kaisers → Nero, wurde von diesem aber später zum Selbstmord gezwungen. Seine philosophischen Werke und die an seinen Freund Lucilius gerichteten Briefe wirken bis in die Neuzeit fort.

Sibylla, -ae: Sibylle; die Antike kannte sieben Sibyllen, die als Einsiedlerinnen lebten und Prophezeiungen machten. Eine von ihnen begleitete Äneas (→ Aeneas) in die Unterwelt.

Sísyphus, -ī: im griechischen Mythos verschlagener und gewalttätiger König von Korinth, der sogar die Götter betrog.

Sōcratēs, -is: Sokrates (470 – 399 v. Chr.), ein bedeutender griechischer Philosoph, der von den Athenern zu Unrecht der Gottlosigkeit beschuldigt und hingerichtet wurde.

Sparta, -ae: Ort auf der Halbinsel Peloponnes, durch Zusammenlegung mehrerer Dörfer entstanden; Zentrum des Militärstaats Sparta.

Syrācūsae, -ārum: Syrakus, griechische Großstadt an der Ostküste Siziliens mit eindrucksvollen Befestigungen und Hafenanlagen.

Teutoburger Wald (Teutoburgiēnsis saltus): Landschaft in Nordwestdeutschland, nach dem Bericht des Geschichtsschreibers Tacitus (54 – 117 n. Chr.) Schauplatz der Niederlage des römischen Heeres unter Varus im Jahr 9 n. Chr. Wahrscheinlich fand die Schlacht bei Kalkriese, einer Ortschaft in der Nähe von Osnabrück, statt.

Themis, -idis: griechische Göttin der Ordnung und des Rechts.

Tiberis, -is: der Fluss Tiber in Rom (→ Roma).

Titus, -ī: Titus Flavius Vespasianus, römischer Kaiser; regierte von 79–81 n. Chr. Während seiner Amtszeit wurde das Kolosseum (→ Colosseum), das sein Vater Vespasian (→ Vespasianus) begonnen hatte, fertiggestellt und feierlich eröffnet.

Trāiānus, -ī: Trajan, römischer Kaiser, der von 98–117 n. Chr. regierte. Unter ihm erreichte das Römische Reich seine größte Ausdehnung. In Rom (→ Roma) errichtete er u. a. das gewaltige Trajansforum (→ Forum Traiani).

Trōia, -ae: Troia, eine uralte Stadt im Nordwesten von Kleinasien. Nach dem griechischen Dichter Homer (8. Jh. v. Chr.) wurde sie von einem griechischen Heer nach zehnjähriger Belagerung erobert und zerstört. Die moderne Archäologie bestätigt die Existenz und große Bedeutung Troias; Adj.: *Trōiānus, -a, -um*: troianisch, aus Troia; Subst.: der Troianer.

Tyros (-us), -ī f: große Hafenstadt an der Ostküste des Mittelmeeres im heutigen Libanon.

Ulixēs, -is: die lateinische Bezeichnung für Odysseus, den mythischen König von Ithaka. Er nahm am Troianischen Krieg teil und überlistete die Troianer mit dem hölzernen Pferd. Auf seinen zehn Jahre dauernden Irrfahrten musste er, verfolgt vom Zorn des Gottes Neptun (→ Neptunus), viele Abenteuer bestehen, bis er endlich nach Hause zu seiner Frau Penelope zurückkehren konnte.

Venus, -eris (griech. Aphrodite): die Göttin der Liebe. Sie war die Gemahlin des Schmiedegottes → Vulcanus.

Vergilius, -ī: Publius Vergilius Maro, Vergil (70–19 v. Chr.); bedeutender römischer Dichter, Verfasser der *Aeneis*, in der er die Taten des Äneas (→ Aeneas) nach dem Vorbild Homers darstellt.

Vespasiānus, -ī: Vespasian, römischer Kaiser; Vater von → Titus und Domitian. Er regierte von 69–79 n. Chr.

Vesta, -ae (griech. Hestia): die Göttin des Herdfeuers; dieses wurde als symbolisches Herdfeuer des Staates in einem Rundtempel auf dem → Forum Romanum von den Vestalinnen (→ virgo Vestalis) gehütet.

Vesuvius (mōns), -ī: der Vesuv. Vulkan in Mittelitalien nahe bei der Stadt Neapel (→ Neapolis). Bei seinem verheerenden Ausbruch am 24. August 79 n. Chr. begrub er mit seinen Asche- und Lavamassen u. a. die Kleinstädte Pompeji (→ Pompeii) und Herculaneum. Auch in späteren Jahrhunderten brach er immer wieder aus. Heute gilt der Vesuv als ruhender, aber nicht erloschener Vulkan.

Via Appia: Straße von Rom (→ Roma) nach Süden über Capua bis Brindisi (→ Brundisium), vom Konsul Appius Claudius Caecus um 310 v. Chr. angelegt.

Via Aurēlia: Straße, die von Rom (→ Roma), dem Küstenverlauf folgend, bis nach Gallien (→ Gallia) führte. Dort vereinigte sie sich mit der Via Domitia und endete in Carthago Nova (heute Cartagena) in Spanien.

Via Claudia: Die Via Claudia führte von Rom (→ Roma) nach Norden über die Alpen bis nach Germanien (→ Germania), wo sie u. a. durch Füssen, Landsberg und Augsburg bis nach Donauwörth führte.

Via Clōdia: Straße, die durch das antike Etrurien führte und Rom (→ Roma) mit Florenz verband.

virgō (virginis) Vestālis (-is): Vestalin, eine von sechs Priesterinnen der *virgines Vestae*, die für die 30 Jahre ihrer Priesterschaft das Gelübde ablegen mussten, unverheiratet zu bleiben. Sie lebten in einer klosterähnlichen Gemeinschaft direkt neben dem Vestatempel auf dem → Forum Romanum.

Vulcānus, -ī (griech. Hephaistos): der Gott des Feuers und der Schmiedekunst. Er war der Gemahl der → Venus.

Zeus: → Iuppiter.

Vokabelverzeichnis Deutsch – Lateinisch

Die Zahlen beziehen sich auf die jeweilige Lektion, in der die Vokabel zum ersten Mal auftaucht.
Eigennamen findest du im Eigennamenverzeichnis.

a

aber	autem (*nachgestellt*); sed	11/2
abhalten	prohibēre	18
alle	cūnctī, cūnctae, cūncta; omnēs, omnium	8/15
als plötzlich	cum (*Subjunktion*)	11
Altar	āra, ārae *f*	12
an	ad (*m. Akk.*)	6
anderer, (ein) anderer	alius, alia, aliud	6
ändern	mūtāre	10
anfeuern	incitāre	4
angelaufen kommen	accurrere (accurrī)	5
angenehm	iūcundus, iūcunda, iūcundum	7
angreifen	petere (petīvī)	9
anhören	audīre (audīvī)	3
anschauen	spectāre	7
antworten	respondēre (respondī)	3
anwesend sein	adesse (adfuī/affuī)	20
applaudieren	plaudere (plausī)	5
arm	miser, misera, miserum	9
Arzt	medicus, medicī *m*	7
auch	et; etiam	1/1
auch wenn	etsī	9
auf (*Ortsangabe*)	in (*m. Abl.*)	7
auf (*Richtungsangabe*)	ad (*m. Akk.*); in (*m. Akk.*)	6 3
auferlegen	impōnere (imposuī)	10
aufhören	dēsinere (dēsiī)	11
aus	ē/ex (*m. Abl.*)	7

b

Barbar	bárbarus, bárbarī *m*	10
bauen	exstruere (exstrūxī)	17
bauen (*über*)	impōnere (*m. Dat.*) (imposuī)	10
beauftragen	iubēre (iussī)	3
beeilen (sich)	properāre	2
befehlen	iubēre (iussī)	3
befreien	līberāre	16
Begeisterung	ārdor, ārdōris *m*	4
beginnen	incipere (coepī)	20
begrüßen	salūtāre	2
bei	apud (*m. Akk.*); ad (*m. Akk.*)	11/6
Beifall klatschen	plaudere (plausī)	5
bereits	iam	2
Berg	mōns, montis *m*	12
berichten	nārrāre	16
besiegen	superāre	6
bestimmt	certē	2
betrachten	spectāre	7
betreten	intrāre	4
beunruhigen	sollicitāre	13
bevor	priusquam	20
bewegen	movēre (mōvī)	12
Bild	simulācrum, simulācrī *n*	4
Bitten	precēs, precum *f*	12
bitten	petere (petīvī); rogāre; ōrāre	9/3/17
bleiben	manēre (mānsī)	7
brennen	ārdēre (ārsī)	1
Brief	epistula, epistulae *f*	5
Brücke	pōns, pontis *m*	17

d

da	tum (*zeitlich*); ibī (*örtlich*)	2
damals	tum	2
dann	tum	2
darauf	tum	2
dastehen	stāre (stetī)	1
denken (an)	cōgitāre	4
Denkweise	mēns, mentis *f*	7
denn	nam; enim (*nachgestellt*)	2/11
denn etwa?	num?	7
dennoch	tamen	17
der, die, das (Rel.-Pronom.)	quī, quae, quod	18
deshalb	itaque; proinde	7/11
dich	tē	3
Dieb	fūr, fūris *m*	5
dieser, diese, dieses	is, ea, id	18
doch	autem (*nachgestellt*); sed	11/2
dort	ibī	2
drehen	vertere (vertī)	12
drei	trēs, trēs, tria	17
du	tū	3

e

eilen	properāre	2
einer	ūnus, ūna, ūnum	7
eindringen	invādere (invāsī)	5
einziger	ūnus, ūna, ūnum	7
elend	miser, misera, miserum	9
endlich	tandem	4
entgegnen	respondēre (respondī)	3
entlassen	dīmittere (dīmīsī)	16
erbitten	petere (petīvī); rogāre	9/3
erfahren	cognōscere (cognōvī); comperīre (comperī)	13/17
erfreuen	dēlectāre	16
erkennen	cognōscere (cognōvī)	13
errichten	exstruere (exstrūxī)	17
erscheinen	appārēre	2
erster	prīmus, prīma, prīmum	8
erwarten	exspectāre	1
erzählen	nārrāre	16
Esel	asinus, asinī *m*	1
Essen	cēna, cēnae *f*	10
etwa?	num?	7
etwa nicht?	nōnne?	7
euch	vōs	13

Vokabelverzeichnis Deutsch – Lateinisch

f

Familie	familia, familiae *f*	2
Feld	ager, agrī *m*	9
Feldherr	imperātor, imperātōris *m*	3
fern (*Adv.*)	procul	2
Flucht	fuga, fugae *f*	5
Forum	forum, forī *n*	7
fragen	rogāre; quaerere (quaesīvī)	3/5
Frau	fēmina, fēminae *f*; (*Ehefrau*) uxor, uxōris *f*	6/17
frei	līber, lībera, līberum	10
frei sein	vacāre	8
Freiheit	lībertās, lībertātis *f*	20
freuen (sich)	gaudēre	2
Freund	amīcus, amīcī *m*	2
Freundin	amīca, amīcae *f*	1
froh, fröhlich	laetus, laeta, laetum	6
führen (*Leben*)	agere (ēgī) (*vītam*)	9
fürchten (sich)	timēre	3

g

Gast	hospes, hospitis *m*	11
geben	dare (dedī)	4
Gebiet	ager, agrī *m*	9
geboren	nātus, nāta, nātum	8
Gefahr	perīculum, perīculī *n*	3
gefallen	placēre	1
gehorchen	pārēre	3
gehören	esse (*m. Dat.*) (fuī)	1
Geschenk	dōnum, dōnī *n*	2
Geschichte	fābula, fābulae *f*	12
Geschrei	clāmor, clāmōris *m*	4
gewähren	praebēre	11
Gewalt	vīs, vim, vī *f*	13
gewaltig	ingēns; *Gen.* ingentis	17
glauben	putāre	10
Glück	fortūna, fortūnae *f*	8
glücklich	fēlīx; *Gen.* fēlīcis	15
Gott/Göttin	deus, deī *m*/dea, deae *f*	4
groß	māgnus, māgna, māgnum	6
Großvater	avus, avī *m*	4
grüßen	salūtāre	2
günstig	secundus, secunda, secundum	6
gut	bonus, bona, bonum; secundus, secunda, secundum	9/6
gut (*Adv.*)	bene	9

h

haben	habēre	18
halten	tenēre	3
halten für	putāre (*m. doppeltem Akk.*)	10
hart	dūrus, dūra, dūrum	9
Hauptstadt	caput, capitis *n*	12
Heimat	patria, patriae *f*	13
herbeilaufen	accurrere (accurrī)	5
Herr/Herrin	dominus, dominī *m*/ domina, dominae *f*	5
heute	hodiē	8
hier	hīc	2
Hilfe	auxilium, auxiliī *n*	6
hindern	prohibēre	18
hindurch	per (*m. Akk.*)	12
hinzufügen	addere (addidī)	10
hoffen	spērāre	8
hören	audīre	3
Hund	canis, canis *m*	1

i

ich	ego	3
ihr	vōs	13
ihr, ihre (*Poss.-Pron.*)	suus, sua, suum; eius, eōrum, eārum	15 / 16
immer	semper	5
in (*Ortsangabe*)	in (*m. Abl.*)	7
in (*Richtungsangabe*)	in (*m. Akk.*)	3
in der Ferne	procul	2
Insel	īnsula, īnsulae *f*	3

j

Jahr	annus, annī *m*	17
jetzt	nunc	2

k

Kaiser	imperātor, imperātōris *m*	3
Kampf	pūgna, pūgnae *f*	9
kämpfen	pūgnāre	6
Knechtschaft	servitūs, servitūtis *f*	8
kommen	venīre (vēnī)	1
König	rēx, rēgis *m*	10
Kopf	caput, capitis *n*	12
Krieg	bellum, bellī *n*	17

l

lachen	rīdēre (rīsī)	2
Land	terra, terrae *f*	6
Landhaus	vīlla, vīllae *f*	1
lang	longus, longa, longum	14
lange, lange Zeit	diū	4
laufen (zu)	(ac)currere ([accurrī] cucurrī)	(5) 7
laut	māgnus, māgna, māgnum	6
leben	vīvere (vīxī)	11
Leben	vīta, vītae *f*	9
lesen	legere (lēgī)	5
Leute	hominēs, hominum *m*	4
Licht	lūx, lūcis *f*	8
Liebe	amor, amōris *m*	4
lieben	amāre	7
liegen	iacēre	1

Vokabelverzeichnis Deutsch – Lateinisch

m

Deutsch	Lateinisch	
Mädchen	puella, puellae f	10
Mann	vir, virī m	9
Matrose	nauta, nautae m	6
mein	meus, mea, meum	15
Mensch	homō, hominis m	4
Menschlichkeit	hūmānitās, hūmānitātis f	10
merken	sentīre (sēnsī)	14
mich	mē	3
mit (zusammen)	cum (m. Abl.)	7
(mit)bringen	(ap)portāre	2/7
möglich sein	licēre/licet (m. Dat.)	12
Monument	monumentum, monumentī n	17
müssen	dēbēre	3

n

nach	post (m. Akk.)	12
nachdenken	cōgitāre	4
näher kommen, sich nähern	appropinquāre	2
Namen	nōmen, nōminis n	13
nämlich	enim (nachgestellt)	11
neu	novus, nova, novum	6
nicht	nōn	1
nicht mehr	nōn iam	1
nicht wissen	īgnōrāre	11
nichts	nihil	7
niemals	numquam	13
niemand	nēmō	10
nun	nunc	2
nützlich	ūtilis, ūtilis, ūtile	19

o

offensichtlich (es ist)	appāret	2
ohne	sine (m. Abl.)	7
opfern	sacrificāre	10

p

Pferd	equus, equī m	2
pflegen (etw. zu tun)	solēre (m. Inf.)	5
Pirat	pīrāta, pīrātae m	6
Plan	cōnsilium, cōnsiliī n	19
plötzlich	subitō	1
Preis	pretium, pretiī n	11
Provinz	prōvincia, prōvinciae f	3

r

rasch	citō	2
Reich	imperium, imperiī n	18
rennen	currere (cucurrī)	7
roh	asper, aspera, asperum	9
rufen	clāmāre; vocāre	1/3

s

sagen	dīcere (dīxī)	5
schau!	ecce!	1
Schauspiel	spectāculum, spectāculī n	4
schicken	mittere (mīsī)	11
Schicksal	fortūna, fortūnae f	8
Schiff	nāvis, nāvis f	6
Schlacht	pūgna, pūgnae f	9
schlafen	dormīre (dormīvī)	5
schnell (Adv.)	citō	2
schon	iam	2
schön	pulcher, pulchra, pulchrum; bellus, bella, bellum	9/8
schreiben	scrībere (scrīpsī)	13
schreien	clāmāre	1
schweigen	tacēre	1
schwer	gravis, gravis, grave	15
schwierig	difficilis, difficilis, difficile	16
Seemann	nauta, nautae m	6
segeln	nāvigāre	3
sehen	vidēre (vīdī)	4
sehr	valdē	3
sein	esse (fuī)	1
sein, seine, sein	suus, sua, suum; eius, eōrum, eārum	15 / 16
Senator	senātor, senātōris m	4
sich (Akk.)	sē	15
sicher(lich)	certē	2
Siedlungsgebiet	sēdēs, sēdis f	18
sieh da!	ecce!	1
Sinn	mēns, mentis f	7
Sitte	mōs, mōris m	10
sitzen	sedēre (sēdī)	4
Sklave/Sklavin	servus, servī m/ serva, servae f	2
so	sīc; ita; (bei Adj.) tam	11/19/13
sofort	statim	3
sogar	etiam	1
Sohn	fīlius, fīliī m	9
sondern	sed	2
Sonne	sōl, sōlis m	1
Sorge	cūra, cūrae f	13
spazieren gehen	ambulāre	7
spielen	lūdere (lūsī)	5
sprechen	dīcere (dīxī)	5
Stamm	cīvitās, cīvitātis f	18
stark	rōbustus, rōbusta, rōbustum	8
stehen	stāre (stetī)	1
sterblich	mortālis, mortālis, mortāle	15
still sein	tacēre	1
Stille	silentium, silentiī n	1
Stimme	vōx, vōcis f	8
suchen	quaerere (quaesīvī)	5

t

teilnehmen (an etw.)	interesse (m. Dat.) (interfuī)	20
Toben	furor, furōris m	4

tot	mortuus, mortua, mortuum	7
töten	necāre	6
Träne	lacrima, lacrimae *f*	3
traurig	maestus, maesta, maestum	6
trinken	bibere (bibī)	20

u

über	dē (*m. Abl.*)	8
überfallen	opprimere (oppressī)	13
überqueren, -schreiten	trānsīre (trānsiī)	18
übertreffen	superāre	6
Ufer	rīpa, rīpae *f*	18
und	et; atque/ac; -que (*angehängt*)	1/2/14
unglücklich	miser, misera, miserum	9
unmenschlich	inhūmānus, inhūmāna, inhūmānum	13
uns	nōs (*Akk.*)	13

v

Vater	pater, patris *m*	5
Veranstaltung	spectāculum, spectāculī *n*	4
verehren	colere (coluī)	12
Vergnügen	voluptās, voluptātis *f*	7
verteidigen	dēfendere (dēfendī)	6
verzweifeln	dēspērāre	11
viele	multī, multae, multa	6
Villa	vīlla, vīllae *f*	1
Volk	populus, populī *m*	4
von (… weg)	ā/ab (*m. Abl.*)	12
von weitem	procul	2
vor	ante (*m. Akk.*)	5

w

Waffen	arma, armōrum *n*	6
wahr	vērus, vēra, vērum	16
während	dum (*m. Präs.*)	5
warten (auf)	exspectāre	1
warum?	cūr?	1
was?	quid?	1
Wasser	aqua, aquae *f*	7
wegführen	abdūcere (abdūxī)	6
weggehen	(dē)cēdere ([dē]cessī)	(5)/9
weil	quod (*Subjunktion*)	9
Wein	vīnum, vīnī *n*	16
weit weg	procul	2
wem?	cui?	
wenn	sī (*falls*); cum (*immer wenn, Subjunktion*)	11/19
wer?	quis?	1
wie	ut; quam	8/9
wir	nōs	13
wissen	scīre (scīvī)	14
wo?	ubī?	1
woher?	unde?	3
wollen	studēre; velle (voluī)	9/19
Wort	verbum, verbī *n*	4

z

Zeit	tempus, temporis *n*	15
ziehen	trahere (trāxī)	11
zu	ad (*m. Akk.*); in (*m. Akk.*)	6/3
zuerst, zunächst	prīmō	7
zurückführen	redūcere (redūxī)	13
zusammen (mit)	ūnā (cum) (*Adv.*)	13

Vokabelverzeichnis Lateinisch – Deutsch

Die Zahlen bezeichnen die jeweilige Lektion, in der die Vokabel zum ersten Mal auftaucht.
So sind die Vokabeln angegeben:
Substantive: Nom. Sg., Gen. Sg., Genus (Gen. Pl. auf *-ium*)
Adjektive und Pronomina: Maskulinum, Femininum, Neutrum (Gen. Sg. bei einendigen Adjektiven der Kons. Dekl.)
Verben: Inf. Präs., 1. P. Sg. Präs., 1. P. Sg. Perf.
Deutsche Bedeutungen: Fett gedruckt sind die Grundbedeutungen; die anderen Bedeutungen benötigt man in bestimmten Textzusammenhängen.

a

ā/ab (*m. Abl.*)	**von** (... her), von ... weg; **seit**	12
abdūcere, abdūcō, abdūxī	**wegführen**; (weg)bringen; verschleppen	6
abesse, absum, āfuī	**abwesend sein**, fehlen; entfernt sein	20
abīre, abeō, abiī	**(weg)gehen**	20
accēdere, accēdō, accessī	**herantreten**; hingehen	16
accipere, accipiō, accēpī	**annehmen**, empfangen; aufnehmen	20
accurrere, accurrō, accurrī	**herbeilaufen**, angelaufen kommen	5
ācer, ācris, ācre	**heftig**; **hitzig**; hart; scharf	15
ad (*m. Akk.*)	**zu**; **zu ... hin**; **an**; **bei**	6
addere, addō, addidī	**hinzufügen**	10
adesse, adsum, adfuī/affuī	**anwesend sein**, da sein; (*m. Dat.*) helfen	20
adhūc	**noch** (immer); bis jetzt, bis dahin	10
administrāre, administrō, administrāvī	**verwalten**	3
adversus, adversa, adversum	**ungünstig**, widrig; feindlich	13
aequus, aequa, aequum	**gleich**; **angemessen**; gerecht	8
aetās, aetātis *f*	**das Alter**; das Zeitalter	19
ager, agrī *m*	**der Acker**, das Feld; das Gebiet	9
agere, agō, ēgī	**tun**; **handeln**; aufführen; (*m. Adv. und* cum) umgehen (*m. jmdm.*)	9
aliēnus, aliēna, aliēnum	**fremd**	18
alius, alia, aliud; *Gen.* alterīus, *Dat.* aliī	**ein anderer**	6
altus, alta, altum	**hoch**; **tief**	13
amāre, amō, amāvī	**lieben**; verliebt sein	7
ambulāre, ambulō, ambulāvī	**(spazieren) gehen**	7
amīca, amīcae *f*	**die Freundin**	1
amīcus, amīcī *m*	**der Freund**	2
amor, amōris *m*	**die Liebe**	4
animus, animī *m*	**das Herz**; **der Sinn**; **der Mut**; der Geist	15
annus, annī *m*	**das Jahr**	17
ante (*m. Akk.*)	**vor**	5
aperīre, aperiō, aperuī	**öffnen**; aufdecken	14
appārēre, appāreō, appāruī	**erscheinen**, sich zeigen; offensichtlich sein	2
appellāre, appellō, appellāvī	(*jmdn.*) **anreden**; sich (*an jmdn.*) wenden; (er)**nennen**	16
apportāre, apportō, apportāvī	**herbeitragen**, (mit)bringen	2
appropinquāre, appropinquō, appropinquāvī	**sich nähern**, näher kommen	2
apud (*m. Akk.*)	**bei**; in der Nähe von	11
aqua, aquae *f*	**das Wasser**	7
āra, ārae *f*	**der Altar**	12
arbor, arboris *f*	**der Baum**	14
arcessere, arcessō, arcessīvī	**herbeirufen, holen**	15
ārdēre, ārdeō, ārsī	**(ver)brennen**; entbrannt sein	1
ārdor, ārdōris *m*	**die Hitze**; die Begeisterung; das Temperament	4
arma, armōrum *n*	**die Waffen**	6
ars, artis *f*; *Gen. Pl.* artium	**die Kunst**; die Geschicklichkeit; das Handwerk	17
asinus, asinī *m*	**der Esel**	1
asper, aspera, asperum	**hart**; **grob**, beleidigend; rau	9
aspicere, aspiciō, aspexī	**anblicken**, ansehen	20
atque/ac	**und**, **und auch**	2
audīre, audiō, audīvī	(an-, er-, zu)**hören**	3
aut	**oder**	13
autem (*nachgestellt*)	**aber**, (je)doch	11
auxilium, auxiliī *n*	**die Hilfe**, die Unterstützung	6
avē!	**sei gegrüßt!**	4
avus, avī *m*	**der Großvater**	4

b

bárbarus, bárbara, bárbarum	**barbarisch**, wild; *Subst.* **der Barbar**, der Nichtrömer, der Nichtgrieche	10
bellum, bellī *n*	**der Krieg**	17
bellus, bella, bellum	**hübsch**; schön	8
bene (*Adv.*)	**gut**	9
bibere, bibō, bibī	**trinken**	20
bonus, bona, bonum	**gut**; **tüchtig**; gütig	9
brevis, brevis, breve	**kurz**	15

c

cadere, cadō, cécidī	**fallen**, sinken	14
caelum, caelī *n*	**der Himmel**; das Klima	14

Vokabelverzeichnis Lateinisch – Deutsch

canis, canis *m*	der Hund	1
capere, capiō, cēpī	(ein)nehmen, erobern; (er)fassen, (er)greifen	20
caput, capitis *n*	der Kopf; die Hauptstadt	12
carēre, careō, caruī (*m. Abl.*)	frei sein (*von etw.*), (*etw.*) nicht haben	10
causa, causae *f*	der Grund; der Prozess, der Streitfall	5
cēdere, cēdō, cessī	(weg)gehen; nachgeben; überlassen	9
cēna, cēnae *f*	das (Abend-)Essen; die Mahlzeit	10
cēnāre, cēnō, cēnāvī	essen	18
cēnsēre, cēnseō, cēnsuī	(ein)schätzen; der Ansicht sein; (*m. doppeltem Akk.*) halten für	19
certē	sicher, bestimmt	2
cessāre, cessō, cessāvī	zögern; sich Zeit lassen	1
cēterī, cēterae, cētera	die Übrigen	11
cibus, cibī *m*	die Speise; die Nahrung	16
citō	schnell, rasch	2
cīvis, cīvis *m/f*; *Gen. Pl.* cīvium	der/die Bürger(in); der/die Mitbürger(in)	13
cīvitās, cīvitātis *f*	der Staat; der Stamm; die Gemeinschaft der Bürger	18
clāmāre, clāmō, clāmāvī	schreien, rufen	1
clāmor, clāmōris *m*	der Schrei, der Ruf; das Geschrei	4
clēmēns; *Gen.* clēmentis	sanft(mütig), mild	19
cōgitāre, cōgitō, cōgitāvī	denken (an); nachdenken (über); (*m. Inf.*) beabsichtigen	4
cognōscere, cognōscō, cognōvī	erfahren; erkennen; kennen lernen	13
colere, colō, coluī	pflegen; verehren; bebauen	12
collocāre, collocō, collocāvī	(auf-, hin)stellen, (hin)setzen, legen	20
comperīre, comperiō, cómperī	erfahren, in Erfahrung bringen	17
cōnsīdere, cōnsīdō, cōnsēdī	sich setzen, sich niederlassen	16
cōnsilium, cōnsiliī *n*	der Rat(schlag); der Plan; der Entschluss; die Absicht	19
cōnsistere, cōnsistō, cōnstitī	stehen bleiben; sich hinstellen; bestehen (aus)	14
cōnspicere, cōnspiciō, cōnspexī	erblicken	20
cōnsul, cōnsulis *m*	der Konsul	4
convenīre, conveniō, convēnī	zusammenkommen; -passen; (*m. Akk.*) treffen	8
corpus, corporis *n*	der Körper; der Leib	12
crēdere, crēdō, crēdidī	glauben; (an)vertrauen	17
crēscere, crēscō, crēvī	wachsen, zunehmen	18
cum (*m. Abl.*)	(zusammen) mit	7
cum (*Subjunktion*)	(immer) wenn	19
cum (*Subjunktion*)	als; als plötzlich	11
cūnctī, cūnctae, cūncta	alle	8
cupere, cupiō, cupīvī	wünschen, begehren, verlangen	20
cūr?	warum?	1
cūra, cūrae *f*	die Sorge; die Sorgfalt	13
cūrāre, cūrō, cūrāvī (*m. Akk.*)	sorgen (*für*), sich kümmern (*um*)	14
currere, currō, cucurrī	laufen; eilen	7

d

dare, dō, dedī	(von sich) geben; gestatten	4
dē (*m. Abl.*)	von; von ... herab; über; in Bezug auf	8
dēbēre, dēbeō, dēbuī	(*m. Inf.*) müssen; verdanken; schulden	3
dēcēdere, dēcēdō, dēcessī	weggehen, gehen (aus)	5
decem	zehn	20
decimus, decima, decimum	der zehnte	20
dēfendere, dēfendō, dēfendī	verteidigen; abwehren	6
deinde	dann, darauf; von da an	13
dēlectāre, dēlectō, dēlectāvī	erfreuen, Freude machen	16
dēscendere, dēscendō, dēscendī	herabsteigen; hinuntergehen, herabkommen	12
dēsinere, dēsinō, dēsiī	aufhören	11
dēspērāre, dēspērō, dēspērāvī	verzweifeln, die Hoffnung aufgeben	11
dēstināre, dēstinō, dēstināvī	bestimmen; aussehen	19
deus, deī *m*; *Nom. Pl. auch* dī / dea, deae *f*	der Gott/die Göttin	4
dexter, dext(e)ra, dext(e)rum	rechts; *Subst.* die rechte Hand; die rechte Seite	9
dīcere, dīcō, dīxī	sagen; sprechen; nennen	5
difficilis, difficilis, difficile	schwierig	16
dīgnus, dīgna, dīgnum (*m. Abl.*)	(*einer Sache/Person*) würdig; angemessen	10
dīmittere, dīmittō, dīmīsī	entlassen, wegschicken; freilassen	16
disserere, disserō, disseruī	sprechen über, erörtern	18
diū	lange, lange Zeit	4
dominus, dominī *m* / domina, dominae *f*	der (Haus-)Herr/ die (Haus-)Herrin	5

Vokabelverzeichnis Lateinisch – Deutsch

domum	nach Hause	16
dōnum, dōnī *n*	**das Geschenk**; die Gabe	2
dormīre, dormiō, dormīvī	**schlafen**	5
dubitāre, dubitō, dubitāvī	**zögern; zweifeln**	20
dūcere, dūcō, dūxī	**führen; ziehen;** (*m. doppeltem Akk.*) **halten für**	17
dum (*m. Präs.*)	**während**	5
duo, duae, duo	**zwei**	19
dūrus, dūra, dūrum	**hart**; hartherzig	9

e

ē/ex (*m. Abl.*)	(her)**aus**; von (… an); entsprechend	7
ecce!	**schau!/schaut!** sieh da! seht!	1
ēdere, ēdō, ēdidī	**verkünden; herausgeben**	12
ego/mē	**ich/mich**	3
ēgregius, ēgregia, ēgregium	**hervorragend**, ausgezeichnet	17
emere, emō, ēmī	**kaufen**	8
enim (nachgestellt)	**denn, nämlich**	11
epistula, epistulae *f*	**der Brief**	5
eques, equitis *m*	**der Reiter**; der Ritter	3
equus, equī *m*	**das Pferd**	2
errāre, errō, errāvī	(umher)**irren**; (sich) irren	10
esse, sum, fuī	**sein**	1
et	**und; auch**	1
etiam	**auch; sogar**	1
etsī	**auch wenn**, obwohl	9
exemplum, exemplī *n*	**das Beispiel**	8
exercēre, exerceō, exercuī	(aus)**üben; ausbilden**	18
explānāre, explānō, explānāvī	**erklären**	17
expōnere, expōnō, exposuī	**ausstellen; aussetzen;** darlegen	8
exspectāre, exspectō, exspectāvī	**warten (auf)**, erwarten	1
exstruere, exstruō, exstrūxī	**errichten**, erbauen	17

f

fābula, fābulae *f*	**die Geschichte**, die Erzählung; das Theaterstück	12
facilis, facilis, facile	**leicht**, mühelos; umgänglich	15
familia, familiae *f*	**die Familie**	2
favēre, faveō, fāvī (*m. Dat.*)	**gewogen sein**; (*jmdn.*) begünstigen	16
fēlīx; *Gen.* fēlīcis	**glücklich**; vom Glück begünstigt	15
fēmina, fēminae *f*	**die Frau**	6
fīlia, fīliae *f*	**die Tochter**	19
fīlius, fīliī *m*	**der Sohn**	9
flamma, flammae *f*	**die Flamme**, das Feuer	16
flēre, fleō, flēvī	**weinen**; beklagen	12
focus, focī *m*	**der Herd**	16
fōrma, fōrmae *f*	**die Form, die Gestalt;** die Schönheit	15
fortāsse	**vielleicht**	19
fortūna, fortūnae *f*	**das Schicksal; das Glück**; die Lage	8
forum, forī *n*	**das Forum,** der Marktplatz	7
frangere, frangō, frēgī	**(zer)brechen**	14
frāter, frātris *m*	**der Bruder**	11
fuga, fugae *f*	**die Flucht**	5
fundere, fundō, fūdī	**(aus)gießen**; befeuchten	16
fūr, fūris *m*	**der Dieb**	5
furor, furōris *m*	**das Toben**; der Wahnsinn; die Raserei	4

g

gaudēre, gaudeō	**sich freuen**	2
genus, generis *n*	**das Geschlecht; die Art**; die Gattung	12
gladius, gladiī *m*	**das Schwert**	9
grātia, grātiae *f*	**der Dank; die Beliebtheit**; die Gunst	16
gravis, gravis, grave	**schwer**(wiegend), gewichtig; **ernst**	15

h

habēre, habeō, habuī	**haben; halten**	18
haud	**nicht**	14
hīc	**hier**	2
hodiē	**heute**	8
homō, hominis *m*	**der Mensch**; der Mann; *Pl. auch* die Leute	4
honōs/honor, honōris *m*	**die Ehre; das Ehrenamt**	17
hōra, hōrae *f*	**die Stunde**	14
horrēre, horreō, horruī (*m. Akk.*)	**erschrecken** (*vor*), schaudern	9
hospes, hospitis *m*	**der Gast; der Gastgeber**	11
hūc	**hierher**	17
hūmānitās, hūmānitātis *f*	**die Menschlichkeit;** die Bildung	10
hūmānus, hūmāna, hūmānum	**menschlich; gebildet**	10

i

iacēre, iaceō, iacuī	(da)**liegen**	1
iam	**schon**; bereits	2
ibī	**dort**, da	2
idōneus, idōnea, idōneum	**geeignet**; fähig	19
īgnōrāre, īgnōrō, īgnōrāvī	**nicht wissen, nicht kennen**	11
imperātor, imperātōris *m*	**der Kaiser; der Feldherr**	3

imperium, imperiī *n*	der Befehl; die Herrschaft; das Reich	18
impōnere, impōnō, imposuī	setzen, stellen, legen (an, auf, in); bringen; auferlegen	10
in (*m. Abl.*)	in, an, auf; während	7
in (*m. Akk.*)	in, an, auf; nach; gegen(über)	3
incipere, incipiō, coepī	anfangen, beginnen	20
incitāre, incitō, incitāvī	antreiben, anfeuern	4
ingēns; *Gen.* ingentis	gewaltig, ungeheuer	17
inhūmānus, inhūmāna, inhūmānum	unmenschlich	13
īnsula, īnsulae *f*	die Insel; der Wohnblock	3
inter (*m. Akk.*)	zwischen; unter; während	8
interesse, intersum, interfuī (*m. Dat.*)	teilnehmen (*an etw.*)	20
interrogāre, interrogō, interrogāvī	(be)fragen	11
intrāre, intrō, intrāvī	eintreten; (hinein)gehen (in); betreten	4
invādere, invādō, invāsī	eindringen, angreifen	5
invitāre, invitō, invitāvī	einladen	18
īre, eō, iī	gehen	18
is, ea, id	er, sie, es; dieser, diese, dieses; der(jenige), die(jenige), das(jenige)	16; 18
ita	so; auf diese Weise	19
itaque	deshalb, daher	7
item	ebenfalls, ebenso	16
iter, itineris *n*	der Weg; die Reise; der Marsch	14
iterum	wieder, zum zweiten Mal	7
iubēre, iubeō, iussī (*m. Akk.*)	(*jmdm.*) befehlen, (*jmdn.*) beauftragen	3
iūcundus, iūcunda, iūcundum	angenehm, erfreulich; liebenswürdig	7
iūdex, iūdicis *m*	der Richter	5
iūdicāre, iūdicō, iūdicāvī	(be)urteilen; richten	15
iūdicium, iūdiciī *n*	das Urteil; das Gericht, der Gerichtshof	15
iūs, iūris *n*	das Recht	19
iuvenis, iuvenis *m*	der junge Mann	15
iūxtā (*m. Akk.*)	neben	20

l

labor, labōris *m*	die Arbeit; die Anstrengung, die Mühe; das Leid	10
labōrāre, labōrō, labōrāvī	arbeiten; sich anstrengen; leiden	10
lacrima, lacrimae *f*	die Träne	3
laedere, laedō, laesī	verletzen; kränken	19
laetus, laeta, laetum	froh; fröhlich	6
legere, legō, lēgī	lesen; sammeln; auswählen	5
libēns; *Gen.* libentis	gern; (bereit)willig	16
līber, lībera, līberum	frei; unabhängig	10
līberāre, līberō, līberāvī	befreien	16
lībertās, lībertātis *f*	die Freiheit	20
licēre/licet, licuit (*m. Dat.*)	es ist möglich; es ist erlaubt, (*jmd.*) darf	12
litterae, litterārum *f*	der Brief; die Wissenschaften; die Literatur; *Sg.* der Buchstabe	19
longus, longa, longum	lang, weit; lang andauernd	14
lūdere, lūdō, lūsī	spielen, scherzen	5
lūx, lūcis *f*	das (Tages-)Licht	8

m

maestus, maesta, maestum	traurig	6
māgnus, māgna, māgnum	groß(artig); bedeutend	6
manēre, maneō, mānsī	bleiben; erwarten	7
mare, maris *n*; *Abl. Sg.* marī, *Nom./Akk. Pl.* maria, *Gen. Pl.* marium	das Meer	13
māter, mātris *f*	die Mutter	6
mātrōna, mātrōnae *f*	die (*verheiratete*) Frau	2
medicus, medicī *m*	der Arzt	7
mēns, mentis *f*; *Gen. Pl.* mentium	der Geist; das Bewusstsein; die Denkweise; das Gemüt	7
mēnsis, mēnsis *m*; *Gen. Pl.* mēns(i)um	der Monat	20
meus, mea, meum	mein	15
miser, misera, miserum	elend, unglücklich, armselig	9
mittere, mittō, mīsī	schicken; gehen lassen; werfen	11
modo	gerade (eben); nur; (ein)mal	14
mōns, montis *m*; *Gen. Pl.* montium	der Berg	12
monumentum, monumentī *n*	das Denkmal	17
mors, mortis *f*; *Gen. Pl.* mortium	der Tod	9
mortālis, mortālis, mortāle	sterblich	15
mortuus, mortua, mortuum	tot; gestorben	7
mōs, mōris *m*	die Art; die Sitte, der Brauch	10
movēre, moveō, mōvī	bewegen; beeinflussen	12
mox	bald (darauf)	14

Vokabelverzeichnis Lateinisch – Deutsch

multī, multae, multa/multum	viele; zahlreich/viel	6
mūtāre, mūtō, mūtāvī	(ver)ändern; verwandeln	10

n

nam	denn	2
nārrāre, nārrō, nārrāvī	erzählen, berichten	16
nātus, nāta, nātum	geboren	8
nauta, nautae m	der Seemann; der Matrose	6
nāvigāre, nāvigō, nāvigāvī	segeln; mit dem Schiff fahren	3
nāvis, nāvis f; Gen. Pl. nāvium	das Schiff	6
-ne? (angehängt)	Fragesignal (wird nicht übersetzt)	7
necāre, necō, necāvī	töten	6
negāre, negō, negāvī	leugnen; ablehnen, verweigern	11
nēmō; Dat. nēminī, Akk. nēminem	niemand	10
neque	und ... nicht; auch ... nicht; aber ... nicht	4
neque ... neque	weder ... noch	10
nescīre, nesciō, nescīvī	nicht wissen, nicht verstehen	19
nihil	nichts	7
nisī	wenn nicht; außer	18
nōlle, nōlō, nōluī	nicht wollen	19
nōmen, nōminis n	der Name; der Begriff	13
nōn	nicht	1
nōn iam	nicht mehr	1
nōndum	noch nicht	18
nōnne?	denn nicht? etwa nicht?	7
nōs	Nom. wir; Akk. uns	13
noster, nostra, nostrum	unser	15
novus, nova, novum	neu; neuartig	6
nox, noctis f; Gen. Pl. noctium	die Nacht	5
nūllus, nūlla, nūllum; Gen. nūllīus, Dat. nūllī	kein	18
num?	etwa?	7
nūmen, nūminis n	die (göttliche) Macht; die Gottheit	12
numerus, numerī m	die Zahl, die Menge	18
numquam	niemals	13
nunc	nun; jetzt	2
nūntius, nūntiī m	der Bote; die Botschaft	3
nūptiae, nūptiārum f (Pluralwort)	die Heirat; die Hochzeit	19

o

oculus, oculī m	das Auge	7
offendere, offendō, offendī	stoßen (auf); schlagen (an); beleidigen	14
omnis, omnis, omne	jeder; ganz; Pl. alle	15
oppidum, oppidī n	die (befestigte) Stadt	14
opprimere, opprimō, oppressī	unterdrücken; überfallen, überwältigen	13
opus, operis n	das Werk, die Arbeit	17
ōrāculum, ōrāculī n	das Orakel, der Götterspruch; die Orakelstätte	12
ōrāre, ōrō, ōrāvī	beten; bitten	17
ōrātor, ōrātōris m	der Redner	5
ostendere, ostendō, ostendī	zeigen	19

p

parāre, parō, parāvī	(vor-, zu)bereiten; (m. Inf.) vorhaben	3
parātus, parāta, parātum	bereit	14
parentēs, parent(i)um m	die Eltern	20
pārēre, pāreō, pāruī	gehorchen; befolgen	3
pater, patris m	der Vater	5
patria, patriae f	das Vaterland, die Heimat	13
patrōnus, patrōnī m	der Anwalt, der Verteidiger; der Schutzherr	5
per (m. Akk.)	durch (... hindurch); über ... hin; mithilfe	12
perīculum, perīculī n	die Gefahr	3
perīre, pereō, periī	zugrunde gehen, umkommen	18
perturbāre, perturbō, perturbāvī	(völlig) verwirren; beunruhigen	17
petere, petō, petīvī	bitten, verlangen; angreifen; aufsuchen; gehen/fahren nach	9
pīrāta, pīrātae m	der Pirat, der Seeräuber	6
pius, pia, pium	fromm; gewissenhaft	12
placēre, placeō, placuī	gefallen; Spaß machen	1
plaudere, plaudō, plausī	Beifall klatschen, applaudieren	5
pōnere, pōnō, posuī	setzen; stellen; legen	14
pōns, pontis m; Gen. Pl. pontium	die Brücke	17
populus, populī m	das Volk; das Publikum	4
portāre, portō, portāvī	tragen; bringen	7
poscere, poscō, poposcī	fordern, verlangen	20
posse, possum, potuī	können	20
post (m. Akk.)	nach; hinter	12
postrēmō	schließlich, zuletzt	16
praebēre, praebeō, praebuī	(dar)reichen, gewähren	11
sē praebēre	sich zeigen, sich erweisen (als)	15
praecipitāre, praecipitō, praecipitāvī	stürzen; stoßen; (sich kopfüber) hinabstürzen	6
precēs, precum f (Pluralwort)	die Bitten; das Gebet	12

pretium, pretiī *n*	**der Preis**	11
prīmō	**zuerst**, zunächst	7
prīmus, prīma, prīmum	**der erste**	8
priusquam	**bevor**; (*nach verneintem Satz*) bevor nicht	20
prīvātus, prīvāta, prīvātum	**persönlich**; privat	10
prō (*m. Abl.*)	**vor; für; anstelle (von)**	15
procul	**von weitem; in der Ferne**, weit weg	2
profectō	**tatsächlich**; auf alle Fälle	11
prohibēre, prohibeō, prohibuī	**abhalten, hindern**	18
proinde	**also**; daher	11
prōmittere, prōmittō, prōmīsī	**versprechen**	15
properāre, properō, properāvī	**eilen; sich beeilen**	2
prōvincia, prōvinciae *f*	**die Provinz**; der Amtsbereich	3
pūblicus, pūblica, pūblicum	**öffentlich, staatlich**	10
puella, puellae *f*	**das Mädchen**	10
puer, puerī *m*	**der Junge**	9
pūgna, pūgnae *f*	**der Kampf**	9
pūgnāre, pūgnō, pūgnāvī	**kämpfen**	6
pulcher, pulchra, pulchrum	**schön**	9
putāre, putō, putāvī	**glauben, meinen**; (*m. doppeltem Akk.*) halten für	10

q

quaerere, quaerō, quaesīvī	**suchen**; erwerben; **fragen**	5
quaesō	**ich bitte dich; bitte**	16
quam	**wie; wie sehr**	9
quamquam	**obwohl**, obgleich	11
quandō?	**wann?**	18
quārē?	**weshalb? wodurch?**	13
quattuor	**vier**	20
-que (*angehängt*)	**und**	14
quī, quae, quod	**der, die, das; wer, was**	18
quīnque	**fünf**	20
quis?/quid?	**wer?/was?**	1
quō?	**wohin?**	17
quod (*Subjunktion*)	**weil**	9
quondam	**einst**	10

r

rēctus, rēcta, rēctum	**gerade**, direkt; **richtig**	18
recūsāre, recūsō, recūsāvī	**verweigern**; sich weigern	19
redīre, redeō, rediī	**zurückgehen**, zurückkehren	18
redūcere, redūcō, redūxī	**zurückführen**; zurückbringen	13
rēgīna, rēgīnae *f*	**die Königin**	4
rēgnum, rēgnī *n*	**das (König-)Reich**; die Königsherrschaft	15
respondēre, respondeō, respondī	**antworten**, entgegnen	3
restāre, restō, restitī	**übrig sein**, übrig bleiben; überleben	12
reus, reī *m*	**der Angeklagte**	5
rēx, rēgis *m*	**der König**	10
rīdēre, rīdeō, rīsī	**lachen**	2
rīpa, rīpae *f*	**das Ufer**	18
rōbustus, rōbusta, rōbustum	**kräftig**, stark	8
rogāre, rogō, rogāvī	**fragen; bitten**	3

s

sacrificāre, sacrificō, sacrificāvī	**opfern**	10
saepe	**oft**	17
salūs, salūtis *f*	**die Rettung; das Wohl**, die Gesundheit; (*in Verbindung m.* dīcere) der Gruß	17
salūtāre, salūtō, salūtāvī	**(be)grüßen**	2
salvē!/salvēte!	**sei/seid gegrüßt!** hallo!	2
sapientia, sapientiae *f*	**die Weisheit**; der Verstand	8
satis	**genug**	17
saxum, saxī *n*	**der Stein**; der Fels(brocken)	12
scīre, sciō, scīvī	**wissen, verstehen**	14
scrībere, scrībō, scrīpsī	**schreiben**, verfassen	13
sē (*Akk.*), sibī (*Dat.*), sēcum (*Abl.*)	**sich/sich/** mit sich, bei sich	15
secundus, secunda, secundum	**der zweite, der folgende**; günstig	6
sed	**aber, (je)doch; sondern**	2
sedēre, sedeō, sēdī	**(da)sitzen**	4
sēdēs, sēdis *f*; Gen. Pl. sēd(i)um	**der Sitz**; das Siedlungsgebiet, die Heimat	18
semper	**immer**	5
senātor, senātōris *m*	**der Senator**	4
sentīre, sentiō, sēnsī	**fühlen; merken**; meinen	14
servāre, servō, servāvī	**retten**, bewahren	11
servitūs, servitūtis *f*	**die Sklaverei**; die Knechtschaft	8
servus, servī *m*/ serva, servae *f*	**der Sklave/die Sklavin**; der Diener/die Dienerin	2
sī	**wenn; falls**	11
sīc	**so**, auf diese Weise	11
sīgnum, sīgnī *n*	**das Zeichen**; das Merkmal	4
silentium, silentiī *n*	**die Ruhe**, die Stille; das Schweigen	1
simulācrum, simulācrī *n*	**das Bild**	4

Lateinisch	Deutsch	
simulāre, simulō, simulāvī	vortäuschen; so tun, als ob	19
sine (m. Abl.)	ohne	7
sinister, sinistra, sinistrum	links; *Subst.* die linke Hand; die linke Seite	9
situs, sita, situm	gelegen, befindlich	13
sōl, sōlis *m*	die Sonne	1
solēre, soleō	gewohnt sein, (*etw.*) normalerweise (*tun*), (*etw. zu tun*) pflegen	5
sollicitāre, sollicitō, sollicitāvī	beunruhigen; aufhetzen, aufwiegeln	13
sōlus, sōla, sōlum; *Gen.* sōlīus, *Dat.* sōlī	allein; bloß	6
sors, sortis *f*; *Gen. Pl.* sortium	das Schicksal, das Los	11
spargere, spargō, sparsī	bespritzen; verbreiten	16
spectāculum, spectāculī *n*	das Schauspiel; die Veranstaltung; die Vorführung	4
spectāre, spectō, spectāvī	(an)schauen; betrachten	7
spērāre, spērō, spērāvī	(er)hoffen; erwarten	8
stāre, stō, stetī	(da)stehen	1
statim	sofort, auf der Stelle	3
statuere, statuō, statuī	beschließen, entscheiden; aufstellen; festsetzen	10
studēre, studeō, studuī (*m. Dat.*)	sich bemühen (*um*); wollen; sich bilden	9
stultus, stulta, stultum	dumm, einfältig; *Subst.* der Dummkopf	16
sub (*m. Abl.*)	unter	18
subitō	plötzlich	1
sūmere, sūmō, sūmpsī	nehmen	5
summus, summa, summum	der höchste, der oberste, der äußerste	17
superāre, superō, superāvī	(be)siegen; übertreffen	6
surgere, surgō, surrēxī	aufstehen, sich erheben	14
sustinēre, sustineō, sustinuī	aushalten, ertragen	13
suus, sua, suum	sein; ihr	15

t

tacēre, taceō, tacuī	schweigen, still sein	1
tam	so	13
tamen	dennoch, trotzdem	17
tandem	endlich, schließlich	4
tangere, tangō, tetigī	berühren	12
tempestās, tempestātis *f*	der Sturm; das (schlechte) Wetter	14
tempus, temporis *n*	die Zeit; der Zeitpunkt	15
tenēre, teneō, tenuī	(zurück)halten; sich erinnern	3
tergum, tergī *n*	der Rücken	12
terra, terrae *f*	die Erde; das Land	6
terrēre, terreō, terruī	(*jmdn.*) erschrecken	12

testis, testis *m*; *Gen. Pl.* testium	der Zeuge	20
timēre, timeō, timuī	(sich) fürchten, Angst haben (vor)	3
tollere, tollō, sústulī	hochheben; aufheben, beseitigen; vernichten	14
tōtus, tōta, tōtum; *Gen.* tōtīus, *Dat.* tōtī	ganz	8
trādere, trādō, trādidī	übergeben, überliefern	17
trahere, trahō, trāxī	ziehen; schleppen	11
trāns (*m. Akk.*)	über (... hinüber); jenseits	18
trānsīre, trānseō, trānsiī	hinübergehen, herüberkommen; überschreiten	18
trēs, trēs, tria	drei	17
tū/tē	du/dich	3
tum	da; dann, darauf; damals	2
tuus, tua, tuum	dein	15

u

ubī?	wo?	1
ubīque	überall	6
ūnā (cum) (*Adv.*)	zusammen (mit); gemeinsam	13
unde?	woher?	3
ūnus, ūna, ūnum; *Gen.* ūnīus, *Dat.* ūnī	ein; ein einziger	7
urbs, urbis *f*; *Gen. Pl.* urbium	die Stadt	8
ut	wie	8
ūtilis, ūtilis, ūtile	nützlich; brauchbar	19
uxor, uxōris *f*	die Ehefrau, die Gattin	17

v

vacāre, vacō, vacāvī (*m. Abl.*)	frei sein (*von*), (*etw.*) nicht haben	8
valdē	sehr	3
valē!/valēte!	leb/lebt wohl!	13
valēre, valeō, valuī	gesund sein; Einfluss haben	8
vel	oder	19
velle, volō, voluī	wollen	19
vendere, vendō, vendidī	verkaufen	13
venīre, veniō, vēnī	kommen	1
ventus, ventī *m*	der Wind; der Sturm	6
verbum, verbī *n*	das Wort	4
vertere, vertō, vertī	wenden; drehen; verwandeln	12
vērus, vēra, vērum	wahr, echt	16
vester, vestra, vestrum	euer	15
via, viae *f*	der Weg, die Straße	14
victor, victōris *m*	der Sieger	9
vidēre, videō, vīdī	sehen	4
vīlla, vīllae *f*	das (Land-)Haus; das Landgut	1

vindicāre, vindicō, vindicāvī	**beanspruchen**	15
vīnum, vīnī *n*	**der Wein**	16
vir, virī *m*	**der Mann**	9
virgō, virginis *f*	**die junge** (*unverheiratete*) **Frau**; die Jungfrau	19
vīs, *Akk.* vim, *Abl.* vī *f*; *Pl.* vīrēs, vīrium	**die Gewalt; die Kraft; die Menge**; *Pl. auch* **(Streit-)Kräfte**	13
vīta, vītae *f*	**das Leben**	9
vitium, vitiī *n*	**der Fehler, die schlechte Eigenschaft**	8

vīvere, vīvō, vīxī	**leben**	11
vix	**kaum**	14
vocāre, vocō, vocāvī	**rufen; nennen**	3
voluntās, voluntātis *f*	**der Wille; die Absicht**	19
voluptās, voluptātis *f*	**das Vergnügen,** der Spaß; die Lust	7
vōs	*Nom.* **ihr**; *Akk.* **euch**	13
vōtum, vōtī *n*	**der Wunsch; das Gelübde**	16
vōx, vōcis *f*	**die Stimme**; der Laut	8

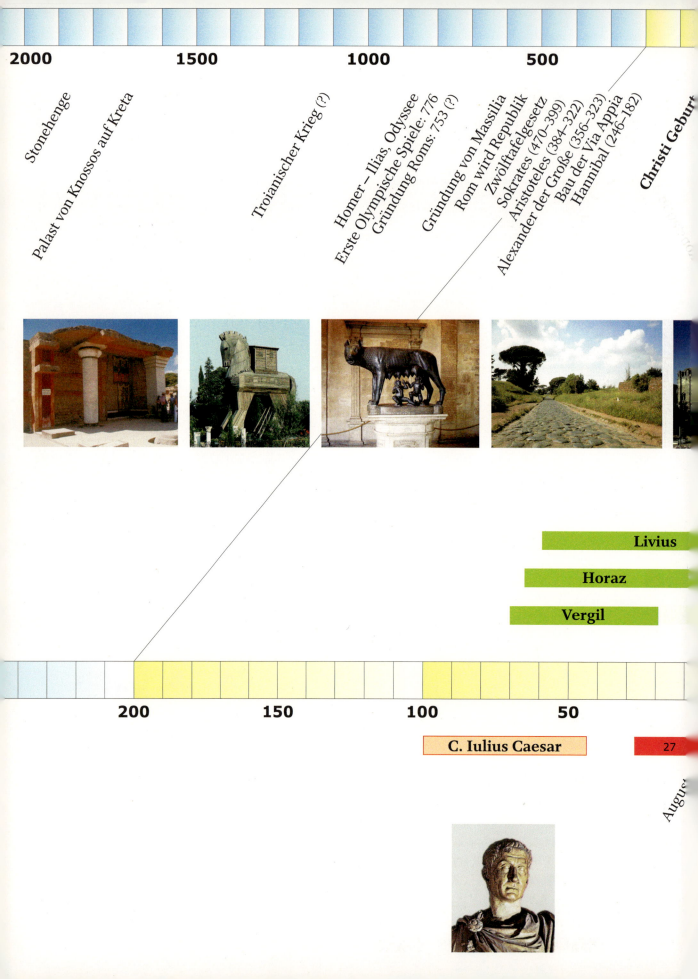

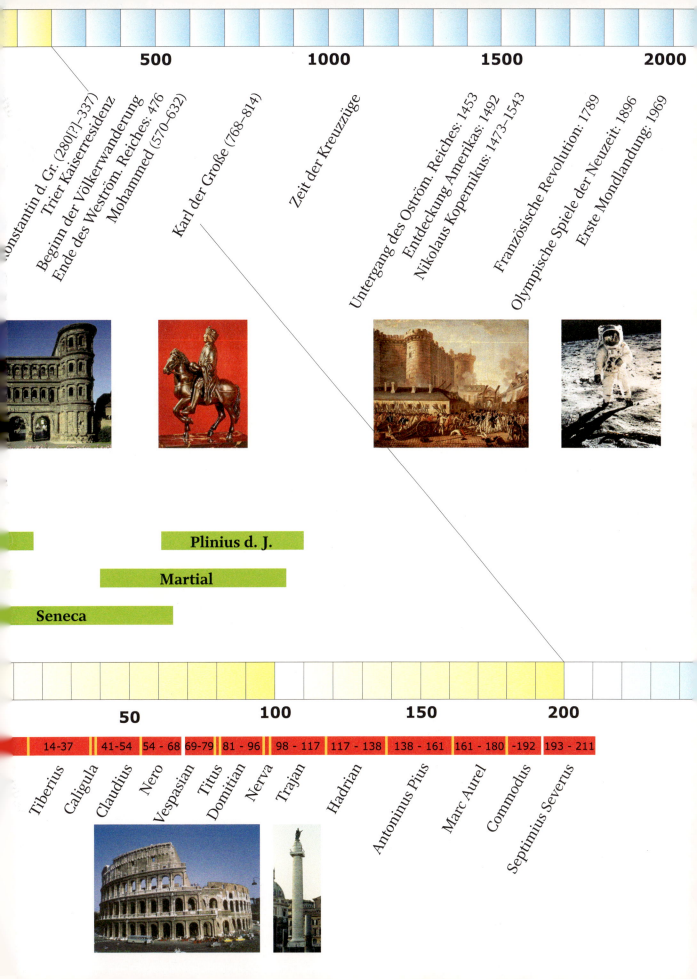

Bildquellenverzeichnis

S. 8: Corbis/Bill Ross – S. 12: Alinari/Interfoto, München – S. 15: The Bridgeman Art Libr., London/Interfoto – S. 16: Achim Norweg, München – S. 19.1: Hans Dietrich Unger, Bad Brückenau – S. 19.2: Bildagentur Mauritius, Mittenwald/Ball – S. 19.3: Mauritius/Pöhlmann – S. 19.4: Hans Dietrich Unger – S. 20: United Soft Media Verlag, München – S. 23.1: akg-images/Peter Connolly – S. 23.2: Kunsthistorisches Museum, Wien – S. 26: Peggy Wittich, Cottbus – S. 27: Interfoto, München – S. 30: Scala, Florenz – S. 33.1: Ludwig Carbon, Erlangen – S. 33.2: Mauritius/Rega – S. 34: C.M. Dixon – S. 38: Interfoto – S. 41: akg-images/Peter Connolly – S. 42: Artcolor/Interfoto – S. 45.1: The British Museum, London/Michael Holford – S. 45.2: Weltbild/Interfoto – S. 48: Hans Dietrich Unger – S. 49: Achim Norweg, München – S. 50: Dieter Maetschke, Pfaffenhofen – S. 52: Johannes Breyer, Weiden i.d.Opf. – S. 55: dpa, Frankfurt/M. – S. 56, S. 59.1: ©2004-Les Editions Albert René/Goscinny-Uderzo – S. 59.2: Plurigraf, Narni/Italien – S. 60: IFA-Bilderteam, München/Kohlhas – S. 63.1: Alinari/Interfoto – S. 63.2: Interfoto – S. 64: Bildarchiv Preußischer Kulturbesitz, Berlin – S. 69: Museum of Fine Arts, Boston – S. 70.1: Artothek, Weilheim ©VG Bild-Kunst, Bonn 2014 – S. 70.2: Fitzenreiter, Wilfried, Berlin – S. 71.1: Interfoto – S. 71.2: Borislav Sajtinac, München ©VG Bild-Kunst, Bonn 2014 – S. 74: Interfoto – S. 77.1: Susanne Mölle, Kempten – S. 77.2: Interfoto – S. 78: Römisch-Germanisches Museum, Köln – S. 81.1: Andromeda, Oxford – S. 81.2: Alinari/Interfoto – S. 82: Dr. Gerald Seiterle, Ermatingen – S. 85.1: Milan Kunc, Urteil des Paris. – S. 85.2: Interfoto – S. 86: The Bridgeman Art Libr./Interfoto – S. 89.1: Hans Dietrich Unger – S. 89.2: Reinhard Bode, Mechterstädt – S. 92.1: Alinari/Interfoto – S. 92.2: Hans Dietrich Unger – S. 93.1: Mauritius/ Macia – S. 93.2: Mauritius/Pascal – S. 93.3: Corbis/Vanni Archive – S. 93.4: Mauritius/Rossenbach – S. 93.5: Mauritius/ Pigneter – S. 96: Reinhard Bode – S. 99.2: Alinari/Interfoto – S.103.1: Roger Mayrock, Kempten – S.103.2: Susanne Mölle – S. 103.3: Archäologische Staatssammlung, München/Manfred Ebelein – S. 104: The British Museum, London – S. 107.1: Corbis/Araldo de Luca – S. 107.2: Archäologische Staatssammlung, München/Manfred Ebelein – S. 108: aus: U. Schultz (Hrsg.), Speisen, Schlemmen, Fasten, Insel Verlag, Frankfurt/M. – S. 111: Vatikanische Museen, Rom – S. 112.1: Interfoto – S. 112.2: Plurigraf, Narni/Italien – S. 112.3: Mauritius/Pöhlmann – S. 113.1: Borislav Sajtinac ©VG Bild-Kunst, Bonn 2014 – S. 113.2: Alinari/Interfoto – S. 113.3: Interfoto/Großkopf – S. 143: Interfoto – S. 153: Interfoto/Großkopf – S. 174.1, 174.3: Hans Dietrich Unger – S. 174.2: Interfoto – S. 174.4: Löbl-Schreyer, Bad Tölz – S. 174.5: Plurigraf, Narni/Italien – S. 175.1: Mauritius/Pöhlmann – S. 175.2: Archiv Gerstenberg, Wietze – S. 175.3: The Bridgeman Art Libr. – S. 175.4: Astrofoto Bildagentur, Sörth – S. 175.5: Johannes Schmidt-Thomé, Fürstenfeldbruck – S. 175.6: Reinhard Bode

Umschlagfotos vorne: Reinhard Bode, Mechterstädt – akg-images/Peter Connolly – Johannes Breyer, Weiden i. d. Opf.
hinten: Hans Dietrich Unger, Bad Brückenau – Interfoto, München
Vorsatz/Nachsatz: P & G Büro f. Produktion u. Gestaltung, Weilheim

Textquellenverzeichnis

S. 25: Melodie von Theophil Rothenberg, Lobt froh den Herrn, Evangelische Verlagsanstalt, Berlin 1956, S. 86; Text von Andreas Fritsch